Ernst von Hesse-Wartegg, Duke University Library

Chicago

Eine Weltstadt im amerikanischen Westen

Ernst von Hesse-Wartegg, Duke University Library

Chicago
Eine Weltstadt im amerikanischen Westen

ISBN/EAN: 9783743326132

Hergestellt in Europa, USA, Kanada, Australien, Japan

Cover: Foto ©ninafisch / pixelio.de

Manufactured and distributed by brebook publishing software
(www.brebook.com)

Ernst von Hesse-Wartegg, Duke University Library

Chicago

Chicago

Eine

Weltstadt im amerikanischen Westen.

Von

Ernst von Hesse-Wartegg.

Stuttgart, Berlin, Leipzig.
Union Deutsche Verlagsgesellschaft.
1893.

Druck der Union Deutsche Verlagsgesellschaft in Stuttgart.

Inhaltsverzeichnis.

1.

Chicago.

Wenn man mich nach der größten Kulturmerkwürdigkeit der Neuen Welt fragen würde, ich könnte keine andere Antwort geben als: Chicago.

Auf beiden Kontinenten Amerikas, von Britisch-Kolumbien und Labrador herab durch Meriko, Westindien, Südamerika bis zum La Plata, hat keine Schöpfung von Menschenhänden aus alter wie neuer Zeit einen so überwältigenden Eindruck auf mich gemacht wie diese Riesenstadt des amerikanischen Westens. Vor Jahren schon, als das Projekt, das vier=hundertjährige Jubiläum der Entdeckung Amerikas durch eine Weltausstellung zu feiern, zum erstenmal auftauchte, hatte ich in amerikanischen Blättern für den Sitz dieser Ausstellung Chicago vorgeschlagen, denn keine Stadt der Neuen Welt schien mir so geeignet, den Unterschied zwischen einst und jetzt, sowie die großartigen Errungenschaften unseres Zeit=alters in solchem Maße zu zeigen wie gerade Chicago, die jüngste aller Millionenstädte.

Noch vor zehn Jahren wäre es selbstverständlich gewesen, daß eine Weltausstellung zur Feier des vierhundertjährigen Jubiläums der Entdeckung Amerikas New York zum Schau=platz haben müsse. In Philadelphia konnte das hundert=

jährige Unabhängigkeitsjubiläum gefeiert werden, weil diese Unabhängigkeit in der Quäkerstadt am Delaware ihre Wiege hatte. Aber in der gleichen Weise die Entdeckung der Neuen Welt auf dem Schauplatz dieser Entdeckung, dem kleinen Watling=Inselchen in den Bahamas, zu feiern, würde doch seine Schwierigkeiten haben. So mußte eine Stadt Nord=amerikas dafür gewählt werden, und ein großer Teil der New Yorker schien ganz verblüfft, als im Vereinigten Staaten=Kongreß die Frage bezüglich der Wahl der Weltausstellungs=stadt überhaupt verhandelt werden konnte. Welche Stadt könnte denn dabei in Frage kommen? Welche wäre vermessen genug, der „Imperial City", der großen Metropole am Hudson, den Rang streitig zu machen?

Chicago!

Lange schwankte der Kampf zwischen den beiden Städten. New York, das stolze, übermütige, mächtige New York war von jeher gewohnt, in den Vereinigten Staaten die erste Violine zu spielen, ja in gar manchen Geschäftskreisen hatte man sich dort unwillkürlich von alters her in die Idee ein=gewöhnt, den „großen Westen" — „the great West" — beinahe ebenso als eine Kolonie anzusehen, wie Amsterdam es mit Java thut. Und nun kam diese kaum viel mehr als fünfzig Jahre bestehende Hauptstadt des großen Westens, dieses Chicago, und machte New York die geplante Welt=ausstellung streitig! Die Sache gelangte vor dem Kongreß zur Entscheidung, und Chicago erhielt den begehrten Preis.

Es war das erste Mal, daß irgend eine andere Stadt Amerikas sich mit New York in die Schranken zu stellen wagte, das erste Mal, daß New York geschlagen wurde. Voraussichtlich wird es nicht das letzte Mal sein. Chicago macht aber New York nicht nur die Weltausstellung, sondern sogar dessen Hegemonie in der nordamerikanischen Union streitig.

Wächst Chicago, wie es in den letzten zehn Jahren gewachsen ist, so wird es in den ersten Dezennien des zwanzigsten Jahrhunderts New York überflügelt haben und zu dem geworden sein, was es vielleicht selbst nicht anstrebt, aber was es vermöge seiner Lage werden muß: zur kommerziellen Hauptstadt der Vereinigten Staaten, ja des nordamerikanischen Kontinents. Gerade wie Chicago in den letzten zwanzig Jahren Boston, Baltimore, Cincinnati, St. Louis, Philadelphia durch sein einzig dastehendes Siebenmeilenstiefel-Wachstum überflügelt hat, so wird es in der gleichen Zeitspanne New York überflügeln.

Es ist vielleicht die gewaltigste der menschlichen Schöpfungen aller Zeiten, der merkwürdigste Städte-Phönix. Erst vor sechzig Jahren auf kahlem Prärieboden gegründet, zweimal verbrannt, zweimal aus rauchenden Trümmerhaufen neu erstanden, ist es heute schon eine Stadt, deren Pulsschlag in New York ebenso verspürt wird wie in den großen Centren Europas oder an den Küsten des Stillen Ozeans. Noch vor einem guten Mannesalter ein kleines Landstädtchen, war es bereits in den siebziger Jahren in mancher Hinsicht der größte Markt Amerikas, das Nischnij-Nowgorod eines ganzen Kontinents und rivalisiert heute, wie gesagt, selbst mit New York. Noch leben Männer, die bei der Gründung Chicagos beteiligt waren, und jetzt sehen sie statt der nackten Prärien, auf welchen sie als Jünglinge ihre Rosse tummelten, eine Riesenstadt mit tausend Straßen und achtzigtausend Häusern. Und in jedem Jahre entstehen auf den grünen Weideflächen Tausende von Häusern, neue Straßen, neue Stadtteile. Die Welt hat desgleichen niemals gesehen!

Die Chicagoer erzählen fremden Besuchern gern den Scherz, daß einer der Ihrigen eines Abends sich auf der Prärie schlafen legte und am nächsten Morgen in einem Hotel erwachte, daß über ihm erbaut worden war. Sie haben damit, figürlich gesprochen, das Richtige getroffen.

Als ich in den siebziger Jahren die Stadt, die ich nachher so oft besuchte, zum erstenmale sah, kam ich aus der Ueberraschung nicht heraus und empfand etwa die gleiche Aufregung wie bei meinem ersten Besuche der Ewigen Stadt. Welch gewaltigen Kontrast bieten diese beiden merkwürdigen Städte — Rom und Chicago! Dort die alte Stadt der Alten Welt, hier die neueste Stadt der Neuen Welt, — dort die einstige Residenz der Kaiserdespoten und Päpste, hier die Residenz des freiesten Bürgers, dort zum Teil Verfall, hier der größte Reichtum, hohe Blüte; dort Vergangenheit, hier Gegenwart und Zukunft. — Beide wurden von Feuers= brünsten zerstört, beide wurden wieder aufgebaut, beide be= stehen. Aber während auf das Ewige Rom Jahrtausende herabsehen, sind es in Chicago fünf Jahrzehnte! — „Rom wurde nicht an einem Tage erbaut", so sagt das Sprichwort, aber es wäre nicht am Platze, es auf Chicago anzuwenden. Die Geschichte eines Tages von Chicago, des Tages nach dem großen ersten Brande, sagt uns, warum*).

Und trotz seiner heutigen Größe ist Chicago immer noch eine Stadt im Werden, der wahrste Typus des Amerikaner= tums und gleichzeitig die größte Leistung desselben. Nirgendwo anders wäre eine solche Städtegründung möglich gewesen. Sie ist die Schöpfung der Völkerwanderung nach dem west= lichen Amerika, der bedeutendsten Migration, welche die Welt= geschichte kennt, sowohl in Bezug auf die Menschenmasse wie in Bezug auf das Ländergebiet, die Resultate ihrer Besiede= lung und die Gründung neuer Staaten.

---

*) Siehe „Hesse=Wartegg, Nordamerika", Leipzig, Gustav Weigels Verlag.

Gerade jetzt durchläuft die junge Metropole des Westens
das interessanteste Stadium ihres Wachstums, denn eben
vollzieht sich ihre Wandlung aus einer westlichen Präriestadt
in eine große Industriestadt, aus einem Handelsemporium,
wo jeder bisher nur an den raschen Gelderwerb dachte, in
eine Residenzstadt mit ausgedehnten Parkanlagen und Villen=
vierteln; während also einzelne Stadtteile noch ganz den Cha=
rakter der flüchtigen Niederlassung zeigen mit hölzernen
Häusern, kleinen Marktbuden, schreienden Anzeigen, schlechten
Straßen, sind in andern Stadtteilen die großartigsten Ge=
schäftspaläste der Welt entstanden und Straßen, wie sie selbst
in europäischen Großstädten nicht ihresgleichen haben. Andere
Großstädte Amerikas sind längst „fertig" und entwickeln sich
auf einer natürlichen Grundlage, in Chicago sieht man überall
den Wechsel vom Alten zum Neuen, von Armut zu Reich=
tum, von unstetem Wanderleben zum bleibenden Aufenthalt
— frappante Kulturkontraste, die hier wie nirgendwo anders
hart aufeinander stoßen. Das zeigt sich nicht nur im Aus=
sehen der Stadt, in ihrem Geschäfts= und Verkehrsleben,
sondern auch in ihrer Bevölkerung, dem seltsamsten Gemisch
aller Nationen der Alten und Neuen Welt, wo es mehr Zu=
gewanderte als Eingeborene, mehr Deutsche als Amerikaner,
mehr Angehörige anderer Nationen als Deutsche gibt.

Die nationalen Eigentümlichkeiten sind noch nicht ver=
wischt, die Sprachen sind noch nicht in dem alles verschlingenden
Yankee=Englisch untergegangen. Die einzelnen Nationen
halten noch immer zusammen und haben ihre mit Vorliebe
gewählten Stadtviertel mit ihren Schulen, Kirchen, Zeitungen.
Nur in dem Geschäftsviertel treffen sie aufeinander, nur
dieses hat allmählich ein einheitliches Gepräge angenommen,
welches der Yankee=Amerikaner ihm aufdrückte und das sich
augenblicklich, wenigstens was Aeußerlichkeiten betrifft, immer

weiter und weiter über das Weichbild der Riesenstadt ver-
breitet. Selbst in die Fremdenviertel sind diese äußeren
Charakterzüge des Amerikanertums bereits gedrungen, denn
die leitenden Geister des Ganzen sind doch nur Amerikaner;
in ihren Händen ruht hauptsächlich das Kapital, der zuweilen
tollkühne Unternehmungsgeist, der geschäftliche Fernblick,
Energie und Elastizität; die Amerikaner schwimmen obenauf
wie Fettaugen auf der Suppe, während sich der fremde Einwanderer erst allmählich aus den unteren Schichten empor-
arbeiten muß. Die unterste Schicht nehmen die Irländer
und Böhmen ein, dann kommen Angehörige anderer Nationen,
und noch höher, den Amerikanern zunächst, die Deutschen mit
der entschiedenen Tendenz nach oben.

Dieses eigentümliche vielsprachige Kunterbunt hat nun
an den Gestaden des Michigansees die merkwürdigste Stadt
der Neuzeit geschaffen, die von Tag zu Tag sich vergrößert.
Die Völkerwanderung ist ja noch lange nicht beendigt, nur
bewegt sie sich heute auf den Schnellzügen der Eisenbahnen
vorwärts; in jedem der letzten Jahre ist Chicago um sechzig-
bis achtzigtausend neue Zuwanderer gewachsen, in jedem
Jahre seit 1876 wurden in Chicago gegen fünftausend neue
Häuser gebaut, an jedem einzelnen Wochentage seit fünfzehn
Jahren erstanden also vierzehn neue Häuser! Im Jahre 1891
allein wuchs die Bevölkerung um hundertundzwanzigtausend
Seelen und erstanden an jedem einzelnen Wochentage fünf-
unddreißig neue Häuser, darunter Paläste von sechzehn bis
zwanzig Stockwerken!

Man könnte diese Angaben für unglaublich halten, lägen
nicht die offiziellen Berichte der Regierung vor und sähe man
die Thatsachen nicht mit eigenen Augen. Seit meinem ersten
Besuche der Stadt als junger Bursche vor nahezu achtzehn
Jahren kam ich wohl in jedem zweiten oder dritten Jahre

wieder nach Chicago, und jedesmal gab es Neues, immer Großartigeres zu sehen und zu bewundern, am meisten bei meinem letzten Besuche zu Beginn vorigen Jahres. Obschon aus den belebtesten Verkehrscentren der Erde, aus Paris, London, New York kommend, war ich doch abermals über=
rascht, ja erdrückt von der alles andere weit zurücklassenden Lebhaftigkeit des Straßenverkehrs, von der enormen Aus=
dehnung und Höhe der neuen Mammutspaläste, die in den letzten drei Jahren aus dem Boden gewachsen waren, von den neuen technischen Einrichtungen, Erfindungen, praktischen Verbesserungen, die sich überall bemerkbar machten. Was werden erst die alten Sack= und Fox=Indianer für Augen machen, wenn sie in diesem Ausstellungsjahre nach ihren einstigen Jagdgründen am Michiganjee zurückkehren, wo noch heute Bäume stehen, unter denen vor fünfzig Jahren ihre Zelte gestanden haben! Diese Bäume sind einfach von den Erbauern dieses modernen Babel übersehen, vergessen worden! Denn außer ihnen ist nichts mehr vorhanden, was an das Damals erinnert. Selbst der Chicagofluß ist nicht mehr der=
selbe — zur Zeit der Indianer ergoß er sich, aus den sumpfigen Prärien westlich des Michigansees kommend, in den letzteren. Heute fließt er aus demselben heraus, seiner Quelle zu! Ursprünglich, in den ersten zwei Jahrzehnten des Be=
standes von Chicago, war bei dem unglaublichen Wachstum, dem unaufhörlichen Zuströmen von Einwanderern aus allen Weltgegenden, bei der Hast und dem Eifer, mit welchem jeder dem allmighty dollar nachjagte, von einer umsichtigen Stadtverwaltung, von Gemeinsinn und Lokalpatriotismus nicht die Rede. Jeder dachte nur an sich nach dem be=
kannten Gebet: „Heiliger Florian, beschütz mein Haus, zünd andre an." Häuser entstanden planlos über Nacht, hier und dort an Stellen, wo es den Zuwanderern gerade paßte.

Es gab Gasthöfe, Kaufläden, Buden, Zelte, aber keine Stra=
ßen, Kanäle, städtische Anlagen. Der Boden rings um den
Chicagofluß war sumpfig, und bei anhaltendem Regen wußte
man nicht recht, ob man die Straßen zu Wagen oder in
Booten passieren sollte. Später half sich die Stadtverwaltung
damit, daß sie an besonders tiefen Pfützen und Löchern in
den Straßen große Stangen mit der Aufschrift „Grundlos"
errichtete, um die Passanten zu warnen.

So blieb es lange Zeit, ja in einigen Stadtteilen so=
gar bis zum ersten großen Feuer 1871, das die junge Stadt
nahezu vernichtete. Diese Katastrophe brachte die Bürger
näher aneinander, weckte den Gemeinsinn und das Verlangen
nach geordneten städtischen Einrichtungen. Sie waren ja
zum Bedürfnis geworden, aber dem Handel und Verkehr der
Stadt war die Wiedererrichtung der verbrannten Gebäude
ein noch dringenderes Bedürfnis. Man gönnte sich die Zeit
nicht, auf die städtischen Verordnungen zu warten, sondern
baute und baute, obschon nebenan die Trümmer der ver=
brannten Wohnungen noch glühten und rauchten. Bald
stand Chicago größer und prächtiger da als vor dem Brande,
und erst nachdem der unterbrochene Handel und Verkehr
wieder hergestellt war, nachdem jeder einzelne für sich gesorgt
hatte, dachte man an die Stadt im allgemeinen. Das Hemd
ist ja auch dem Amerikaner näher als der Rock. Nun zeigten
sich aber die Folgen dieses Ueberhastens. Man hatte
keine Kloaken, keine Wasserleitungen und konnte solche auch
nicht anlegen, da man wenige Fuß unter den Straßen überall
auf Wasser stieß. Was war da zu thun? Das, worauf
im weiten Erdenkreise kein Mensch verfallen wäre als eben
nur ein Chicagoer: die Straßen mußten um sechs bis acht
Fuß über das alte Niveau aufgefüllt werden. Dann staken
aber die Häuser um dasselbe Maß in der Erde! Nun, dann

hebt man sie eben empor! Wie? Man löste die Gebäude, darunter solche von drei bis sechs Stockwerken, von den Grundmauern, stemmte eine entsprechend enorme Zahl einfacher Wagenwinden darunter, schraubte mit diesen die kolossalen Häuser empor und erhöhte zu gleicher Zeit die Grundmauern durch neue Lagen von Bausteinen.

Bei dem von Tag zu Tag steigenden Verkehr in den Straßen zeigte es sich auch, daß sie an manchen Stellen viel zu eng waren. Die Häuser zu beiden Seiten standen zu weit in die Straße vor. In Europa hätte man sie niederreißen lassen. Nicht in Chicago. Die Architekten ließen hinter diesen Häusern, der neuen, verbreiterten Straßenlinie entsprechend, neue Grundmauern anlegen, hoben die vorstehenden Gebäude von den alten Grundmauern und schoben sie einfach so weit zurück, bis sie genau auf ihren neuen Grundmauern standen.

So verbesserte man das Straßennetz etwa in ähnlicher Weise, wie es die Kinder mit ihren Bausteinen und hölzernen Spielhäuschen thun. Nun konnte man das Kanalsystem, Wasser- und Gasleitungen anlegen, die Straßen ordentlich reinigen und pflastern. So verschönerte sich die Stadt von Tag zu Tag.

Man möge nun ja nicht glauben, daß das Heben, Verschieben, ja Umhertransportieren der Häuser seither aufgehört hat. Im Gegenteile. Im Jahre 1890 wurden nicht weniger als 1710 Häuser, also eine Anzahl, wie sie kaum manche große Stadt besitzt, mit einer Fronte von zusammen elf Kilometer von ihren Grundmauern abgehoben und an andere Stellen geschoben. Die Mehrzahl dieser Häuser waren aus Holz, allein viele waren aus Stein erbaut und einzelne hatten vier Stockwerke*).

---

*) Siehe: „The City of Chicago" by James Dredge, Commissioner for Great Britain, Chicago 1892.

Man kommt in Chicago nicht aus den Gegensätzen heraus, überall hat man zu staunen, überall die seltsamsten Ueber=raschungen zu gewärtigen. Ist es nicht eine Anomalie, daß dieses Chicago, tausend englische Meilen von der Atlantis, zweitausend vom Stillen Ozean entfernt, einer der größten Hafenplätze der Erde ist? Man wird vielleicht einwenden, daß ja die canadischen Seen da sind, wahre Süßwassermeere. Gut. Man windet sich also durch das Menschen= und Wagengetümmel hindurch, straßenauf, straßenab, an himmelhohen Häusern vorbei nach dem Seeufer, längs welchem sich die Stadt in einer Aus=dehnung von über zwanzig englischen Meilen in nordsüdlicher Richtung hinzieht. Dort muß ja der Hafenverkehr großartig sein! Fahren doch jährlich viele Tausende von Schiffen hier aus und ein! Endlich hat man die unendliche blaue Wasser=fläche des Michigansees vor sich. Aber statt des erwarteten Schiffsverkehrs sieht man höchstens ein paar Jachten und einige Lokaldampfer; irgend ein Zollkutter schlummert ruhig auf dem einsamen Wasserspiegel. Nur zuweilen sieht man von offener See her Dampfer schnell herbeiziehen, Schwänen gleich, einer bestimmten Stelle zu, wo sie zwischen den Häusern der Stadt verschwinden. Wo ist denn nun der Hafen mit dem gewaltigen Schiffsverkehr? Nicht im See, sondern im Flusse. Dorthin, an die Ufer des breiten, schmutzigen, schlammigen, übelriechenden Chicagoflusses muß man gehen, um die Tausende von Schiffen zu sehen. Groß=artige Warenhäuser, viele Stockwerke hoch, erheben sich dort zu beiden Seiten auf viele Meilen direkt aus dem Flusse. Ihre Grundmauern werden vom Wasser bespült, wie am Großen Kanal in Venedig. Nur ist dies hier ein ameri=kanisches Venedig, nicht der stillen Beschaulichkeit, sondern dem nüchternen Handel, nicht der poetischen Vergangenheit, sondern der realistischen Gegenwart geweiht.

Wie gesagt, die Stadt mit ihrem Handel, ihrer Indu=
strie, ihrem Verkehr ist der Stadtverwaltung wie den Ein=
wohnern selbst über die Köpfe hinausgewachsen. Man konnte
ihrer lange nicht Herr werden. Erst vor einigen Jahren
gelang es, System in diesen Pilzwachstum der Großstadt zu
bringen, weite Ländereien der Umgebung zu annektieren, um
der weiteren Ausdehnung durch Anlage von Parken, Gärten,
Boulevards, Wasser= und Kanalleitungen vorzubauen. Nun
erst wird sich die Stadt regelmäßiger, geordneter, aber darum
durchaus nicht langsamer entwickeln können.

Und während dort in den Vororten Wohnungen, Villen,
wahre Gartenstädte entstehen, ist auch in dem eigentlichen
Geschäftsteile Chicagos die Stadt fortwährend in Wandlung
oder, wie ich vorhin sagte, noch immer im Werden begriffen.
Anfänglich gab es dort Holzhütten. Sie machten nach etwa
zehn= bis zwanzigjährigem Bestande gemauerten Häusern
von zwei bis drei Stockwerken Platz. Der erste Brand von
1871 vernichtete sie. Man baute an ihrer Stelle sofort neue,
größere, höhere. Da kam der zweite Brand von 1874 und
verwandelte einen großen Teil derselben abermals in Trümmer=
haufen. Abermals wurden neue Häuser errichtet, noch größer,
noch höher als die alten — vier bis sechs Stockwerke hoch).
Damals lernte ich Chicago zum erstenmal kennen, aber wäh=
rend meiner fortgesetzten Besuche in den letzten zwei Jahr=
zehnten war ich selbst Augenzeuge, wie auch diese Geschäfts=
stadt mit diesen großen, achtungerweckenden Bauten allmäh=
lich niedergerissen wurde, um einer neuen, der gegenwärtigen
Stadt zu weichen. Diese ist nun allerdings das Letzte und
Aeußerste, was in diesem ewigen Wandel erreicht werden
kann: Straßen mit dem großartigsten, in keiner Stadt der
Welt erreichten Verkehrsleben, mit Mammutspalästen von
zehn, zwanzig und mehr Stockwerken, Palästen aus Stahl,

die in die Wolken ragen und denen der Chicagoer den bezeichnenden Namen skyscrapers, „Himmelkratzer", beigelegt hat.

Mit dieser Stadt der Gegenwart wollen wir uns ein wenig beschäftigen; aber um das Wachstum dieses merkwürdigen Ameisenhaufens zu kennzeichnen, möchte ich einen Vergleich erwähnen, der mir eben in den Sinn kommt. Einst, als ich auf meinen Orientreisen Jerusalem besuchte, auf den gewaltigen Trümmerhaufen des Djebel Mokkatam bei Kairo stand und in den Schuttbergen Karthagos herumwühlte, dachte ich über die vier, fünf und mehr Städte nach, die im Laufe der Jahrtausende einander auf derselben Stelle gefolgt waren. Jede nachfolgende wurde aus den Trümmern ihrer Vorgängerin gebaut, aber es geschah dies jedesmal nach Ablauf mehrerer Jahrhunderte. Als ich in den Straßen Chicagos von den eilenden, drängenden Menschen hin und her geschoben wurde und dem Aufbau dieser zu schwindelnder Höhe emporragenden Gebäude beiwohnte, fielen mir Jerusalem, Memphis, Karthago wieder ein. Wie schnell sind doch im Gegensatz zu diesen hier in Chicago die Städte einander gefolgt! Innerhalb zweier Generationen entstanden hier in einzelnen Stadtteilen fünf Städte aus den Trümmern der Vorgänger, und noch leben viele Männer in Chicago, welche das aus Holzlatten gebaute erste Chicago gekannt haben!

Bemerkenswert ist es, daß die Weltstadt am Michigansee bis vor wenigen Jahren größtenteils mit geborgtem Gelde gebaut wurde. Boston und New York waren es hauptsächlich, welche das erforderliche Kapital lieferten, neuenglische und pennsylvanische Industrielle, welche den Chicagoern so weitgehenden Kredit gewährten. Niemand von ihnen hätte je geahnt, daß Chicago, welches sie etwa wie eine Faktorei,

einen Markt für ihre Produkte betrachteten, wie Holland
Batavia oder England Bombay, daß dieses Chicago ihnen
allen über die Köpfe wachsen würde. Chicago hat seine
Schulden an die östlichen Kapitalisten nicht nur längst be=
zahlt, es hat Boston und New York auch noch einen Großteil
ihres Handels, den pennsylvanischen und neuenglischen In=
dustriecentren einen Großteil ihrer Industrien abspenstig ge=
macht. Das Küchlein ist flügge geworden und unabhängig
von seinen Eltern. Aber nicht genug damit. Selbst als
Kapitalistin tritt Chicago nun selbständig auf und konkurriert
mit den Geldprotzen New Yorks in der Anlage von Indu=
strien und Verkehrslinien im fernen Westen. Es baut sich
seine Eisenbahnen mit eigenem Gelde, ja es schuf Straßen=
bahnen in St. Louis und Toledo, Warenlager in Minnea=
polis und Winnipeg, besitzt Minen in Dakota und am
Superiorsee.

Der ungeheure Handel Chicagos, dieses Nischnij=Now=
gorod des ganzen, eine Million englischer Quadratmeilen um=
fassenden Mississippibeckens, ließ eben in Chicago auch un=
geheure Geldsummen zurück. Die jungen Bürschchen aus
Boston und New York und anderen östlichen Städten, die
arm, aber unternehmend nach Chicago kommen, erwerben
eben Geld sehr rasch und sehr leicht. Die Millionäre sind
heute in Chicago nach Hunderten zu zählen, obschon die
meisten von ihnen vor zwanzig und dreißig Jahren kaum
ein paar Dollars ihr eigen nannten. Dabei scharren und
halten sie Geld nicht engherzig zusammen. Nirgends in
Nordamerika herrscht größere Liberalität als in Chicago.
Das sieht man nicht nur im Charakter des ganzen Verkehrs=
lebens, in den Vergnügungen, den vielen allabendlich über=
füllten Theatern und Konzerten, in den Toiletten der Damen,
dem Luxus der Equipagen, man sieht es auch in der Ele=

ganz und Behaglichkeit der Häuser in den vornehmeren
Residential Quarters. wie Lake Side, Michigan Indiana
und Calumet Avenue. Während Philadelphia einer Ziegel=
wüste, New York einer Braunsteinwüste gleicht, ohne Baum=
schmuck, ohne Gärten oder Parks in seinen Residential
Quarters. besitzen in den genannten, mehrere Meilen langen
Avenuen Chicagos und in ihren Querstraßen die Mehrzahl
der Häuser ihre eigenen Gärten, die sie auf allen Seiten
umgeben. Statt der schrecklichen Einförmigkeit der dicht an=
einander gebauten engbrüstigen Wohnhäuser New Yorks und
der schmucklosen Ziegelwürfel Philadelphias sind die Häuser
im Chicagoer Villenviertel alle geräumig, luftig, in schmuckem,
ansprechendem Stil, mit Türmen, Veranden, Erkern, Bal=
konen, und die Verschiedenheit ist so groß, daß in vielen
Blocks oder Häusergevierten nicht zwei Häuser einander
gleichen.

                    *   *   *

        Man dürfte die Frage stellen, ob nicht New York groß=
artiger, Boston oder Baltimore schöner, Washington präch=
tiger sei als Chicago. Vielleicht. Aber alles in allem ge=
nommen, kann sich keine Stadt Amerikas, auch New York
nicht ausgenommen, mit Chicago messen. Seine breiten,
schnurgeraden Straßen kreuzen sich mit großer Regelmäßig=
keit in rechten Winkeln und lehnen sich an der Ostseite an
die weite blaue Wasserfläche des Michigansees, während
sie nach den andern Richtungen hin nicht etwa in die offene
Prärie auslaufen, sondern überall in herrliche, schattige
Parks und breite, alleenbesetzte Boulevards münden, welche
die Stadt wie mit einem grünen Kranz umgeben. Keine
Stadt Amerikas hat eine derartige Zahl großer öffentlicher
Parkanlagen aufzuweisen. In New York wurde der ganze

verfügbare Baugrund dem Mammon und seinem Dienst ge=
widmet. Nur der Central Park konnte der Bauwut der
New Yorker abgerungen werden. Der Rest der Insel Man=
hattan ist mit verhältnismäßig engen, dem Verkehr durchaus
nicht genügenden Straßen, mit Geschäftspalästen, Miets=
kasernen, Fabriken und Wohnhäusern dicht verbaut worden,
und selbst in den eleganten Avenuen der Metropole stehen
die Prachtbauten der Millionäre dicht aneinander, ohne
Zwischenräume, ohne Gärten. Nur etwa ein halbes Dutzend
der Krösusse gönnte sich den Lurus eines freien Raumes
oder Gärtchens. Bei den andern Geldprotzen New Yorks
überwog der Mammon ihren Schönheitssinn, ihre Bequem=
lichkeit. Lieber ein paar Tausend Dollars mehr im Geld=
sack als einen Garten um das Haus. In Chicago ist das
Umgekehrte der Fall. Nur in dem Geschäftsviertel sind die
Häuser so dicht aneinander gebaut. Sobald man auf einer
der zahlreichen, nach allen Richtungen hinlaufenden Pferde=
oder Kabelbahnen aus dem Geschäftsteile hinaus in die
„Residential Quarters" fährt, wird man die Sorgfalt und
Liebe bewundern können, welche die Chicagoer auf ihre
Wohnhäuser verwenden. Keine der amerikanischen und, ich
wäre geneigt, zu sagen, auch der europäischen Städte hat
dergleichen aufzuweisen oder besäße so zahlreiche Privat=
häuser. Thatsächlich gibt es nirgends mehr Hausbesitzer im
Verhältnis zur Bevölkerung als hier. Der Chicagoer, reich
oder arm, hat in ausgesprochenster Weise das Bestreben, in
seinem eigenen Hause zu wohnen, und die vielen Kredit=
und Baugesellschaften geben ihm hierzu die Möglichkeit. Ich
war bei der Unmasse großer Banken und Geldinstitute ver=
wundert, zu finden, daß Chicago verhältnismäßig so wenige
und auch nur unbedeutende „Saving banks" (Sparbanken)
besitzt. Die Baugesellschaften ersetzen sie. Der Chicagoer

scheint es vorzuziehen, seine Ersparnisse in seinem eigenen
Hause anzulegen, und so kommt es, daß man selbst in den
entferntesten Arbeiterquartieren eine Unmasse reizender kleiner
Wohnhäuser mit schmucken Gärtchen findet, Häuser, die nicht
in langen Reihen dicht aneinander gebaut sind, sondern jedes
für sich auf eigenem Grund und Boden stehen.

　　In noch viel großartigerem Maße ist dies natürlich in
den vornehmeren Stadtteilen der Fall. Straßen wie etwa
Piccadilly oder Cromwell Road in London, die Fifth Avenue
in New York, die Wilhelmsstraße in Berlin, Faubourg
St.-Germain in Paris sind in Chicago, der neuesten Millionen=
stadt, als Wohnstraßen für die elegante Welt gänzlich un=
bekannt. Als bestes Beispiel dienen die Michigan und die
Calumet Avenue. Diese breiten, wohlgepflegten, mit Bäumen
bepflanzten Avenuen gleichen eher Parks, so groß und schattig
sind die sie zu beiden Seiten auf Meilen hinaus begleitenden
Gärten, in deren Mitte sich die herrlichsten Villen und Land=
häuser erheben, jedes einzelne für sich, entfernt von den
Nachbarhäusern, „a home and a castle“ zu gleicher Zeit.
Dort, in dieser herrlichen Villenstadt, umgeben von Parks
und Boulevards, gegen Osten sich an den See anlehnend,
vergißt man ganz, daß man sich in der großen Industrie=
und Handelsstadt, in dem geschäftigen, rauchigen Chicago
befindet, in der Metropole der Schlächtereien, des Getreide=
handels, der Eisenindustrie und Gießereien. Ebenso hat auch
die westliche und die nördliche Hälfte Chicagos ihre „Residential suburbs“, aber die südliche Villenstadt ist bisher
doch die vornehmste geblieben. Nächst ihr ist wohl das nörd=
liche, rings um den schönen Lincolnpark gelegene Villenviertel
das fashionabelste, jedenfalls das angenehmste, denn die Nach=
barschaft der thatsächlich mit viel Geschmack hergestellten
Parkanlagen ist von großem Wert. Und dazu der gewaltige

See, dessen Brandung die schattigen Parkufer bespült, und an dessen Gestaden ich an heißen Sommertagen so oft ruhte, mich irgendwo in einsamer Waldregion des Superiorsees wähnend, obschon eine englische Meile von mir die zukünftige Metropole des ganzen Kontinents lag.

Der schöne Michigansee! Da ruht er mit seiner un= übersehbaren blauen, spiegelglatten Wasserfläche, belebt mit Dampfern und Barken! Er bietet den Anblick eines Meeres dar, aber ohne die Wellen, ohne den Flutwechsel des letzteren. Doch auch er hat seine furchtbaren Stunden; in der kälteren Jahreszeit wird er nicht selten zu wütenden Wellen gepeitscht und ist dann schlimmer, kälter, gefährlicher als der Ozean. Unzählige Schiffe sind ihm schon zum Opfer gefallen! Gegen Süden bezeichnen zwei Leuchttürme den an der Mündung des Chicagoflusses gelegenen großen Hafen, und in östlicher Richtung erhebt sich, etwa 3 Kilometer von den Ufern des Lincoln Parks entfernt, auf der insellosen Wasserfläche ein hoher Turm, „the Crib" genannt, wo Chicago das See= wasser zu seiner Wasserversorgung durch unterseeische Tunnels herholt.

* * *

Aber auch in den Geschäftsvierteln zeigen nicht zwei Häuser dieselbe Architektur; die Chicagoer kennen den Quäker= geist der Philadelphiaer nicht. Man darf sich die kolossalen zehn= bis zwanzigstöckigen Geschäftshäuser rings um den Fluß nicht etwa als kahle, schmucklose Bauten vorstellen, welche nur durch ihre ungeheure, alle Begriffe übersteigende Größe imponieren. Mit wahrem Raffinement sind die Archi= tekten zu Werke gegangen, um die ein bis zwei Dutzend langen parallelen Fensterreihen übereinander zu brechen, zu verbergen und in ein harmonisches Ganzes zu gestalten.

Manche Häuser von einem Dutzend Stockwerken sehen dank
dieser Gestaltung der Fassaden aus, als besäßen sie nur vier
Stockwerke; erst wenn man das Innere betritt, gewahrt man
die wahre Einteilung, wobei die einzelnen Stockwerke ebenso
hoch und luftig sind wie in anderen kleineren Häusern mit
weniger Stockwerken. Das Postamt, einzelne Hotels, der
Gerichtshof, die Handelskammer, die Getreidebörse und zahl=
lose Geschäftshäuser sind architektonische Prachtbauten aller=
ersten Ranges, zu denen sich die Erbauer die Motive aus
allen Großstädten Europas hergeholt haben, zu denen sie die
vornehmsten Kirchen, Museen, Paläste der Alt= und Neuzeit
geplündert haben, so daß ich beim Durchwandern der Stadt
in jeder Straße bald an den Vatikan, bald an die Akro=
polis, an die Giralda oder den Louvre, die Eremitage und
den Luxortempel, an San Giorgio Maggiore oder unsre
altdeutschen Burgen gemahnt wurde, alles freilich nur stück=
weise. Leider beeinträchtigen die massenhaften marktschreie=
rischen Anzeigen, großen Firmentafeln, die gewaltigen Bilder
und Namen, mit welchen viele Häuser übermalt sind, dieses
sonst imposante Städtebild. Am interessantesten sind un=
zweifelhaft die nach vielen Dutzenden zählenden Mammuts=
bauten, die in dem eigentlichen, kaum mehr als einen Quadrat=
kilometer großen Geschäftscentrum Chicagos erbaut wurden
— was sage ich? — über Nacht aus dem Boden in die
Wolken wuchsen. Man kann sich davon wie von dem Leben
in und um dieselben in Europa gar keine rechte Vorstellung
machen. Oder vielleicht doch: unsre deutschen Städte werden
ja von Kirchtürmen, zweihundert bis zweihundertundfünfzig
Fuß hoch, überragt, und die Börsen von Paris, Berlin u. s. w.
zeigen zu gewissen Stunden ein recht tolles Leben. Nun
denn, man denke sich Gebäude von der Höhe unsrer Kirch=
türme und von der Ausdehnung unsrer Kirchen, verbreitere

die Straßen zwischen ihnen auf nicht ganz die Breite der
Berliner Linden oder etwas mehr als die Frankfurter Zeil
und verlege den Tohuwabohu der großstädtischen Börsen in
den belebtesten Momenten in diese Straßen, dann etwa
ähnelt das so entstehende Bild dem Geschäftsviertel von
Chicago. Es wird aber zu einer wahren Hölle im Winter,
wenn die dichten Nebel des Michiganfees sich durch diese
Straßen oder vielmehr Verkehrsschluchten wälzen, wenn der
Qualm und schwarze Rauch aus Hunderttausenden von Schornsteinen sich mit dem Nebel vermengen und die Atmosphäre
dort unten verdunkeln und verpesten; wenn überall in den
Häusern und auf den Straßen trotz der Tageszeit die Lichter
brennen. Die mächtigen, starren Häuserfronten verschwinden
oben in Rauch und Nebel, nirgend kann man ein Stückchen
Himmel erblicken, nirgend frische Luft atmen, als wäre
das ganze Straßennetz nicht auf der Erde, sondern unter-
irdisch, aus den Felsen herausgesprengt, wie die Elefanten-
höhlen auf Ceylon, wie die Gräberstadt der Krokodile bei
Lykopolis oder dichtbevölkerte Katakomben, von Titanen gegraben.

Die Vorsehung bewahre uns vor solch gewaltigen Gebäuden wie die himmelstürmenden Bienenstöcke Chicagos!
Man wird auch dort davon abkommen, denn sie rauben den
Straßen Luft und Licht, die Sonne dringt selten bis
hinab, kein warmer Strahl durchzieht die feuchten, dunklen
unteren Stockwerke dieser Tempel des Mammons, die in
solcher Größe in keiner andern Stadt des Erdballes zu
finden sind. Die Straßen sind mit geteerten Holzwürfeln
gepflastert, welche das Wagengerassel auf ein Minimum beschränken. Dagegen werden die sehr breiten Trottoirs von
gewaltigen, oft 4 bis 5 Meter langen Steinplatten gebildet,
die 1 bis 2 Fuß über das Straßenpflaster erhaben sind, so

daß der Fußgänger bei jedem Straßenübergang ein oder
zwei Stufen hinab= und wieder hinaufsteigen muß. Den
eigentlichen Mittelpunkt Chicagos bildet der vom südlichen
Arme des Chicagoflusses eingeschlossene Stadtteil mit dem
großartigen neuen Justizpalast, dem Stadthause, den
Theatern, Banken, Börsen, Hotels und den kolossalen Waren=
palästen.

2.

Warum Chicago eine Weltstadt wurde.

Das deutsche Fürstentum Schaumburg=Lippe zählt 340 Quadratkilometer Flächeninhalt. Wollte man Chicago hineinstellen, es fände keinen Platz darin. Man müßte noch 112½ Quadratkilometer von der Provinz Hannover dazu= nehmen, und dann würde Chicago bis zu der Stadt Hannover reichen. Im Herzogtum Anhalt fände es gerade viermal Platz und würde die Bevölkerung desselben auf das Sechs= fache anschwellen. Man kann sich daraus allein schon einen Begriff machen, was innerhalb des fünfzigjährigen Bestandes von Chicago alles geleistet werden mußte, um den Verkehrs= verhältnissen dieser jungen Städteriesin des amerikanischen Westens gerecht zu werden.

Bei meinem jüngsten Aufenthalt in Chicago machte ich es mir unter anderm auch zur Aufgabe, diese Verkehrsver= hältnisse zu studieren, Straßenbahnen, Schiffahrt, Eisen= bahnen u. s. w. kennen zu lernen, denn in diesen liegt haupt= sächlich das Geheimnis der Entwicklung und Größe dieser zukünftigen Hauptstadt des nordamerikanischen Kontinents.

Für den Fremden und wohl auch für eine große Klasse der Einheimischen ist Chicago kein besonders angenehmer Aufenthalt. Während meiner zahlreichen früheren Besuche, die sich bis auf den Anfang der siebziger Jahre zurückerstrecken, hatte ich mehrere Hotels, wahre Riesenkarawanseraien, durch= probiert, aber der ungeheure Straßenlärm, das fortwährende Rasseln, Jagen, Schreien, Läuten, Lärmen hatte mir das Wohnen dort gründlich verleidet.

Nun war mittlerweile ein neues Hotel in Chicago ent= standen, selbstverständlich ein ungeheurer Bau von ich weiß nicht mehr sechzehn oder zwanzig Stockwerken und über tausend Zimmern, das Auditorium=Hotel, das gleichzeitig in seinem Labyrinth das größte Theater der Vereinigten Staaten enthält. Es liegt in der vornehmsten und ruhigsten Straße Chicagos, in der Michigan Avenue, und wendet seine Haupt= fronte dem großen grünen Lake Park zu, der sich längs der Ufer des schönen Michigansees etwa zwei Kilometer lang nordsüdlich hinzieht. Dort dachte ich am ehesten Ruhe zu finden vor dem nervenzerrüttenden Pandämonion, welches die Geschäftsstraßen Chicagos an Wochentagen darbieten. Die große, das unterste Stockwerk einnehmende Halle, ebenso wie die Haupttreppe ist ganz mit großen prächtigen Platten von mexikanischem Onyx bekleidet. Dort thronen die höflichen Hotelclerks, die mir sofort ein Zimmer in der achten Etage anwiesen und mich in einem wie der Sturmwind empor= sausenden Elevator dort hinaufsandten. Herrlich! Tief unter mir die grüne Parkfläche, weiterhin der See mit seinen zahl= reichen Schiffen. Neben meinem prächtigen Bett war eine halbkreisförmige Platte an der Wand angebracht, in deren Mitte sich der Knopf einer elektrischen Schelle befand. Den Rand der Scheibe entlang zeigten sich mir Aufschriften, wie Handtücher, Schreibpapier, Stiefelputzer, Diner, Eiswasser, Abendzeitungen, Whisky, Soda u. s. w. Ich brauchte nur den dabei befindlichen Zeiger auf das Verlangte zu stellen und an dem Knopf zu drücken, etwa wie ein Tischlein deck dich amerikanischer Art. Sofort klopfte es an der Thür, und ein Laufbursche in Livree brachte das Verlangte. Ganz wie es in „Bellamy" steht.

Soweit war alles gut. Ich hatte die letzten vierundzwanzig Stunden auf der Fahrt von New York hierher zugebracht und wollte nun ein bißchen ruhen. Aber kaum lag ich in den Federn, da sausten tief unter meinen Fenstern Eisenbahnzüge vorbei mit lärmenden, puffenden Lokomotiven und dröhnenden Waggons. Dazu läuteten die ungemein scharfen, lauten, entsetzlichen Lokomotivglocken unaufhörlich. Kaum waren fünf Minuten vergangen, so stürmte schon wieder ein Zug vorbei, und so ging es weiter, daß ich jedesmal aus dem Schlummer erschreckt auffuhr. Dazwischen bliesen ein paar Musikanten auf schrillen, falsch gestimmten Instrumenten gerade mir gegenüber an der Landungsbrücke der zwischen den einzelnen Parken verkehrenden Lokaldampfer. Das ging so den ganzen Tag über, und war auch zur Nachtzeit die Musik still, so pusteten und schnaubten dafür desto eifriger die Lokomotiven die Nacht durch bis zum nächsten Morgen; denn gerade in dem schöngrünen Lake Park befinden sich die Bahnhöfe dreier der größten Eisenbahnlinien Amerikas, der Illinois-Central-, der Michigan-Central- und der Baltimore- und Ohio-Eisenbahn. Das war also das ruhigste Hotel von Chicago!

Aber nur die Fremden beklagen sich über den Lärm. Die Chicagoer sind daran gewöhnt, oder sie besitzen keine Nerven, oder sie fügen sich in das Unvermeidliche; denn sie wissen, daß ohne diesen kolossalen Aufwand an Eisenbahnen, an Dampfern, Kabel- und Pferdebahnen das Tagewerk Chicagos einfach stillestehen müßte. Ja, dieses Hinundwiedersausen von langen Lastzügen durch die Straßen, die zahlreichen überfüllten Züge der Lokalbahnen, das Hasten und

Jagen von Hunderttausenden scheint sie zur Thätigkeit an=
zuspornen. Müßiggang hat in der großen Geschäftsstadt keinen
Platz, man kennt ihn gar nicht. Nirgend auf Erden bin
ich einem größeren, lebhafteren Straßenverkehr begegnet als
in der das Geschäftsviertel von Chicago enthaltenden Quadrat=
meile. Ludgate Hill und Cheapside in London, Wallstreet in
New York besitzen ähnliches Leben, allein in Chicago ist es
auf eine größere Zahl von Straßen ausgedehnt. In ihnen
konzentriert sich nicht nur das Geschäftsleben der anderthalb
Millionen Chicagoer, sondern auch indirekt des ganzen nahe
eine Million Quadratkilometer umfassenden nördlichen Mis=
sissippibeckens, das bis hinauf an die canadische Grenze von
Chicago abhängig ist. Ein anderer Umstand, der diese vielen
Tausende auf den breiten Trottoirs und selbst in den Fahr=
wegen zusammendrängt, sind die turmhohen, in die Wolken
ragenden Gebäude, welche die letzteren einschließen, und die
der Chicagoer charakteristisch Sky=Scrapers — Himmel=
kratzer — benannt hat. Während die Gebäude in andern
Städten drei, vier, fünf Stockwerke hoch sind, besitzen jene
Chicagos die doppelte, dreifache, ja vierfache Zahl von Stock=
werken, und demgemäß auch eine dichtere Bevölkerung, die
sich zu gewissen Stunden des Tages in die Straßen wirft
und den Verkehr so anschwellt, daß der Fußgänger Mühe
hat, sich durchzuwinden. Ich fühlte mich in Clark, Monroe,
State oder Madison Street wie ein Stück Teig, das von
Tausenden von Bäckern durchgeknetet wird, daß von Mann
zu Mann passiert, bis es irgendwo auf einem Platze, in
einer Nische kleben bleibt. Alle diese Tausende jagen und
stürmen einher, daß die Kutscher acht haben müssen, daß
ihre Pferde nicht umgerannt werden. Der Straßenverkehr
gleicht wahren Infanterieattacken. Wollte ich jemanden nach
meinem Weg fragen, so müßte ich nebenherlaufen, denn der

Chicagoer hat keine Zeit, stehen zu bleiben. In der Mitte der Straßen rasseln unter dem Pflaster die ohne Unterlaß über Rollen laufenden Drahtseile der Kabelbahnen — lärmend poltern die Züge ihnen entlang unter fortwährendem Anschlagen von schrillen Glocken. Passagiere springen die mit neun Meilen Geschwindigkeit laufenden Züge auf und ab — die Waggons sind so überfüllt, daß ein paar Dutzend Männer auf den Trittbrettern stehen. Gewaltige Lastwagen mit Maschinen und Ballen und Kisten poltern umher — ein Zusammenstoß — ein Wagenrad gebrochen, ein Pferd gestürzt, ein Mensch unter den Rädern! Kaum wird der Unfall beachtet. Ein Polizist eilt an den nächsten Laternenpfahl, dreht an einer Kurbel, und eine Minute später rasselt ein Polizeiwagen, ebenfalls Warnungsglocken anschlagend, herbei. Der Verunglückte wird aufgeladen, und im Galopp geht es weiter. Am Ende der Straße, in der Nähe des Chicagoflusses beginnt die ganze Menschenkolonne zu rennen, als hätte irgend jemand Sturmlauf zur Attacke kommandiert. Ich laufe mit, denn ich würde sonst umgerannt werden. Ich höre wieder sechs schrille Glockenschläge, und eine eiserne Barriere senkt sich langsam in der Mitte der Straße herab. Alles rennet, rettet, flüchtet, die Kutscher peitschen die Pferde, daß sie im Galopp vorwärts sprengen, die Menschen beschleunigen ihren Lauf. Plötzlich sehe ich sie vor mir springen, ich kann nicht mehr zurück. Die Straße bricht gerade unter mir ab; der Fluß wälzt seine schmutzigen Fluten näher; die Brücke hat sich zu drehen begonnen und ist schon einen Meter weit vom Ufer; hinter mir fällt das Eisengitter nieder, und wir sind abgeschnitten von der Straße. Alles springt, ich mit. Wir erreichen die Brücke und drehen uns mit ihr weiter. Ein Mensch ist ins Wasser gefallen — Bootsleute fischen ihn wieder auf. In der Zwischenzeit hat die Brücke Platz

gemacht, ein ungeheurer Dreimaster, von einem kleinen kräf=
tigen Bugsierdampfer gezogen, kommt langsam heran und
fährt durch die Brückenbahn. Ich stehe am Ende der Brücke
und übersehe den Strom auf Meilen. Er ist von Ufer zu
Ufer mit gewaltigen Dampfern und Segelschiffen, Barken
und Frachtbooten bedeckt, die nur eine enge Straße für den
Verkehr freilassen. Zu beiden Seiten erheben sich turmhohe
Magazine, Vorratshäuser von Gott weiß wieviel Stockwerken,
mit ihren Fundamenten ins Wasser hineingebaut — wie in
Venedig — aber dies hier ist ein amerikanisches Venedig.
Ueberall Kettengerassel, das schrille Pfeifen von Dampfer=
signalen, Pusten und Pumpen. Alle zweihundert Schritt
überspannt eine Drehbrücke den Strom, jede muß für das
Passieren eines Schiffes geöffnet werden, jedesmals wird der
Straßenverkehr für ein paar Minuten unterbrochen. Der
Chicagoer hat aber nicht diese Minuten zu seiner Verfügung,
in seiner Hast glaubt er nicht warten zu können. Kaum hört
er also das schrille Warnungssignal der Glocken, so springt
und rennt er, um dem Schiff zuvorzukommen. — Nun ist
die Brücke gedreht, mein Ende hat das gegenseitige Ufer
berührt, und sofort stoßen und drücken sich alle an mir vorbei
ans Ufer. Kaum habe ich einige hundert Schritte in der
Straßenfortsetzung vorwärts gemacht, so sehe ich einen dicht=
besetzten Eisenbahnzug aus der Erde heraufpoltern. Die
Kabelbahnen haben sich zwei Tunnels unter dem Flußbett
gegraben, und während wir Fußgänger die Brücke passierten,
rasselte der Eisenbahnzug hundert Fuß unter uns hinweg.

Weiter. Abermals einige Glockenschläge als Warnungs=
signal, abermals ein Rennen und Jagen und Herabfallen
einer Eisenbarriere. Ein langer, schwerer Eisenbahnzug mit
einem Dutzend Lastwagen braust, von pustenden Lokomotiven
gezogen, an uns vorbei, quer über die Straße. Man kann

dem Verkehr nirgend entgehen, man ist eingeschlossen, ge=
fangen wie auf einem großen industriellen Schlachtfeld in=
mitten einer Schlacht, die nur nachts teilweise unterbrochen
wird, um bei Tagesanbruch wieder fortgesetzt zu werden.

Wenn noch die Straßen immer passierbar wären! Aber
abgesehen von den Eisen= und Straßenbahnen und den Brücken,
welche den Verkehr hemmen, wird in dieser oder jener Straße
gebaut, ein vier= oder fünfstöckiges Gebäude niedergerissen,
ein zwanzigstöckiges gebaut. In dem erstickenden Rauch und
Nebel, die häufig, besonders zur Winterszeit, die Straßen
erfüllen, kann man, emporblickend, gar nicht ihr Dach wahr=
nehmen. Man sieht auf Meilen nur gewaltige Stein= und
Eisenfronten zu beiden Seiten in die Höhe ragen, man sieht
die Gerüste und die Bretterwände der Verschalung. Kaum
ist der letzte Nagel in dieselben geschlagen, so rennen schon
ein paar Jungen mit großen Papierrollen und Kleistertöpfen
und bekleben die langen Wände mit allerhand Anzeigen.
Ganz Chicago, wo immer nur ein verfügbarer Raum, ein
Stückchen Bretterwand ist, wird auf diese Weise verklebt, mit
Annoncen und Schildertafeln behängt. Alles Erdenkliche ge=
schieht, um die Aufmerksamkeit der vorbeilaufenden Menschen=
masse anzuziehen. Drahtseile sind über die Straßen gespannt,
und von ihnen baumeln riesige Inschriften, riesige Bilder;
in den gewaltig großen Schaufenstern blenden elektrische
Lichter, um die Warenhaufen zu zeigen, die dort aufgestapelt
sind; an die Fensterscheiben klappern und klopfen elektrische
Apparate, an andern drehen und schaukeln und zittern An=
noncen, von Elektrizität getrieben; vor andern stehen Markt=
schreier, die schreiend und lärmend kleine Zettelchen den
Passanten in die Hand drücken. Verkehr, Lärm, Jagen,
Haschen, Rennen, Stoßen überall.

Warum? Wozu? Und warum nur in Chicago und nicht

anderswo? Was ist es, das Chicago zu dieser vornehmsten Verkehrsstadt des Kontinents gemacht hat? Warum wächst es so, daß in jedem Jahre fünfzig bis sechzig Meilen neue Straßen entstehen, daß in jedem der letzten Jahre ein Menschenzuwachs von hunderttausend Seelen zu verzeichnen war? Warum ist auf dem kahlen, nackten Prärieboden am Südende des Michigansees wie ein Mammutspilz diese Riesenstadt von anderthalb Millionen innerhalb fünfzig Jahren emporgewachsen? Warum? Warum gerade hier und nicht am Ohio oder am Mississippi?

Die Karte zur Hand. Unwillkürlich fällt der Blick auf die Stelle, wo Chicago liegt. Die große Masse des Weltverkehrs wälzt sich in westöstlicher Richtung von den atlantischen Staaten, von New York, Boston, Philadelphia, Baltimore, Montreal nach dem Westen, nach dem Mississippibecken, den Präriestaaten und jenseit der Felsengebirge. Die canadischen Seen, vor allem der Michigansee, werfen sich von Nord nach Süd quer über die direkten Verkehrsrouten. Man muß ihn an seinem Südende umfahren, und dort, von diesem Fächerknopf aus laufen die Routen wieder wie die Blätter eines Fächers nach allen Richtungen auseinander. An diesem Fächerknopf liegt Chicago.

Die canadischen Seen, dem Landverkehr ein Hindernis, bieten dafür wieder eine ununterbrochene Schiffahrtsroute dar von den atlantischen Häfen bis tausend Meilen in das Herz des Kontinents hinein, bis an die dicht bevölkerten, industrie- und agrikulturreichen Staaten westlich und südlich des Michigansees. An der Südspitze des letzteren ist der Endpunkt der Schiffahrt, und dort liegt Chicago.

So mußte an diesem Punkte eine große Stadt entstehen, und je weiter die Besiedlung des Westens vorwärtsschreitet, je dichter die Bevölkerungszahl, je größer Handel und Industrie sich dort entwickeln, desto größer, mächtiger, reicher muß Chicago, der große Verteilungspunkt dieser Gebiete, werden. Der größte Teil des Warenaustausches zwischen Ost und West, zwischen den Produkten dieses großartigsten Agrikultur- und Waldgebiets einerseits und dem östlichen Amerika, ja Europas anderseits läuft in Chicago zusammen.

Die Verkehrsrouten haben Chicago gemacht, vor allem die Eisenbahnen. Die Eisenbahnen waren zuerst da, dann kam Chicago. Sie liefen an dieser Stelle zusammen, weil sie keinen günstiger gelegenen Knotenpunkt finden konnten. Chicago war eine kleine Stadt, als es schon mehr Eisenbahnen besaß als die meisten Großstädte. Die Bahnhöfe wurden rings um die damalige Umfassung der Stadt angelegt. Die letztere aber wuchs über diese Umfassung hinaus und breitete sich mit wahren Siebenmeilenstiefeln weit ringsum in der Prärie aus, zuerst den Eisenbahnen entlang und dann zwischen diesen.

So kommt es, daß heute nicht weniger als dreißig und mit den lokalen Bahnen sogar fünfzig Eisenbahnlinien im Herzen der Stadt zusammenlaufen, daß ihre Züge die Straßen durchbrausen und der Verkehr ein so großartiger und reger ist, daß täglich in Chicago von den Eisenbahnen zwei Menschen verletzt oder getötet werden! Die Bahnhöfe, welche früher außerhalb der kleinen Stadt lagen, liegen jetzt im Herzen der großen Stadt, alle vierzehn innerhalb einer englischen Quadratmeile. Von diesen vielen Linien sind zweiundzwanzig große Hauptbahnen, trunk lines, wie sie der Amerikaner nennt. Fünf davon kommen von den atlantischen Staaten, fünf vom Süden, fünf sind Pacificbahnen, drei nordwestliche, und der Rest liegt dazwischen. Wie ein Rad von zweitausend Kilometer Durchmesser dreht sich der ganze Landverkehr um Chicago, seine Achse. Die Speichen sind

die Eisenbahnen — gegen achtzigtausend Meilen Eisenbahnen
sind Chicago tributpflichtig, ein Fünftel der ganzen Eisen=
bahnen der Erde, und zwölfhundert Züge laufen hier täglich
ein und aus, vierzig in jeder Stunde tags und nachts.
Diese Eisenbahnen repräsentieren eine Anlage in Obligationen
und Aktien im Wert von 14 000 Millionen Dollars oder
56 000 Millionen Mark! Die Einnahmen und Ausgaben
einzelner von Chicago ausgehender Bahngesellschaften er=
reichen jene großer Staaten! Manche besitzen Linien von
zwei=, drei=, viertausend und noch mehr Meilen, ja die Chi=
cago=Northwestern=Eisenbahn besitzt und kontrolliert nicht
weniger als 7000 englische Meilen Bahnstrecken! Die Chicago=
Milwaukee= und St. Paul=Eisenbahn hat etwa 6000 Meilen,
die Chicago=Burlington= und Quincy= etwa 3000 Meilen unter
ihrem Betriebe.

*   *   *

Wenn man die Karte jedes einzelnen dieser ungeheuren
Bahnsysteme betrachtet, so wird man eine gewisse Aehnlichkeit
mit einem Stromsysteme herausfinden. Das letztere hat zahl=
reiche kleine Flüßchen, die allmählich zu größeren zusammen=
laufen, und diese vereinigen sich schließlich zu einem großen
Hauptstrom. Ebenso zeigen die Eisenbahnsysteme kleine
Linien mit End=, resp. Anfangspunkten in unbedeutenden
Städten auf der offenen Prärie, die sich an wichtigere Neben=
bahnen anschließen, und diese laufen endlich in Knotenpunkten
zu Hauptbahnen zusammen, deren End= und Ausgangspunkt
Chicago ist.
Man schimpft und wettert in den Prärien über diese
Verschmelzung der Eisenbahnen in einige wenige große Körper=
schaften, man zieht gegen die Monopole ins Feld und sucht
ihnen in den einzelnen Staaten durch Gesetze Hände und

Füße zu binden, mit größtem Unrecht. In Amerika gehen die Eisenbahnen der Besiedlung voraus, sie sind zuerst da, und dann erst kommt auf ihnen die Besiedlung. Das erfordert aber von seiten der Eisenbahnen große Mittel, um die ersten mageren Jahre auszuhalten. Bleiben die fetten dann auch aus, oder lassen sie zu lange auf sich warten, so müßten diese Bahnen ganz aufgegeben werden, wenn nicht die großen Bahnen, an welche sie anschließen, den Betrieb übernehmen würden. Alle Welt kommt dabei besser fort, die Bevölkerung, das Land, die Besitzer der kleinen Bahn, nur nicht immer die große Hauptbahn, die mitunter Bahnen verschlingt, die ihr recht schwer im Magen liegen, die sie aber doch aufnehmen muß, will sie nicht, daß ihre Konkurrenzlinie sie verschlingt.

Wenn man berücksichtigt, welch großes Wagnis das Kapital häufig genug beim Bau einer Präriebahn übernimmt, wird man es auch begreiflich finden, daß der Gewinn entsprechend groß sein muß. Das aber muntert zur Konkurrenz auf. Andere Gesellschaften werfen Schienenstränge durch dieselben Regionen und suchen die erste Bahn durch billigere Frachtsätze und Fahrpreise zu überbieten, den Verkehr an sich zu reißen. Die erste Bahn folgt ihr gezwungenerweise, und so geht es mit dem „War of rates" immer schön munter weiter, bis die Bahnen kaum mehr ihre Betriebskosten decken. Ich selbst bin einmal von Chicago nach St. Paul, eine Strecke von ca. 420 Meilen, für einen Dollar, die Strecke von Omaha bis San Francisco, gegen 2000 englische Meilen, für 5 Dollars gefahren. Auf manchen der von Chicago westlich und südlich auslaufenden Bahnen werden den Zügen Speisewagen angehängt, welche jährlich einen Verlust von je über 10 000 Dollars für die Gesellschaften zur Folge haben, allein man darf sie nicht aufgeben,

solange Konkurrenzlinien sie behalten. Dieser Konkurrenz
und diesem Eisenbahnbaufieber ist es allein zu danken, daß
sich der Westen so ungemein rasch entwickelt hat, denn ohne
Bahnen wäre eine Besiedelung und Bearbeitung des Bodens
geradezu unmöglich. Die Chicagoer Eisenbahngesellschaften
haben ihre Linien in die entferntesten Präriegebiete des
Nordwestens, in die entlegensten Minenregionen der Felsen=
gebirge geführt, und alles das kommt schließlich immer nur
Chicago zugute. Um nur in einer Hinsicht den ungeheuren
Apparat zu kennzeichnen, mit welchem diese Hauptbahnen
arbeiten, sei erwähnt, daß z. B. die Chicago=Northwestern=
Gesellschaft an fahrendem Material ca. tausend Lokomotiven
und dreißigtausend Waggons aller Art besitzt. Auf den ver=
schiedenen Linien dieser einzigen Gesellschaft verkehren an
jedem Tage des Jahres ca. 500 Personenzüge und 800
Frachtzüge! Ueber ähnlich große Materialmassen verfügen
auch die beiden andern genannten Bahngesellschaften, und
jeder Eisenbahnzug, jeder Wagen bringt direkt oder indirekt
etwas nach Chicago.

Den Eisenbahnen ist es also zunächst zu danken, daß
die Stadt so riesenhaft emporgegangen ist; ja sie hat sich
schneller entwickelt als die Bahnen, und statt deren Schöpfung,
sozusagen deren Kind zu bleiben, ist sie ihnen über den Kopf
gewachsen und zu ihrer Beherrscherin geworden. Chicago ist
es, das nun diktiert, und wie Chicago seinen eigenen Fluß
umgedreht hat und ihn von der Mündung zur Quelle laufen
läßt, so hat es auch die Eisenbahnen umgedreht und sitzt
wie eine Spinne im Mittelpunkte eines großen Schienen=
gewebes, in dem sich alles fängt, was in den Prärien an
Naturprodukten vorhanden ist. Früher war es östliches Kapital,
das zunächst die Eisenbahnen nach Chicago, dann über Chi=
cago hinaus nach dem Westen baute. Jetzt baut Chicago

neue Bahnen mit eignem Kapital. Früher brachten die Bahnen von Osten her Industrieprodukte aller Art nach dem industrielosen Westen und nahmen dafür im Austausch Naturprodukte, Vieh, Getreide, Holz, Eisenerz nach dem Osten zurück. Der Austausch erfolgte in Chicago. Jetzt fabriziert Chicago selbst die Industrieprodukte für den Westen. Die Naturprodukte aber, welche es ganz wie früher nach dem Osten schickt, bekommt es in harten blanken Dollars bezahlt. Es war ja auch gar nicht anzunehmen, daß Chicago, welches beispielsweise durch seine Schlächtereien wöchentlich 90 000 Viehhäute gewinnt, dieselben ewig nach den Oststaaten senden würde, um sie dort in Schuhe umarbeiten zu lassen. Nein, es macht nun die Schuhe selbst. Das Resultat ist, daß die Schuhfabriken in den Oststaaten, hauptsächlich in Neu-England, ihre Arbeit verlieren und allmählich mit Sack und Pack nach Chicago übersiedeln, wollen sie nicht ganz zu Grunde gehen. Und so ist es mit vielen andern Dingen. Chicago saugt also nicht nur alle Produkte des Westens auf, als natürliche Folge zieht es auch Industrie und Gewerbe vom Osten an sich, und so wächst es doppelt so schnell, wie irgend eine andere Stadt der Vereinigten Staaten.

All dieser Eisenbahnverkehr bewegt sich nun, einmal in Chicago angekommen, durch die Straßen der Stadt, auf verschiedene Bahnhöfe, und das bringt Unsicherheit, Lärm, Schmutz, Rauch u. s. w. in das Herz der ohnedies keineswegs ruhigen oder reinlichen Stadt. Allerdings haben sich eine ganze Reihe von Bahnen zur Schaffung von Centralbahnhöfen zusammengethan, von welch letzteren schon drei vorhanden sind. Aber sie sowohl wie die anderen Bahnhöfe müssen unbedingt weiter vom Stadtmittelpunkte, in weniger belebte Distrikte verlegt werden. Ihr Vorhandensein im Herzen der Stadt zeugt von der großen Jugend und Un-

fertigkeit derselben. So merkwürdig die Verkehrsverhältnisse
im großen Ganzen sich entwickelt haben, so primitiv sind sie
im kleinen geblieben. Bis auf die jüngste Zeit konnten nicht
einmal Frachtwaggons von einer Bahn auf die andre geführt
werden, weil keine Verbindungsbahnen vorhanden waren.
Jetzt fährt allerdings eine solche rings um die Stadt, aber
die Passagiere, welche vom Osten nach den Prärieſtaaten des
Miſſiſſippi und des Nordostens wollen, müſſen in Chicago
immer noch von einem Bahnhof zum anderen wandern, den
Schnappsack in der Hand, oder sie werden in Omnibuſſen über-
führt. Das sind die letzten Omnibuſſe, welche in Chicago vorhanden sind. Sonst bewegt sich der ganze Verkehr auf Pferde-
und Kabelbahnen. Von diesen Straßenbahnen ist eine solche
Menge vorhanden, daß die einzelnen Geleise aneinandergereiht, die Strecke von Berlin nach Köln um 56 Kilometer
übertreffen. Keine Stadt Amerikas besitzt eine ähnliche
Menge. New York hat an Straßenbahnen 368 Meilen,
Boston 329, Philadelphia 324, Chicago aber 400 Meilen!
Innerhalb der letzten acht Jahre allein hat das Straßen-
bahnnetz dieser Stadt um hundert Meilen zugenommen! Bisher haben sich immer noch die Pferdebahnen behauptet, aber
sie genügen dem großartigen Verkehr nicht mehr; die Kabelbahnen, welche merkwürdigerweise in Europa nur wenig
bekannt sind, haben, um nur ein Beispiel zu nennen, in
San Francisco die Pferdebahnen vollständig verdrängt, und
auch in Chicago wächſt ihre Länge von Jahr zu Jahr, so
daß zu Ende des Jahrzehnts auch dort nur mehr wenig
Pferdebahnen vorhanden sein dürften. Die Kabelbahnen
haben sich vorzüglich bewährt, denn sie gestatten größere
Schnelligkeit und eine bedeutend größere Menge von Waggons
mit viel geringeren Kosten. Nur die erste Anlage derselben
erfordert größeres Kapital, denn es müſſen nicht nur Geleise

gelegt werden wie bei den Pferdebahnen, sondern die Straßen müssen aufgerissen, zwischen den Geleisen ein Kanal und über diesem eine dritte Schiene angelegt werden. Das end= lose Drahtseil läuft an den beiderseitigen Enden der Bahn um große Räder, welche ihrerseits durch Dampfkraft getrieben werden und so das Drahtseil in eine ähnliche Bewegung versetzen wie Transmissionsriemen bei Maschinenanlagen, nur liegt das Seil nicht wie die Transmissionsriemen vertikal, sondern horizontal. In der Mitte zwischen beiden Schienen der Geleise läuft parallel zu diesen ein etwa zwei Centimeter breiter Einschnitt, der mit Stahlschienen eingefaßt ist und unter welchem man das Drahtseil, auf Rollen laufend, wahr= nehmen kann. Unter den Waggons dieser Kabelbahnen sitzt eine Zange, die, durch den erwähnten Einschnitt reichend, mit beiden Armen das Drahtseil erfaßt. Wird die Zange durch den Zugführer mittels eines Hebels geschlossen, so packt sie fest das in unaufhörlichem Lauf befindliche Draht= seil, und der Zug setzt sich in Bewegung. Soll gehalten werden, so öffnet der Zugführer die Zange, deren Arme das Seil freigeben, die Bremsen werden gleichzeitig mittels eines zweiten Hebels angesetzt, und der Zug bleibt stehen. Man sieht, der ganze Mechanismus ist sehr einfach. Bei dem großartigen Verkehr Chicagos kommt es aber sehr häufig vor, daß Seile reißen, daß die Seilkanäle sich mit Wasser und Unrat füllen 2c., und es entstehen dann langwierige Stockungen. Gelegentlich meines letzten Aufenthaltes in Chicago kam es fast täglich vor, daß ich auf meinen Be= suchen der „North Side" halbe Stunden lang warten mußte und sich die Züge in unabsehbarer Reihe stauten, so daß die Mehrzahl der Passagiere die „Grip Car" (von grip = Halt) verließen und doch wieder die langsameren, aber regel= mäßigeren Pferdewagen bestiegen. Sonst aber sausen die

„Grip Cars" rasselnd und polternd durch die Straßen wie
die Feuerwehr, jedesmal bei Straßenbiegungen die Alarm=
glocke läutend. Nichtsdestoweniger kommen gerade dort sehr
häufig Unglücksfälle vor, und es wäre interessant, die Sta=
tistik der letztern zu kennen. An diesen Biegungen stauen
sich Hunderte von Lastfuhrwerken, Privatwägen, Droschken,
und mitten in diesen Wirrwarr fahren die Grip Cars hinein,
bei den häufig durch Straßenunrat schlüpfrig gemachten Draht=
seilen nur mit schwerer Mühe bremsend. Dann geht wohl
ein Wagen oder ein Pferd flöten. Polizisten dringen mutig
in dieses Labyrinth von Fuhrwerken, und nach fünf oder
zehn Minuten ist die Stauung wieder vorbei. Aehnliches
kommt ja auch häufig in der Cheapside oder Piccadilly Lon=
dons vor, dort aber sind die Straßen eng. Jene Chicagos
sind von solcher Breite, daß der dreifache Verkehr sich durch
sie wälzen kann, und dennoch kommt es zu Stauungen, nicht
nur, weil der Verkehr größer ist, sondern wegen des Hastens
und Jagens, so charakteristisch für Chicago.

Dazu kommt auch die Dreiteilung der Stadt durch den
Chicagofluß. Etwa anderthalb Meilen vom Seeufer, im
Herzen der Stadt, teilt sich der Fluß in zwei Arme, deren
einer in nordwestlicher Richtung die Stadt durchschneidet,
während der andere auf zwei Meilen direkt nach Süden und
dann in südwestlicher Richtung seiner Quelle zufließt. Die
Chicagoer haben ja, wie schon früher bemerkt, ihren Fluß
umgedreht, und es ist nicht dieser, der in den See, sondern
der See, der in den Fluß fließt.

Durch diese Flußarme wird die Stadt in ein westliches,
ein nördliches und ein südliches Drittel geteilt. Die schach=
brettförmig angelegten, einander rechtwinklig schneidenden
Straßen übersetzen die Flußarme mittels Brücken. Nun
besitzt aber Chicago, obschon sein Hafenverkehr größer ist

als irgend einer der Häfen Nordamerikas, keinen eigentlichen
Seehafen, sondern die Schiffe legen alle im Flusse an. Derselbe riesenhafte Verkehr, der sich in Chicago zu Lande, d. h.
in den Straßen konzentriert, herrscht demzufolge auch im
Flusse, wo Hunderte von Schiffen auf und ab dampfen.
Straßen- und Flußverkehr kreuzen nun einander auf den
Brücken, und man kann sich denken, was dieses Aufeinander-
treffen so gewaltiger Massen für Schwierigkeiten und
Stockungen mit sich bringt. Wohl wurden unter den Chicagofluß, gerade wie unter die Themse, wie erwähnt, zwei Tunnels
gebohrt, deren einer die Süd- mit der Westseite, der andere
die Süd- mit der Nordseite verbindet, und durch die sich
eine ununterbrochene Reihe von Wagen und Menschenmassen
wälzt. Allein sie bewältigen kaum ein Zwanzigstel des Verkehrs, der große Rest entfällt auf die Brücken, die sämtlich
um eine in ihrer Längenmitte befindliche Achse drehbar sind.
Jedesmal wenn ein Schiff aus einem der Flußarme in den
See fährt, müssen sämtliche Brücken nacheinander geöffnet,
der Straßenverkehr somit unterbrochen werden. Nun denke
man sich diese zahllose Menge von Schiffen, diese Hunderttausende von Menschen und Tausende von Wagen, und man
wird sich einen Begriff machen können von den Scenen, die
sich hier Tag für Tag unausgesetzt abspielen!

So hinderlich der Fluß dem städtischen Verkehr auch sein
mag, so segenbringend war er für die Stadt in Bezug auf den
Handel. Nur wenige Meilen von der einstigen Quelle des Chicagoflusses und durch eine Ebene von ihr getrennt befindet sich
nämlich der Illinoisfluß, ein stattlicher Nebenfluß des Mississippi. Schon die Indianer fuhren den Chicagofluß aufwärts,
trugen ihre Kanoes bis zum Illinois und fuhren dann diesen
abwärts in den großen „Vater der Ströme". Die Chicagoer
erkannten sofort die ungeheuren Vorteile einer direkten Wasser-

Verbindung der canadischen Seen mit dem ausgedehnten Stromsystem des Mississippi und schufen schon in den vierziger Jahren den Illinois- und Michigankanal, der bei einer Länge von 96 engl. Meilen mit 15 Schleusen diese Verbindung herstellte. 1866 bis 1870 wurde dieser Kanal erweitert und vertieft, wodurch auch größeren Fahrzeugen die Reise nach Chicago und umgekehrt aus den Seen in den Mississippi ermöglicht wurde, ein gewaltiger Vorteil für die Stadt, der auf diesem Wege jährlich zwölf Millionen Tonnen Waren zugeführt wurden. Der Illinoiskanal ist in der Regel von Mitte April bis Ende November schiffbar. Dann friert er zu, und seinen Verkehr übernehmen die Eisenbahnen.

Soweit der Eisenbahn- und Kanalverkehr Chicagos. Aber es gesellt sich dazu noch ein dritter, der Seeverkehr, welcher Chicago zu dem größten und besuchtesten Hafen ganz Amerikas gemacht hat. Und doch liegt Chicago im Herzen des Kontinents, tausend englische Meilen vom Atlantischen, zweitausend Meilen vom Stillen Ozean entfernt!*) Ein zweites Beispiel eines so großartigen Inlandshafens ist auf Erden nicht vorhanden!

In Europa macht man sich in der Regel ganz irrige Vorstellungen von den canadischen Seen und ihrer Schiffahrt. Wie häufig habe ich schon gesprächsweise die Meinung aussprechen hören, sie wären große einsame Wasserbecken, umschlossen von öden, größtenteils unbewohnten Ufern, ein unnötiges Verkehrshindernis! In der That haben die wenigsten Reisenden sie befahren oder sich mit ihnen beschäftigt, ja in verschiedenen Reisewerken wären sie überhaupt gar nicht erwähnt worden, würden nicht die Niagarafälle zwischen ihnen

---

*) Siehe das Kapitel Chicago in v. Hesse-Wartegg „Tausend und ein Tag im Occident". Leipzig, Verlag von Karl Reißner, 1892.

liegen und alle Besucher der Neuen Welt an ihre Ufer locken. Ich habe die Seen kreuz und quer befahren und könnte eine andere Geschichte über sie erzählen. Aber es handelt sich hier nur um den Verkehr, soweit er für Chicago in Betracht kommt.

Die gesamte Handelsflotte des Deutschen Reiches besaß am 1. Januar 1890 dreitausendsechshundert Schiffe mit einer Tragfähigkeit von 1 320 000 Tonnen; die canadischen Seen allein besitzen eine Flotte, deren Tragfähigkeit 1 300 000 Tonnen beträgt, somit jener des Deutschen Reiches gleichkommt!

Diese Flotte bestand 1890 aus 470 Passagier= und 894 Frachtdampfern, zusammen also 1364 Dampfern gegen 815 der deutschen Handelsflotte; ferner 200 Schonern und 460 Barken (Fischerfahrzeuge nicht mit eingerechnet). Von diesen Schiffen besitzt der Eriesee die größte Zahl, ihm zunächst der Huron= und dann der Michigansee mit 1000 Schiffen von 200 000 Tonnen Gehalt. Von diesen entfallen auf Chicago 400 Schiffe mit gegen hunderttausend Tonnen. Dabei ist die Schiffahrt auf den canadischen Seen in stetiger, rascher Zunahme begriffen. Innerhalb der Jahre 1860 bis 1890 allein wurde beispielsweise die Flotte um 200 000 Tonnen vermehrt, zumeist große Dampfer mit 1500 bis 2000 Tonnen Gehalt, also großen Ozeandampfern gleich. Der Frachtenverkehr auf den canadischen Seen betrug 1890 nicht weniger als 51 Millionen Tonnen, während der atlantische Frachtenverkehr Amerikas im ganzen nur 30 Millionen Tonnen betrug! Von diesen 51 Millionen Tonnen entfielen auf Chicago allein 8 Millionen Tonnen. Man muß sich aber vor Augen halten, daß die canadischen Seen eine Küstenausdehnung von 3000 Meilen besitzen und rings von fruchtbaren Agrikultur= und reichen Minendistrikten umgeben sind. Sie bieten außerdem eine ununterbrochene Wasserstraße dar bis an das östliche

Ende der Seen, welches der mächtige St. Lorenzstrom seiner=
seits wieder mit dem Atlantischen Ozean verbindet, während
von Buffalo aus der Eriekanal eine Wasserstraße nach New
York und andern atlantischen Häfen bildet. Chicago liegt
am Ende dieses großen Seen= und Kanalsystems, und schon
sind Seeschiffe von Liverpool direkt bis nach Chicago ge=
kommen! Durch Verbreiterung und Vertiefung der Kanäle
könnte dieser direkte Verkehr mit den europäischen Häfen,
mit Hamburg, Bremen, Antwerpen u. s. w. unendlich ge=
hoben werden, mit Umgehung New Yorks. Dazu wird es
aber auch gewiß im Laufe der nächsten Jahrzehnte noch
kommen, und Chicago erlangt damit die Bedeutung nicht nur
des größten Binnenhafens der Erde, sondern auch eines großen
Seehafens. Man sieht also, wie ungemein günstig diese
merkwürdige Stadt gelegen ist und welcher Zukunft sie, ganz
abgesehen von ihrer großen Gegenwart, noch entgegengeht!

Ich habe vor kurzem eine Verkehrskarte der canadischen
Seen angefertigt, in welche die verschiedenen Dampferlinien
eingezeichnet sind. Aber ich mußte eine zweite Karte in einem
größeren Maßstab anlegen, denn die unzähligen Linien kreuzten
und näherten sich dermaßen, daß man den Lauf einzelner
Linien nicht gut verfolgen konnte. Chicago allein besitzt
vierzehn Dampfergesellschaften, von welchen eine ihre Dampfer
bis nach Ogdensburg am St. Lorenzstrom, nahe der cana=
dischen Grenze, laufen läßt. Die Entfernung zwischen Chicago
und Ogdensburg beträgt 1300 engl. Meilen, so lang wie
die Luftlinie von Berlin nach Nischnij=Nowgorod! Drei andere
Gesellschaften verkehren mit Buffalo am Ostende des Erie=
sees, 1000 englische Meilen von Chicago entfernt, und sechs
Linien senden ihre Dampfer nach Detroit, auf 700 Meilen
Entfernung von Chicago. Andere Schiffe verkehren mit den
Häfen des Superiorsees, mit Duluth, Ashland, Houghton u. s. w.

All dieser ausgedehnte, ungemein lebhafte Verkehr läuft in Chicago zusammen, und doch hat Chicago keinen See= hafen — die auffälligste der seltsamen Anomalien dieser merkwürdigen Stadt! Wohl sind große Steindämme und Wellenbrecher und Leuchttürme in den See hinaus gebaut worden, aber in dem weiten, so eingeschlossenen Raum tanzen höchstens ein paar Jachten auf den Wellen oder schlummern ein paar Zollkutter der Vereinigten Staatenflotte, während an den Ufern zwei oder drei kleine Dampfer für den Lokal= verkehr anlegen. Von dem großartigen Passagier= und Frachten= verkehr mit den andern Seehäfen ist aber keine Spur vor= handen.

Um diesen zu sehen, muß man, wie im ersten Kapitel erwähnt, eben an die Ufer des Chicagoflusses und seiner Arme gehen. Dort, im Flusse selbst ist der Hafen Chicagos, dort sind die ungeheuren Warenhäuser, die charakteristischen turmhohen Getreideelevatoren, dort zwischen ihnen ankern die Hunderte von Schiffen, dicht aneinander gedrängt. Der Süd= arm des Flusses besitzt überdies eine lange Reihe von Bassins und Werften, so daß die ganze Hafenlinie eine Länge von 41 englischen Meilen erreicht! Dort in diesen, von Fremden nur selten besuchten, der Mehrzahl derselben unbekannten Gebieten liegt das Geheimnis der Größe von Chicago.

3.

Aus Chicagos jungen Tagen.

Gleichzeitig mit dem vierhundertjährigen Jubiläum der
Entdeckung Amerikas wird im Jahre 1893 auch das fünf=
undfünfzigjährige Jubiläum der Gründung von Chicago ge=
feiert werden. Während indessen alle Welt sich mit der
Geschichte Amerikas beschäftigt, kümmern sich die wenigsten
um jene der neuesten Millionenstadt. Was kann eine Stadt
von halbhundertjährigem Bestande auch für eine Geschichte
haben? Was sollte ein Mommsen und Gregorovius in Chicago
beginnen? Die älteste Stadt der Alten Welt in ihrem Werden
zu schildern war ein ungemein dankbares Unternehmen. Aber
die neueste Stadt der Neuen Welt?

Und doch bietet gerade das Werden und Schaffen der
Königin der canadischen Seen unendlich viel des Interessanten.
Spricht nicht schon die Thatsache allein dafür, daß innerhalb
einer so kurzen Zeitspanne auf einem Boden, der an die
pontinischen Sümpfe erinnert, eine Weltstadt von nahezu
anderthalb Millionen Seelen entstand? Wo auf der weiten
Erde fände man ein ähnliches Beispiel von pilzartigem
Städtewachstum?

Merkwürdigerweise waren gerade die ersten Jahre des

Bestandes von Chicago die ereignisreichsten. Der Boden,
auf dem sich seine bald hunderttausend Häuser erheben,
war allerdings schon zu Ende des siebzehnten Jahrhunderts
bekannt, als noch Frankreich die Oberhoheit über diese Gebiete der Neuen Welt in Händen hatte und als seine Missionäre
mit dem Kreuz in der Hand ihre Bekehrungszüge zu den
wilden, tapferen Indianerstämmen unternahmen. Was Living-
stone und Schweinfurth in unseren Tagen sind, das waren
damals Joliet, Pater Marquette und der tollkühne Sieur de
la Salle. Sie brachten Europa die erste Kunde von den
ungeheuren fruchtbaren Länderstrecken westlich der canadischen
Seen, von den gewaltigen Strömen, die sie durchfließen,
und von den Rothäuten, welche sie bewohnen. Sie erwähnten zuerst den kleinen Fluß Chicago (in der Indianer-
sprache „Zwiebel") und die Verkehrsroute der Indianer an
diesem Flusse nach dem Mississippi. Während des ganzen
achtzehnten Jahrhunderts folgten indessen nur wenige Pelzjäger und Trapper ihren Spuren, und in dem ganzen, eine
Million englische Quadratmeilen großen Gebiete gab es
nicht eine einzige nennenswerte Ansiedlung von Weißen.
Gegen Ende des achtzehnten Jahrhunderts baute sich ein aus
San Domingo entflohener Negersklave Namens Point de
Saible, auf dem Sumpflande nahe der Mündung des
Chicagoflusses in den Michigansee eine elende Blockhütte, die
er nach einigen Jahren wieder verließ. Erst 1804 kam der
erste weiße Ansiedler in diese unwirtliche Gegend, ein cana-
discher Pelzhändler Namens John Kinzie. Er baute sich
an der Mündung des Chicagoflusses in den Michigansee ein
Blockhaus und blieb viele Jahre hier in eifrigem Geschäfts-
verkehr mit den Indianern, die ihm selbst während der
blutigen Kriege mit den Amerikanern ihre Freundschaft be-
wahrten. John Kinzie gelangte so zu einer lokalen Berühmt-

heit und er wird auch heute noch als der eigentliche Gründer und Vater von Chicago angesehen.

Damals befand sich das ganze Stromgebiet des Mississippi noch im Besitz der Indianer. Die Vereinigten Staaten hatten keinerlei Gewalt darüber, und wollten sie Ansiedlungen oder Militärforts errichten, so mußten sie das erforderliche Land den Indianern abkaufen. So erwarben die Amerikaner eine Strecke von sechs englischen Quadratmeilen an der Mündung des Chicagoflusses und errichteten dort einen kleinen Militärposten, Fort Dearborn, mit einer Garnison von etwa 70 Mann zum Schutz der weißen Indianerhändler und Pelzjäger. Das Fort sollte nur wenige Jahre bestehen, denn die damals noch mächtigen und zahlreichen Indianerstämme betrachteten mit eifersüchtigen Augen das Vordringen der Weißen, und aufgewiegelt durch den kriegserfahrenen und tapferen Häuptling Tecumseh der Schawanesen, beschlossen sie 1812 deren Ausrottung. Am 15. August griffen die Pottawattomie-Indianer die abziehende Garnison an, massakrierten den größten Teil der Soldaten mit ihren Weibern und Kindern und zerstörten das Fort.

So endete die erste Ansiedlung am Chicagofluß. Vier Jahre später, nach Beendigung des Krieges, überließen die Ottawa- und Chippewa-Indianer den Amerikanern gegen eine entsprechende Entschädigung eine etwa zwanzig englische Meilen lange Strecke am Michigansee, in der Nähe des Chicagoflusses, und zum Schutz etwaiger Ansiedler wurde nun Fort Dearborn wieder erbaut. Allein die traurigen Erfahrungen der ersten Ansiedler, die blutigen Kämpfe mit den Indianern, die ungeheure Entfernung dieses weit nach Westen vorgeschobenen Postens von dem besiedelten Osten — etwa tausend englische Meilen betragend — hielten die Weißen von dem Vordringen bis zum Chicagofluß ab. In den wenigen elenden Blockhäusern, die in der Nähe des Forts entstanden, wohnten 1825 im ganzen etwa zwei Dutzend Menschen, die Ansiedlung wollte durchaus nicht wachsen, und da die Regierung überdies alle verfügbaren Truppen für das Vorschieben der Grenze bis zum Mississippi benötigte, wurde auch noch das Fort Dearborn aufgelassen. In dieser Zeit befanden sich in dem ganzen anderthalb Millionen englische Quadratmeilen umfassenden Gebiete westlich des Ohio, wo heute über dreißig Millionen Menschen wohnen, nicht mehr als 5000 Weiße.

Da es damals keinerlei Straßen, Wege und Transport= mittel von Osten her durch die ungeheuren Prärien und Urwälder zum Mississippi gab und man doch die bis zu dem Vater der Ströme vorgeschobenen Militärposten verprovian= tieren mußte, so beschloß die Vereinigte Staaten=Regierung im Jahre 1830 die Anlage eines Schiffahrtskanals von den canadischen Seen durch den Chicago= und den Illinoisfluß zum Mississippi. Aber auch dann noch glaubte man nicht an die Zukunft der kleinen Ansiedlung am Chicagofluß, deren Blockhäuser in dem waldreichen Sumpfe rings um die Mün= dung zerstreut waren und die im Sommer 1830 etwa hundert Einwohner zählte, von denen auch nur die Hälfte Weiße, der Rest Indianer, Neger und Mischlinge waren. Indessen wurde die Ansiedlung doch von seiten des Vereinigten Staaten=Kommissärs organisiert, abgegrenzt, und die noch un= besetzten Stadtgebiete wurden zur Versteigerung ausgeboten. Obschon nun die Baugründe nur wenige Dollars kosteten, ja die an den damaligen Ort grenzenden Länder mit andert= halb Dollars für jeden Morgen bewertet wurden, gab es doch keine Käufer. Heute besitzt mancher dieser Baugründe einen nach Millionen zählenden Wert! Die Hauptursache an der mangelnden Kauflust bildeten

die benachbarten Indianerstämme und die beständigen Un=
ruhen. Nordwestlich von Chicago hausten an 3000 Pottawat=
tomies, nördlich etwa 1500 Winnebagos, im Südosten etwa
3000 Sacs und Foxes, die zuweilen die junge Ansiedlung
besuchten und nur mit schwerer Mühe von einer Plünderung
abgehalten werden konnten. Dazu kam der blutige Krieg
mit dem tapferen Häuptling Black Hawk (schwarzer Falke),
der auf seinem Raubzuge durch Illinois und Wisconsin alle
weißen Ansiedlungen zerstörte und in so bedenkliche Nähe von
Chicago kam, daß „die Einwohner sich jeden Morgen beim
Aufwachen zunächst versicherten, ob ihr Skalp noch auf ihren
Köpfen saß".

Glücklicherweise wurden die Indianer von den amerika=
nischen Truppen geschlagen und zersprengt, die andern in
der Nähe seßhaften Stämme endgültig unterworfen und da=
mit war auch der Fortbestand Chicagos gesichert. Im Früh=
jahr 1833 trafen von den Oststaaten her zu Wagen, zu
Pferde oder zu Fuß so viele neue Zuwanderer ein, daß
binnen zwei Monaten gegen 150 neue Häuser in Chicago
entstanden. Neben jenen, welche die Ansiedlung zum bleiben=
den Aufenthalt auserkoren, kamen tausende andere, welche
weiter westlich, an den Mississippi, zogen, durch Chicago und
schlugen in der Umgebung ihre Zelte auf, um einige Zeit
zu ruhen. Wohl befanden sich Farmer und ehrliche An=
siedler mit ihren Familien, mit Kind und Kegel unter ihnen,
allein die Mehrzahl der Durchzügler bestand doch aus Ge=
sindel, gesetzflüchtigen Verbrechern, Pelzjägern, indianischen
Händlern, Viehzüchtern und Abenteurern in allen möglichen
Aufzügen, so daß Chicago damals wohl ebenso ausgesehen
haben mag wie Leadville in Colorado, Dodge City und
Wichita in Kansas, Spokane Falls im Washington=Terri=to=
rium, alles im Entstehen begriffene Ansiedlungen, die ich in

den siebziger Jahren besuchte und die seither zu wohl-
geordneten großen Städten herangewachsen sind. Zu diesem
tollen Lagerleben rings um den Chicagofluß gesellte sich 1832
noch jenes von etwa fünftausend Indianern, welche von
den amerikanischen Kommissären berufen worden waren, um
über die Abtretung ihrer westlich von den canadischen Seen
gelegenen Ländereien zu verhandeln. In dem Buche eines
englischen Reisenden, C. J. Latrobe, finde ich über diese
Verhandlungen folgende interessante Stelle: „Die Tage und
Wochen vergingen, ohne daß man die Indianer zu einer Entscheidung bewegen konnte. Ganz unnötig donnerten die
Kanonen vom Fort her den Häuptlingen das Signal zur
Versammlung beim Beratungsfeuer. Immer fanden sie
Ausflüchte für weitere Verzögerung. Einmal war ein wichtiger Häuptling nicht zur Stelle; ein andres Mal war der
Himmel bewölkt, und Indianer unternehmen Geschäfte wichtig
niemals, außer bei klarem Himmel; so ging es fort, bis endlich am 21. September die Pottawattomies sich für die Be-
ratungen bereit erklärten. Ich wurde eingeladen, denselben
beizuwohnen."

„Das Beratungsfeuer wurde unter einem großen, auf
offener grüner Prärie errichteten Zelte angezündet, aber es
dauerte mehrere Stunden, bis endlich gegen dreißig der einflußreichsten Häuptlinge beisammen waren. Sie nahmen an
einer Seite des Zeltes auf dem Boden Platz, während die
Kommissäre und Dolmetscher auf der anderen Seite ihnen
gegenüber saßen. Endlich, spät am Nachmittage, unterbrach
der erste Kommissär das stundenlange Schweigen, um zu
fragen, warum die Häuptlinge die Versammlung einberufen
hätten. Ein alter Krieger stand auf und hielt in kurzen,
monotonen Sätzen eine von heftigen Gestikulationen begleitete
Rede, die der Dolmetscher, ein Halbblutindianer übersetzte.

Man konnte daraus entnehmen, daß der schlaue alte Indianer
der Frage des Kommissärs eine andere entgegenstellte: Warum
denn der Große Vater in Washington alle seine roten
Söhne nach Chicago berufen hätte?

„Nun war aber all dies und die ganze Grundlage der
Verhandlungen den Indianern eine ganze Woche vorher ge=
nau erklärt worden, und während dieser Woche hatten die
Rothäute die weitgehendste Gastfreundschaft des Großen Vaters
genossen, so daß der ganze „Pauwau" keine besonderen Fort=
schritte zu machen schien. Als nun ein junger Krieger auch
noch eine kräftige Rede in ähnlichem Sinne hielt, wurde die
Sache dem Kommissär zu viel. Er ließ den Rothäuten er=
klären, daß sie mit dem Großen Vater nicht spielen, sondern
zu einem baldigen Entschluß kommen möchten, ob sie ihre
Ländereien verkaufen wollten oder nicht. Damit wurde der
Pauwau aufgehoben, und die Kommissäre kehrten, begleitet
von den Offizieren und Dolmetschern, in das Fort zurück.

„Das ganze Bild, welches das Beratungszelt darbot,
wird mir unvergeßlich bleiben. Die Strahlen der unter=
gehenden Sonne, welche durch die weitgeöffnete Zeltthüre
drangen, beschienen die Bleichgesichter, vor denen die armen
Rothäute mit ihren grell bemalten Wangen und gehüllt in
ihre malerischen Decken und Pelze kauerten, Pfeile, Bogen
und Tomahawk an ihrer Seite. Obschon ich von der Not=
wendigkeit ihrer Fortschaffung nach entfernterem Gebiete
überzeugt war, blutete mein Herz doch über ihre trostlose
Lage und ihre Entartung. Unwissend und elend, wie sie auch
in ihrem Urzustande gewesen sein mochten, sind sie es jetzt,
nach jahrelangem Verkehr mit den Weißen, noch viel mehr,
und ihre baldige Ausrottung ist so gewiß, als wäre sie jetzt
schon besiegelt und vollzogen."

Noch während der Verhandlungen mit den Indianern

erhielt Chicago am 5. August 1833, also vor genau 59 Jahren, von der Regierung des Staates Illinois den Ortsbrief. In den elenden 200 Blockhütten und Bretter=„Shanties", aus denen die Stadt bestand, wohnten etwa 250 Menschen, mit wenigen Ausnahmen durchwegs Männer. Von Straßen und Wegen, Hotels und städtischen Einrichtungen war noch keine Spur vorhanden, so daß es die erste That des neuorgani= sierten Fleckens war, aus rohen Baumstämmen ein Gefängnis zu bauen und eine städtische Anleihe von 60 Dollars auf= zunehmen, um wenigstens eine Straße, die Clark Street, an= zulegen. Ein New Yorker Zuwanderer, Namens Charles Butler, nachher einer der ersten Bürger der Millionenstadt, erzählt, daß er 1833 bei seiner Ankunft in Chicago in einer Bretterhütte Unterkunft fand, deren Besitzer die einzelnen Räumlichkeiten um wenige „Cents" an Hotelgäste vermietete. Der Andrang war aber so groß, daß dieselben dutzendweise auf dem Boden lagerten, und er mit Mühe noch ein leeres Plätzchen fand, wo er eingezwängt zwischen zwei Emigranten die Nacht zubrachte.

Am 26. November desselben Jahres erschien in dieser wege= und straßenlosen Hüttenstadt von ein paar Hundert Einwohnern die erste Zeitung, der „Chicago Democrat", die mit 120 Subskribenten begann. Eine der ersten Nachrichten, die zur Veröffentlichung kam, war der Vertrag mit den Indianern, dem zufolge diese ihre Ländereien im nördlichen Illinois und Süd=Wisconsin, sowie große Strecken in Indiana und Michi= gan an die Vereinigten Staaten abtraten und sich an dem Missouristrom anzusiedeln verpflichteten.

Beim Durchblättern dieser interessanten kleinen Zeitung fand ich auch unter andern charakteristischen Nachrichten über das Leben und Treiben [des damaligen Dörfchens Chicago folgende Notiz, enthalten in der Ausgabe vom 11. Juni 1834:

v. Hesse=Wartegg, Chicago. 4

„Nicht ein Schiff läuft in unseren Hafen ein, das nicht mit Emigranten überfüllt wäre, und die Diligence, welche nun zweimal wöchentlich aus den Oststaaten hier eintrifft, hat nicht hinreichend Platz, um alle Reisenden unterzubringen. Der Dampfer ‚Pionir‘, welcher nun regelmäßig zwischen Chicago und St. Joseph (am gegenüberliegenden Seeufer im Staate Michigan gelegen) verkehrt, ist ebenfalls zu einem beliebten Transportmittel für die Reisenden geworden. Be- ladene Frachtwagen und zahlreiche Fuhrwerke mit Emigranten- familien treffen täglich hier ein, um sich anzusiedeln."

Am 6. Juni 1834 lief der erste Dampfer, direkt vom Eriesee kommend, in Chicago ein, und am 11. Juli erreichte das erste große Segelschiff Namens „Illinois" diesen Hafen.

Mit seltsamen Gefühlen las ich die erwähnten Nach- richten, in dem prächtigen Lesezimmer einer Hunderttausende von Bänden enthaltenden Bibliothek des heutigen Chicago, das in den seither vergangenen 59 Jahren zu einer der größten Städte der Welt angewachsen ist. 1834 berichtet die einzige Zeitung des Dörfchens mit stolzer Genugthuung, daß zweimal wöchentlich Diligencen aus New York dort ein- trafen, und 58 Jahre nachher genügen achttausend Eisenbahn- züge wöchentlich nicht, um den Verkehr zu bewältigen! Vor 58 Jahren lief der erste Dampfer in dem Dörfchen ein, und heute ist dieses Dörfchen der besuchteste Hafen von ganz Nord- und Südamerika! Noch leben heute Männer, welche das Dörfchen Chicago von damals gekannt haben, und sie erzählten mir, daß dort, wo sich heute der Geschäftsmittel- punkt befindet, am 6. November 1834, in den Wäldern, welche dort den Boden bedeckten, ein Bär geschossen wurde! — Die Nachricht von der Räumung der Ländereien seitens der Indianer brachte im Jahre 1834 Zehntausende aus allen Teilen der Union nach Chicago. Es war selbstverständlich

unmöglich, diese Menschenmenge in dem Städtchen unter=
zubringen, und die große Mehrzahl lagerte deshalb im
Freien unter ihren Emigrantenwagen oder unter rasch zu=
sammengenagelten Flugdächern, ähnlich wie ich es vierzig
Jahre später in Leadville und an der Grenze des Indianer=
territoriums in Kansas gesehen habe*). Die Baugründe der
jungen Stadt, welche bisher keinen bestimmten Geldwert be=
saßen und für Pferde, Waren, Vieh u. s. w. eingetauscht
wurden, stiegen im Verhältnis zu der herbeiströmenden
Menschenmasse; Käufer wurden von Tag zu Tag zahlreicher,
Spekulanten trieben die Preise zu fabelhafter Höhe, und
Baugründe, welche von den Eigentümern ein Jahr vorher
einfach aufgegeben wurden, weil ihnen die jährliche Grund=
steuer von zwei Dollars zu hoch erschien, stiegen von Woche
zu Woche auf zwanzig, fünfzig, hundert und mehr Dollars.
Am Ende des Jahres 1834 war aus jedem Einwohner ein
Baugrundspekulant geworden, nicht um die erworbenen Län=
dereien zu behalten, sondern um sie gelegentlich um den
doppelten, dreifachen, ja vierfachen Preis loszuschlagen.

Im Jahre 1835 erreichte dieses Fieber seinen Höhe=
punkt. Die Versteigerung von Regierungsländereien, welche
vier Monate lang dauerte, hatte neben einer großen Zahl
von wirklichen Ansiedlern Tausende von Spekulanten und
Abenteurern herbeigezogen. Der großartige Verdienst, der
bisher aus dem Verkauf von Baugründen erzielt wurde,
und das nunmehr unzweifelhafte fernere Anwachsen der
kleinen Ortschaft verursachte die tollkühnsten Spekulationen,
denen auch gediegene, ernste Leute in Boston und Phila=
delphia zum Opfer fielen. Kolossale Länderstrecken west=

---

*) Siehe v. Hesse=Wartegg: „Tausend und ein Tag im Occident",
Leipzig, Karl Reißners Verlag, 1891.

lich und nördlich von Chicago, manche in der unmittelbaren Umgebung des Ortes, manche hunderte Meilen davon
entfernt, wurden von der Regierung Tag für Tag um den
festen Preis von 1¼ Dollar, also etwa 5 Mark, für den
preußischen Morgen losgeschlagen! Kaum befanden sich derartige Ländereien, weiß Gott wo im fernen Westen gelegen,
in den Händen der Spekulanten, so veröffentlichten sie schon
ein paar Tage später anschauliche Pläne der darauf zu grün-
denden Stadt, auf welchen die Straßen und Plätze, alle
schon mit patriotischen oder indianischen Namen benannt,
sowie die Stellen für die zu erbauenden Schulen, Kirchen,
Rathaus, Stadtpark, Hotels u. s. w., genau in hübschen
Farben verzeichnet waren. Die Baugründe in den Straßen
waren mit Nummern versehen. Diese Pläne wurden massenhaft über das ganze Land versendet oder durch Agenten in
den Großstädten des Ostens verteilt. Tausende und Aber-
tausende, aufgemuntert durch den kolossalen Gewinn, welchen
die Spekulanten durch den Handel solcher Baugründe in
Chicago erzielt hatten, und verleitet durch glühende Schilde-
rungen der Reichtümer der eben aufgeschlossenen westlichen
Prärien, kauften diesen Landagenten Baugründe von Städten
ab, die nur auf den Plänen bestanden, und erhielten dafür
Quittungen, auf welchen der gekaufte Bauplatz, womöglich
für Eckhäuser in dem Mittelpunkte der eingebildeten Stadt
gelegen, genau verzeichnet war. Dieser Schwindel nahm
solche Dimensionen an, daß nach und nach das ganze nördliche Illinois, Michigan und Wisconsin in einer Ausdehnung
von vielen tausend Quadratmeilen zu Städten ausparzelliert
wurde, ohne daß sich in diesen letzteren auch nur ein einziger
Einwohner befand und auch später jemals ansiedelte. Ja
die Quittungen über solche Baugründe wurden mit Gewinn
von ihren Besitzern an andere weiterverkauft, so daß binnen

wenigen Wochen der ursprüngliche Kaufpreis auf das Zehn-
bis Zwanzigfache stieg. Dies geschah beispielsweise mit den
Bauplätzen der eingebildeten Städte Koshkonong und Oquaka
in Wisconsin, die weder zur Zeit des Verkaufes noch jemals
später existierten. Die Baugründe von Städten, welche an
der Vereinigung von Flüssen oder an deren Mündungen in
den Michigansee verzeichnet waren, fanden die willigsten Ab-
nehmer zu hohen Preisen. Waren auf der Landkarte keine
Flüsse vorhanden, so wurden sie eben von den Spekulanten
erfunden und mit indianischen, schön klingenden Namen
versehen.

Heitere Zwischenfälle ergab die naturgemäß vielfach
ungenaue Landesaufnahme. So kam es vor, daß bei späteren
Vermessungen ganze Länderstrecken überhaupt verschwanden,
da sie nur auf der Landkarte, nicht aber in Wirklichkeit bestanden; manche Städte, die auf der Landkarte an Fluß-
mündungen lagen, fielen in Wirklichkeit mehrere Meilen davon
in die Seefläche, und die Käufer der vermeintlich wertvollen
Baugründe hatten für ihr gutes Geld nicht einmal ein Stück
Wüstenland! Das ganze Land zwischen dem Michigansee
und dem Flußnetz des Mississippi befand sich im Handel;
unzählige Städte, Farmen, Wälder und Präriestrecken wurden
gekauft und verkauft, und wo immer man hinkam, war dieser
Landhandel das ausschließliche Gespräch. Je extravaganter
das Projekt, je entfernter das Land, desto größer war die
Begierde, es zu erwerben und darin zu spekulieren.

Aber es war nicht nur das Beispiel des glänzenden Ge-
winnes, der mit den Landverkäufen in Chicago erzielt wurde,
welches diese Spekulation förderte. Dank der losen Gesetze
mancher Staatenlegislaturen warfen zahlreiche Banken Banknoten auf den Markt, welche keine Unterlage in Bargeld
besaßen. Ein großer Teil der Geschäftswelt war sich des

fiktiven Wertes dieser Banknoten wohl bewußt, und da es deren weit über die Bedürfnisse des Geschäftsverkehres gab, suchten sie sich dieses Banknotenüberflusses durch den Ankauf von Ländereien zu entledigen. Die Banknoten konnten ihren fiktiven Wert nicht lange behaupten. 1836 erließ der Ver= einigte Staaten=Kongreß ein Gesetz, dem zufolge keine Bank Depositen in Bargeld annehmen durfte, welche nicht im stande war, die von ihr ausgegebenen Banknoten in Bar= geld einzulösen. Die wenigsten Banken besaßen hierzu die Mittel, und die Folge davon war der Zusammenbruch der meisten Bankinstitute des Westens im Mai 1837, mit einem Worte der Krach. Damit fielen auch die künstlich empor= getriebenen Werte der Ländereien. Ein großer Teil der= selben war bald wieder im Werte auf den ursprünglichen Kaufpreis gefallen, aber glücklicherweise für die Einwohner des Hauptmarktes, nämlich Chicagos, waren es nicht sie, sondern die Spekulanten in den östlichen Großstädten, welche die Verluste zu tragen hatten.

Damit begannen aber auch die Einwohner Chicagos, sich mehr mit ihrer rasch wachsenden Ortschaft statt mit entfernten Ländereien zu befassen. 1836 war die Einwohner= schaft auf 3820 Seelen gestiegen, und es liefen in dem Hafen 450 Schiffe mit 60000 Tonnen Gehalt ein. Am 4. März 1837 wurde Chicago von der Regierung des Staates Illinois zur Stadt erhoben, es besteht also als solche heute etwas über 55 Jahre. Elf Jahre später, also 1847, war die Bevöl= kerung auf weit über das Vierfache gestiegen und zählte 17000 Seelen. Von 1847 auf 1853, also innerhalb sechs Jahren, stieg sie abermals um das Vierfache und erreichte 61000 Seelen. Von Jahr zu Jahr mußten neue Länder= strecken in das Stadtgebiet einbezogen werden, um für ihre riesige Entwicklung Platz zu schaffen. • Von 1853 auf 1860 stieg die Bevölkerung von 61000 auf 100000, von 1860 auf 1866 bis auf 200000 Einwohner, und vier Jahre später hatte sie 300000 Einwohner erreicht! In den zehn Jahren von 1870 auf 1880 verdoppelte sie sich, und von 1880 auf 1890 verdoppelte sie sich abermals, so daß sie vor drei Jahren 1260000 Seelen erreicht hatte! Heute hat Chicago, der im vergangenen Monate vorgenommenen Volks=zählung zufolge, nahezu 1½ Millionen Einwohner! Gleich=zeitig mit diesem ungeheuren, in der Geschichte einzig da=stehenden Anschwellen der Bevölkerung entwickelten sich aber auch Handel, Verkehr, Industrie und Reichtum und in letzter Linie die Höhe der Steuern. Diese beliefen sich 1837, also in den ersten Jahren des Bestandes von Chicago als Stadt, auf anderthalb Dollars per Kopf; 1857, zwanzig Jahre später, auf 6½ Dollars; abermals zwanzig Jahre später, 1877, auf 12½ Dollars und heute auf etwa 25 Dollars. Die Steuern verdoppelten sich also in Zeiträumen von je 20 Jahren.

Im Jahre 1838 wurde in Chicago in dem zweiten Stockwerke eines hölzernen Gebäudes das erste Theater er=öffnet, das den hochtrabenden Namen „Rialto" führte. 1842 trat ein wöchentlich dreimaliger Postverkehr mit New York ins Leben; wie sehr es aber mit der etwa 10000 Einwohner zählenden Stadt im Argen lag, geht aus einer städtischen Verordnung hervor, die ich in einer damaligen Zeitung fand, und der zufolge „das freie Umherwandern von Schweinen in den Straßen" als dem Verkehre hinderlich verboten wurde. Am 26. November 1845 erschien die erste deutsche Zeitung von Chicago unter dem Namen „Chicago Volksfreund". Am 15. Januar 1848 wurde die erste telegraphische Depesche aus Chicago gesandt, und am 10. April desselben Jahres passierte das erste Schiff durch den neuerbauten Illinois= und Michi=

gankanal; am 25. Oktober aber lief zum erstenmal ein
Eisenbahnzug in Chicago ein. Die erste Eisenbahnverbindung
mit New York und den anderen Städten des Ostens erhielt
die Stadt erst im Jahre 1852, also vor etwa vierzig
Jahren. Heute ist Chicago der bedeutendste Eisenbahnmittel=
punkt nicht nur Amerikas, sondern der ganzen zivilisierten Welt!
Als moderne Stadt mit Telegraphen= und Eisenbahn=
verbindung, mit Gasbeleuchtung und Wasserleitung besteht
Chicago also erst seit 1848, und selbst dieses Jahr kann man
nicht als das eigentliche Gründungsjahr Chicagos ansehen,
das damals 20000 Einwohner zählte, denn alle Errungen=
schaften des jungen Städteriesen von 1848 bis 1871 wurden
durch den großen Brand im letztgenannten Jahre mit einem
Schlage vernichtet!
　　Chicago war damals schon der geschäftliche Mittel=
punkt des großen Westens mit einem tributären Gebiet, das
etwa 11 Millionen Einwohner zählte; der Hauptmarkt für
die Agrikulturprodukte, der Sitz des Viehhandels, Holzhandels
und der Schweineschlächtereien, eine Großstadt von 350000
Einwohnern mit prächtigen Palästen und bedeutenden in=
dustriellen Anlagen, die größte Stadt Nordamerikas westlich
der Alleghany=Gebirge. Da wollte es die Ironie des Schick=
sals, daß eine Kuh dieser jüngsten und großartigsten Städte=
schöpfung in einer einzigen Nacht ein jähes Ende bereiten
sollte. Am 8. Oktober 1871 begab sich eine Kuhmagd im
südlichen Teile der Stadt mit einer Kerosinlampe in den
Stall, um eine Kuh zu melken. Das Vieh schlug mit einem
Hinterfuße aus und warf dabei die Lampe um. Vierund=
zwanzig Stunden später war die Königin der canadischen
Seen, das große junge Chicago ein rauchender Trümmer=
haufen.
　　So datiert der Bestand der neuesten Millionenstadt

eigentlich erst seit kaum viel mehr als zwanzig Jahren! In diesem Zeitraum wurden in Chicago nicht viel weniger als 100 000 Gebäude, also durchschnittlich 5000 Gebäude in jedem Jahre, 13 Gebäude an jedem einzelnen Tage gebaut, die zusammen 400 Millionen Dollars kosteten. Aneinandergereiht würden diese Gebäude sich über 300 englische Meilen ausdehnen. Der Handel stieg von 100 auf 1500 Millionen Dollars, und die Bevölkerung ist, wie gesagt, nicht weit entfernt von anderthalb Millionen Seelen. Das ist die Stadt, die noch vor fünfzig Jahren aus ein paar elenden Holzhütten bestand!

4.

Einige Merkwürdigkeiten.

Man braucht sie gar nicht lange zu suchen. Man findet sie auf der Straße — freilich keine Museen, Bildergalerien, naturhistorische und Antiquitätensammlungen, keine alten Kathedralen, Schlösser und Festungstürme. Chicago kann nur mit Dingen aus der Gegenwart, in der eigenen, unmittelbaren Umgebung entstanden, Staat machen. Es gibt dazu keine gedruckten Kataloge, man braucht keine Eintrittsgelder zu bezahlen und keine bestimmten Besuchsstunden einzuhalten. Ich möchte ganz Chicago ein „Museum der Neuzeit" nennen, wie Nürnberg und Rothenburg solche der Vergangenheit genannt werden könnten. Die ganze Anderthalbmillionenstadt, die in nicht viel mehr als einem halben Jahrhundert aus dem sumpfigen Prärieboden am Südende des Michiganfees emporgezaubert wurde, ist eine einzige Sehenswürdigkeit, ein occidentales Märchen. Aladin kann seine alte Wunderlampe auslöschen, Scheherezade, die geistreiche, mag sich beschämt schlafen legen, und dem hochgelehrten Ben Akiba würde beim Anblick Chicagos sein bekannter geflügelter Ausspruch im Munde stecken bleiben.

Wie diese enorme Stadt mit ihrem großartigen Verkehr, ihren zwanzig und mehr Stockwerke zählenden Mammutspaläsen, ihren unzähligen Eisenbahn- und Dampferlinien, ihren Parks und Boulevards dasteht, ist sie eine Schöpfung, die auf dem Erdkreise ihresgleichen sucht. Aber das ist nicht ausschließlich das Verdienst der Chicagoer. In ihrer jungen Stadt, wo alles von Grund und Boden aus neu geschaffen werden mußte, konnten sie nach dem bequemen Prinzip: „Prüfet alles und behaltet das Beste" zu Werke gehen. Wir Europäer haben ihnen in unsern Städten gezeigt, wie sie es zu machen oder vielleicht auch nicht zu machen haben. Sie konnten aus allen unsern Städten das Beste auswählen und es durch ihren eigenen Erfindungsgeist und mit dem ihnen in ungemein hohem Grade eigenen praktischen Gefühl verbessern, ihren Bedürfnissen anpassen. Wir würden uns vergeblich bestreben, es ihnen nachzumachen. An einem alten Menschen kann man beliebig herumflicken, jung wird er doch nie wieder. Gerade so geht es mit den Städten.

Chicago ist eine junge Stadt. Noch leben ja Personen, welche sie als eine kleine Ansiedlung, aus Holzhütten bestehend, kannten, welche mit den Indianerstämmen in ihrer unmittelbaren Nachbarschaft Tauschhandel trieben und die Stadt von Jahr zu Jahr wachsen sahen, in förmlichen Sprüngen. Wurden doch im Jahre 1891 allein nicht weniger als 11 600 neue Häuser gebaut, also mehr als manche unsrer größten Städte überhaupt besitzen. Darunter gab es etwa zwei Dutzend, von denen das kleinste zehn Stockwerke hoch war. Die Länge dieser 1891 erbauten Häuser würde, stünden sie nebeneinander, 53 englische Meilen betragen. Im Jahre 1890 wurden nahezu ebensoviel Häuser, nämlich 11582, erbaut, und das Jahr 1892 hat diese Zahl noch weit übertroffen. Seit Januar 1890 hat Chicago somit um etwa 35 000 Häuser zugenommen und seine Bevölkerung sich um einige Hunderttausend Menschen vermehrt. Ganz Berlin besitzt nur gegen

25 000 Häuser, und Wien mit seinen Vororten hat gerade die Hälfte der Zahl jener Häuser, welche in Chicago innerhalb dreier Jahre aus dem Boden gezaubert wurden.

Ich habe die Ueberschrift dieses Kapitels nicht recht gewählt. Die Bezeichnung „Einige Merkwürdigkeiten" paßt nicht auf Chicago, denn für den Europäer ist dort eigentlich alles sehenswert. Als ich diese Stadt vor einigen Monaten zum — ich weiß nicht, wievieltenmal seit 1875 — wiedersah, bedauerte ich aufrichtig, daß es nicht mein erster Besuch war. Turgenjew hat eine hübsche Phantasie geschrieben, „Erscheinungen" betitelt, in welchem ein schönes Frauenphantom, eine Miß Ellis, den Erzähler zur Nachtzeit beim Kragen oder bei den Händen packt und ihn durch die Lüfte entführt, nach Rußland, in die pontinischen Sümpfe, Gott weiß wohin. Der Erzähler bat sie einmal, ihn auch nach Amerika zu bringen, aber das liebliche Fräulein sagte nein. Sie wäre ein Nachtgespenst und in Amerika sei eben Tag. Wäre ich an der Stelle des Erzählers gewesen, ich hätte meinen Wunsch, Amerika, vor allem Chicago zu sehen, nicht so leicht aufgegeben. Bei Damen muß man etwas beharrlicher sein, will man seinen Zweck erreichen. Dann hätte sie mir Amerika vielleicht doch gezeigt, und ich wäre plötzlich aus meiner alten europäischen Stadt, mit Uebergehung des Meeres, New Yorks, Pittsburgs u. s. w., direkt in Chicago abgesetzt worden. Auf solche Weise sollte man die Stadt der Ueberraschungen kennen lernen; denn durch die Besichtigung anderer amerikanischer Städte wird man ein wenig abgestumpft, allmählich in die — darf ich sagen Wunder? — der Neuen Welt eingeführt. Wunder Nr. 1: mein Hotel. Wunder Nr. 2: die Art, wie ich dahin gelangte. Während das Hotel ein ungeheurer Palast von achtzehn Stockwerken ist, mit den staunenswertesten Einrichtungen, bei denen mir mein hausbackener Europäerverstand stillstand, wurde ich in einem alten vierrädrigen Kasten, einem harten, wackligen Omnibus von der Station dorthin befördert. Welche Paradoxe! Paradoxe der Unfertigkeit möchte ich sie nennen, denn an Verkehrseinrichtungen mangelt es ja nicht in Chicago. Neben meinem langsam einherpolternden Omnibus flogen Kabel- und elektrische Bahnen, die alle Straßen durchziehen, mit Windeseile einher. Nur von den Bahnhöfen aus kann man sie nicht gut benutzen. Endlich erreichte ich auf meinem Vehikel der Vergangenheit das Auditoriumhotel, diesen Gasthof fin de siècle, wie gesagt, achtzehn Stockwerke hoch), mit vierhundert Zimmern. Die Gesamthöhe des Hotels erreicht 90 m, und ich selbst erhielt mein Zimmer im neunten Stock auf Kirchturmhöhe.

Natürlich wird man hier in eleganten Fahrstühlen in die einzelnen Stockwerke befördert. Wir haben ja auch in Europa diese amerikanische Erfindung längst eingeführt, und in einigen unsrer großen Hotels befinden sich deren sogar drei bis vier. Das Auditoriumhotel besitzt zwölf! Und das ist nicht das einzige Gebäude dieser Art in Chicago. Es gibt deren mindestens noch zwei Dutzend, die ebensoviel Aufzüge, ebensoviel Zimmer und Geschäftsbureaus, ebensoviel Stockwerke besitzen.

Obschon ganz aus Stahl und Marmor erbaut, fand ich in den Korridors überall die geistreichsten Einrichtungen zum möglichst raschen Löschen von Schadenfeuern. Dasselbe gilt von den andern Riesenhotels, ja der Gast wird in seinem Schlafzimmer neben dem Fenster und verborgen hinter den Vorhängen oder Betten ein langes, an dem Fensterrahmen befestigtes Knotenseil finden, an welchem er sich bei Feuersgefahr auf die Straße herablassen kann. Bei Hunderten von Gebäuden sind an der Außenseite der gewaltigen Fassaden

eiserne Treppen angebracht, die aus den Fenstern von Stock=
werk zu Stockwerk abwärts auf die Straße führen — die
sogenannten fire escapes.

Dennoch besitzt Chicago eine ausgezeichnete Feuerwehr.
Ist es doch im Jahre 1871 zum größten Teil niedergebrannt,
und 1874 hatte es ein zweites furchtbares Schadenfeuer zu
überstehen. Im Herzen der Stadt befinden sich ungeheure
Holzlager, denn das Bauholz nimmt in dem Handel Chicagos
eine erste Stelle ein mit einem jährlichen Umsatz von 40 Mil=
lionen Dollars. Dazu sind die kleineren Gebäude der Mehr=
zahl nach aus Holz gebaut. Die Feuersgefahr ist also nach
wie vor sehr groß, und die Einrichtungen zur Verhütung von
Schadenfeuern sind dem entsprechend vorzüglich. An den
Lampenpfosten der Straßenlaternen — Chicago hat deren,
beiläufig bemerkt, 35 000, New York 26 000 — ist in jeder
Straße mindestens ein Feueralarmkasten angebracht. Entdeckt
jemand irgendwo ein Feuer, so eilt er zum nächsten Alarm=
kasten und dreht so lange an der außen befindlichen Kurbel,
bis die Thüre aufspringt. Während er dreht, läutet gleich=
zeitig eine schrille Glocke, deren Ton den nächsten Polizisten
herbeiruft. Dieser eilt nun seinerseits zum nächsten Polizei=
alarmkasten und ruft Assistenz herbei, während der erste an
einer im Innern des Feuerkastens befindlichen Handhabe zieht.
Sofort erfährt die Wache in der Hauptfeuerstation die Oert=
lichkeit des Feuers. Sämtliche andern Stationen werden
alarmiert, darunter natürlich auch jene, in deren Bezirk das
Feuer ausgebrochen ist. Dort steht eine geheizte Dampf=
feuerspritze stets bereit, mit den Pferden davor. Die Mann=
schaft liegt in den Schlafkammern darüber, und neben ihren
Betten befinden sich mannsgroße Oeffnungen im Fußboden,
von denen glattpolierte runde Pfosten zur Spritze hinunter=
führen. Derselbe elektrische Funke, welcher die Alarmglocke

ertönen läßt, löst auch das über den Pferden hängende Ge=
schirr, das auf die Pferde fällt. In manchen Stationen
drehen sich sogar die Schlafbretter der Mannschaft vertikal
aufwärts, so daß diese mit den Füßen auf den Boden zu
stehen kommen. Sie lassen sich durch die Löcher im Fußboden
längs der Pfosten zur Maschine hinabgleiten, befestigen die
Pferdestränge an die Maschine, springen auf ihre Sitze, und
unter dem Klang der Alarmglocke rasselt die pustende, funken=
sprühende Maschine dem Schauplatz des Feuers zu — alles
ein Werk von drei Minuten, vom ersten Anschlagen des
Alarms an gerechnet! Der Maschine folgen die Schlauch=
und Leiterwägen.

Fast gleichzeitig mit der Spritze trifft eine Abteilung
Polizisten auf dem Brandplatz ein. Aber in der Regel findet
Feuerwehr wie Polizei bereits eine andere Art von Feuerwehr
schon an Ort und Stelle, die noch schneller alarmiert und
herbeigezaubert werden kann. Es ist die sogenannte Insurance patrol, eine, wie ich glaube, nur Chicago oder doch
nur Amerika eigentümliche Institution. Da ja bei Schaden=
feuern in erster Linie die Versicherungsgesellschaften in Mit=
leidenschaft gezogen werden, so thaten sich diese zusammen,
um ein eigenes Rettungscorps auszurüsten. Kaum ertönt
in den Patrouillestationen das Signal, so sind die Pferde
eingespannt, die Mannschaften im Wagen, und im sausenden
Galopp fliegen sie nach der Brandstätte, um sofort in das
brennende Gebäude einzudringen und von den wertvolleren
Gegenständen so viel als möglich zu retten, bevor die eigent=
liche Feuerwehr den ersten Wasserstrahl emporsendet. Die
Alarmierung dieser Insurance patrol ist eine der interessan=
testen Sehenswürdigkeiten Chicagos.

Der großen Ausdehnung der Stadt entspricht auch die
Stärke der Feuerwehr. Sie verfügt über 72 Dampf= und

22 chemische Feuerspritzen, 100 Schlauchwägen, 28 Leiter=
apparate und 3 Feuerdampfer. Merkwürdig sind in Chicago
die sich teleskopartig verlängernden Stahlschläuche, die Ret=
tungsschläuche, Sprungtücher u. s. w. Die Zahl der Feuer=
wehrleute beläuft sich auf 1000, jene der Pferde auf 500,
jene der Alarmkästen in den Straßen auf 2000. Die ganze
Truppe untersteht einem Feuermarschall, der einen Jahres=
gehalt von 20 000 Mark bezieht. Seine drei Assistenten
erhalten je 12 000 Mark, die Bataillonschefs 10 000, die
Kapitäne 6500, die Lieutenants 5000, die Mannschaften
durchschnittlich 4000 Mark jährlich, abgesehen von den
recht bedeutenden Trinkgeldern, die sie bei jedem Feuer
empfangen. Ihr Dienst ist aber auch kein leichter. Im
Jahre 1891 kamen tagtäglich zwölf Alarme vor; der ge=
samte Schaden durch Feuer belief sich 1891 auf 3 Millionen
Dollars.

Aehnlich wie die Feuerwehr kann auch die Polizei un=
gemein rasch alarmiert werden. Ihr stehen an den Straßen=
ecken ähnliche Alarmkästen zur Verfügung. Im Innern dieser
Kästen befindet sich eine Scheibe mit zehn verschiedenen In=
schriften, wie: Unfall, Feuer, Dieb, Mord, Aufruhr u. s. w.
Kommt dergleichen vor, und bedarf ein Polizist Verstärkung,
so sperrt er den nächsten Alarmkasten auf, stellt einen Zeiger
auf das betreffende Scheibenfeld und drückt an den Knopf
der elektrischen Leitung. Sofort läutet eine Glocke im Polizei=
amt des Distriktes, und der wachhabende Beamte findet den
Zeiger auf dem korrespondierenden Scheibenfelde seines
Apparates. Er sendet nun die gewünschte Verstärkung, aber
nicht zu Fuß, sondern in eigenen Polizeiwagen, welche Tag
und Nacht bereitstehen und die nötige Einrichtung zum
Transport Verwundeter oder Gefangener, Kissen, Verband=
zeug, Seile, Handschellen u. s. w. enthalten. Innerhalb

weniger Minuten — gerade so rasch wie die Feuerwehr — ist die polizeiliche Hilfe zur Stelle. Wünscht der Kommissär im Polizeiamte Näheres über das Vorgefallene zu erfahren, so verkehrt er mit dem Polizisten beim Alarmkasten per Telephon, denn auch ein solches enthält der Kasten. Demnächst kommen noch weitere Verbesserungen dieses Alarmsystems zur Einführung; so z. B. kann der wachhabende Polizeikommissär, dem etwa die Kunde von der Flucht eines Einbrechers ꝛc. zugekommen ist, durch den Druck an einem kleinen Hebel sämtliche Polizisten der Stadt auf einmal alarmieren. Dazu werden in Zukunft schrille elektrische Glocken und elektrische Glühlichter außerhalb, die letzteren auch innerhalb der Alarmkästen angebracht. Durch den Hebeldruck im Hauptbureau werden die elektrischen Ströme geschlossen, und an allen Alarmkästen ertönt sofort die Klingel und erstrahlen die Glühlichter, so daß die wachhabenden Polizisten in der Straße bei Tag und Nacht aufmerksam gemacht werden können. Sie eilen nun zu den Kästen, öffnen sie und lesen beim Lichte eines zweiten Glühlichtes den im Innern des Kastens erscheinenden Befehl: „Aufgepaßt, Einbrecher auf Flucht" oder sonst dergleichen.

Nur diese Einrichtungen ermöglichen es der Stadtverwaltung Chicagos, mit einer Polizeimacht von kaum 2500 Mann auszukommen. Alle andern amerikanischen Großstädte besitzen deren im Verhältnis bedeutend mehr. Und daß man sich über die Thätigkeit der Chicagoer Polizei in neuester Zeit nicht zu beklagen hat, geht aus der Statistik der Verhaftungen hervor. Die 2000 Polizisten verhafteten im vergangenen Jahre 62 000 Personen, darunter 10 600 weiblichen Geschlechts. Von diesen 62 000 Missethätern waren 1087 Einbrecher, 3670 Diebe, 1381 Falschspieler, 17 Mörder, 46 Opiumraucher, 3082 Dirnen. Die große Mehrzahl,

37000, wurden wegen „disorderly conduct" (unordentlichen Betragens) eingesteckt.

Sehr bezeichnend ist diese Statistik, was die Nationalität der Verhafteten anbetrifft. Obschon die Zahl der Deutschen Chicagos jene der Amerikaner um weit über hunderttausend, beinahe den dritten Teil, übertrifft, wurden doch fünfmal mehr Amerikaner als Deutsche verhaftet, nämlich 34000 Amerikaner und nur 6900 Deutsche; Chicago besitzt nur etwa halb so viel Irländer als Deutsche, und doch betrug die Zahl der verhafteten Irländer gerade so viel als jene der Deutschen, ein sprechender Beweis für die Gesittung und das gute Betragen selbst der unteren Klassen unserer Landsleute in Chicago.

Keine andere Nation hat so wenig Verhaftungen aufzuweisen als die Deutschen. Während im Jahre 1891 eine Verhaftung auf je 64 Deutsche fiel, kam deren eine auf je 8 Amerikaner, eine auf je 30 Skandinavier und ebensoviel Irländer.

Für ihre Mühe wird die Chicagoer Polizei auch vortrefflich entschädigt; ihr Chef bezieht jährlich 20000 Mark, sieben seiner nächsten Beamten erhalten je 14= bis 15000 Mark, jeder der 16 Kapitäne 9000, jeder der 52 Lieutenants 6000, jeder Polizist 4= bis 5000 Mark jährlich, also den Gehalt deutscher Hauptleute. Neben diesem uniformierten Polizeicorps verfügt die Stadt jedoch noch über ein Detektivcorps von gegen 60 Mann, welche den offiziellen Sicherheitsdienst versehen. Allein in einem Lande, wo nicht nur die Polizei, sondern auch die Diebs= und Einbrechergenossenschaften so hohe Vollkommenheit erreicht haben und ihr gewinnbringendes Handwerk mit so reizender Unverfrorenheit und Anmut betreiben, wo nicht selten manchem Polizisten der Vorwurf gemacht wird, mit dieser unsauberen Gesellschaft im Bunde zu stehen, geben sich die Banken, Geldinstitute, Juweliere u. s. w. mit der offiziellen Bewachung ihrer Schätze durch die heilige Hermandad nicht zufrieden. Besonders ist dies in dem riesigen Chicago der Fall, wo der einer förmlichen Völkerwanderung gleichende Zustrom allerhand unsauberer Elemente die Unsicherheit der Zustände beträchtlich erhöht, wo der Straßenverkehr so unglaubliche Verhältnisse annimmt, wo die Gelegenheit zu Raub und Diebstahl so groß ist. Zudem gibt es noch andere Verhältnisse, für welche die offizielle Polizei nicht ausreicht, z. B. das Verfolgen von Bankkassieren, welche häufig genug heimliche Ausflüge über die Grenze nach Canada unternehmen und dabei aus Versehen die Brieftasche des Prinzipals mitnehmen; das Aufspüren von Liebespärchen, die sich irgendwo heimlich trauen lassen wollen; die Beobachtung ungetreuer Eheleute, die eines „flagrant delict" bedürfen, um einen Scheidungsgrund zu erhalten, und unzählige andere Fälle, deren Anführung einen recht merkwürdigen Einblick in das soziale Leben der amerikanischen Großstädte gewähren würde. Diese Verhältnisse haben eine in Europa wenig bekannte Institution, die der Privatpolizei, in Amerika zu hoher Blüte gebracht, von welcher an einer andern Stelle dieses Buches näher die Rede ist.

Bei allen großen Kriminalfällen, bei Arbeiterstrikes, Aufständen, beim Aufspüren von Mördern, Defraudanten u. s. w. spielen die Agenten der Privatpolizei eine hervorragende Rolle, und ihre Spürnase bewährt sich in der Regel viel besser als jene der offiziellen Polizei. Sie betreibt ihren Beruf gerade so geschäftsmäßig wie irgend eine Bank, Advokatur u. dergl.

Den großen Geldinstituten, welche beträchtliche Barsummen in ihren Kassen aufbewahren, genügt aber auch die Verwendung solcher Privatpolizisten nicht.

Die Herren Einbrecher von Chicago sind auch für diese

letzteren zu gerieben und würden ihnen täglich ein Schnippchen schlagen, schützten sich diese Banken u. s. w. gegen sie nicht auch noch auf automatischem Wege.

In vielen Privathäusern sind elektrische Apparate an= gebracht, welche das Oeffnen von Thüren, Fenstern, das Betreten einzelner unbewohnter Räume u. s. w. sofort bei der nächsten Polizeistation selbstthätig signalisieren. Sogar Schadenfeuer werden auf solche automatische Weise zur Kenntnis der Behörden gebracht. Der einfachste Apparat dieser Art ist ein Kästchen, in welchem der elektrische Strom durch einen kleinen Wachscylinder offen erhalten wird. Die Hitze des Feuers schmilzt den letzteren, der Strom schließt und gibt der Polizei oder Feuerwehr das Alarmsignal.

Die merkwürdigsten Sicherheitsvorkehrungen fand ich aber in einer großen „Safe Deposit Office". Damit jene Glücklichen, welche über bedeutende Geldsummen und Wert= papiere verfügen, dieselben nicht bei sich zu Hause aufzu= bewahren brauchen, wo sie Feuer und Diebstahl ausgesetzt wären, bestehen in Chicago wie in den andern Großstädten Amerikas eigene Anstalten mit großen unterirdischen, feuer= festen Kassenräumen, wo jeder Kapitalist für ein Jahrgeld von 50 bis 200 Dollars eine eigene Kasse mieten kann. Dort sind seine Schätze in vollkommenster Sicherheit.

Die Gewölbe einer dieser Gesellschaften, welche ich be= suchte, sind wahre Katakomben, unterirdische Straßen, in deren zementierten Wänden die Kassen eingemauert sind. Eiserne Thüren mit eigentümlichen, nur den Angestellten bekannten Schlössern versperren die Galerien, in denen ein eigenes Polizeicorps der Gesellschaft Wache hält. Eben solche Wachen behüten auch die Thore und die Umgebung des Gebäudes bei Tag und Nacht. Den Kapitalisten des zarten Geschlechts sind eigene Galerien und ein elegant eingerichtetes

Schreibzimmer reserviert, zu dem Herren keinen Zutritt haben. Jede Kasse hat nur einen Schlüssel, und dieser befindet sich in den Händen des Abonnenten. Sollte es dennoch einem Einbrecher gelingen, die wohlbewachten Räume zu betreten, so kann er sich dort wohl gütlich thun, er kann aber dank der Eigentümlichkeit der Thüren nicht wieder heraus. Seine Gegenwart kommt den Wachen auf automatische Weise zur Kenntnis. Diese drücken nun an einen Knopf in der Wacht= stube, und sofort hört der erschreckte Einbrecher rings um sich her ein eigentümliches Zischen und Brausen, er verspürt eine feuchte unheimliche Wärme, und schließlich ergibt er sich auf Gnade oder Ungnade den Wachen, will er nicht bei lebendigem Leibe verbrüht werden. Der Drücker in der Wachtstube öffnet nämlich die Ventile eines weitverzweigten Systems von Dampfleitungen, und der ausströmende heiße Dampf treibt nicht nur die verwegensten Einbrecher bald zu Paaren, sondern löscht auch sofort etwa ausgebrochene Brände.

Weiter kann man die Sicherheitsvorrichtungen wahr= haftig nicht mehr treiben. Derartiger Einfälle sind doch nur die Amerikaner fähig. Die größten in einem Raum auf= gestapelten Schätze der Erde dürften wohl in der Bank von England in London zu finden sein, aber dort ist man, wie ich mich selbst überzeugte, mit den Schutzvorrichtungen lange nicht so weit wie in Chicago. In den Katakomben der Bank von England hält eine Abteilung der englischen Garde unter Anführung eines Offiziers Wache. Sie schlafen und speisen dort und erhalten für ihren Dienst von der Bankdirektion täglich einen Schilling pro Kopf. Der jeweilige wachhabende Offizier findet aber unter seiner Serviette beim Mittagstisch einen nagelneuen Sovereign.

*
*   *

Die Verwaltung einer Stadt, welche jährlich gegen 100 englische Meilen neue Straßen und zwischen 10= und 12000 neue Häuser erhält, kann gewiß keine leichte Aufgabe sein. Die Stadtbeamten haben während ihrer ganzen Amts= dauer eine doppelte Aufgabe: einmal das Bestehende zu er= halten und sodann die neu entstehenden Stadtteile mit Gas, Wasser, Polizei, Elektrizität, Straßen und Kloaken zu ver= sehen. Jetzt schon hat Chicago eine Straßenlänge von über 2000 englischen Meilen, die etwa der Luftlinie von Stutt= gart nach dem Ural gleichkommt. Diese Straßen werden von etwa 35000 Straßenlaternen erleuchtet, sie besitzen Wasserleitungen in der Länge von etwa 1000 englischen Meilen und Kloaken in der Länge von 600 Meilen. In jedem Jahr kommen viele Meilen neuer Leitungen hinzu, und die Frage entsteht nun: wie wird diese Riesenstadt, die doch auf vollkommen ebenem Prärieboden steht und auf 200 Meilen in der Runde keine nennenswerte Bodenerhebung aufzuweisen hat, mit Wasser versorgt, was geschieht mit dem Unrat? Es waren dies vor etwa zwei Jahrzehnten Lebensfragen für Chicago, die aber eine sehr geniale Lösung gefunden haben.

Bis dahin war der träge, schlammige Strom, der, aus den sumpfigen Prärien an der Wasserscheide zwischen dem canadischen Seenbecken und dem Mississippigebiet kommend, das Herz Chicagos durchzieht, der Empfänger sämtlichen Unrats der Stadt. Damals mündete dieser Strom, Chicago River genannt, gerade vor dem am dichtesten besiedelten Stadtteile in den Michigansee und verpestete das Wasser desselben auf Meilen in der Runde; da aber kein anderes Wasser vorhanden war, mußten die Chicagoer dieses See= wasser zum Trinken, dann in den Haushaltungen, Fabriken, Schlächtereien u. s. w. verwenden. Es entstand so ein recht unangenehmer Kreislauf beinahe desselben Wassers, das aus dem See durch Pumpwerke in die Häuser und Industrieviertel der Stadt, aus diesen zurück in den See und von dort wieder in die Stadt geleitet wurde. Man kann sich denken, wie dieses Wasser geschmeckt haben muß. Jeder Tropfen zeigte im Vergrößerungsglase einen wahren Infusorienkarneval, auf jedem Glas Wasser bildete sich binnen kurzem eine Fettkruste, und gegen den Herbst hin zeigten sich in dem aus den Leitungen kommenden Wasser große Massen winziger Fische, eine zwischen den Pfrillen und Elritzen einzureihende Species, die ich in Brehms Tierleben vergeblich suchte. Sie kamen nach ihrer langen Reise durch die Wasserrohre Chicagos lebend oder tot in die verschiedenen Haushaltungen, und trugen gewiß auch nicht dazu bei, dem Wasser einen angenehmeren Geschmack zu verleihen. Am schrecklichsten war das Wasser im Chicagofluß, der, wie gesagt nicht nur die Kloaken und Fabriksabfälle, sondern auch jene der großartigen Schweine= und Viehschlächtereien aufnahm. Sogar die Dampfschiffe konnten dieses Wasser nicht verwenden, denn speisten sie ihre Kessel damit, so brachten die fettigen und organischen Massen, welche sich an den Kesselwänden absetzten, diese bald zum Platzen. Die Dampfer mußten 1 bis 2 Meilen in den See hinausfahren, um gutes Speisewasser für ihre Kessel zu schöpfen.

Das zeigte der Stadtverwaltung den Weg zur Abhilfe dieses schrecklichen Uebelstandes an. Zuerst galt es, zu verhindern, daß die Kloaken der Millionenstadt in den See abflossen. Aber wohin damit? Wie gesagt, ist die Wasserscheide zwischen dem Chicagofluß und den westlich nach dem Mississippi abfließenden Gewässern eine sumpfige Prärie, nur 2 bis 3 Meter über dem Michigansee erhaben. Ein Schiffahrtskanal zwischen dem Chicagofluß und dem Illinoisfluß

nach dem Mississippi war schon vorhanden, und da der
Chicagofluß ohnehin seines geringen Falles wegen nur sehr
langsam nach dem Michiganſee abfließt, beſchloß man den
Fluß umzudrehen und ihn von ſeiner Mündung gegen ſeine
Quelle zufließen zu laſſen. Zu dieſem Zweck wurden bei
Bridgeport, einem weſtlichen Stadtteile Chicagos, koloſſale
Pumpwerke errichtet, welche den Fluß aufſaugen und das
aufgeſaugte Waſſer in den Illinoiskanal pumpen, durch welchen
es in den Mississippi abfließt. Nicht weniger als 40000 Kubikfuß Waſſer werden in jeder Minute aus dem Chicagofluß
geſaugt. Dadurch erhält das Waſſer eine Strömung gegen
die Pumpwerke zu, und das ausgepumpte Flußwaſſer wird
durch klares Seewaſſer erſetzt, das durch die Flußmündung
einſtrömt.

Auf dieſe geiſtreiche Weiſe wurden die Unreinigkeiten
Chicagos von dem See abgelenkt, und auch der Chicagofluß
ſelbſt gereinigt. Nun mußte man aber die Stadt noch mit
friſchem Waſſer verſorgen. Dazu grub man von der Nord-
ſeite Chicagos einen 2 Meilen langen unterſeeiſchen Tunnel
in den See hinaus. Gleichzeitig wurde am Seeufer eine
ſogen. „Crib" (Caiſſon) gebaut — ein ungeheurer Kaſten
von etwa 10 Meter Durchmeſſer und 14 Meter Höhe, aus fuß-
dicken Eichenbalken beſtehend, die durch eiſerne Anker und
Panzer von zuſammen 200 Tonnen Gewicht zuſammen-
gehalten wurden. Dieſer Koloß wurde an die Stelle im
See befördert, wo das äußere Ende des unterſeeiſchen Tunnels
ſich befinden ſollte. Dort wurde der an beiden Enden offene
Kaſten auf den Seeboden geſenkt, ſo daß ein Ende über den
Seeſpiegel hervorſtand; nun wurde der Kaſten verankert,
das Waſſer aus ſeinem Innern ausgepumpt, und von der
nun trockengelegten, von dem Kaſten umſchloſſenen Stelle
des Seebodens aus ein vertikaler Schacht gegraben, bis er

mit dem unterseeischen Tunnel zusammenstieß. Nun wurde in diesen Schacht ein eiserner Cylinder von 3 Meter Durchmesser und 8 Centimeter starken Wänden gesenkt, fest zementiert, und die Wasserleitung war fertig. Die über den Wasserspiegel emporragende „Crib", also die äußere Hülle des Cylinders, bot hinreichend Raum, um einen Leuchtturm und ein Wohnhaus für die Turmwache darauf zu bauen. Sobald am Festlande, an der Landmündung des unterseeischen Tunnels, die großen Pumpwerke hergestellt waren, wurde die Schleuse geöffnet, welche das Seewasser von der Oberfläche des Sees aus in den Cylinder einließ. Von dort floß es durch den Tunnel zu den Pumpwerken, die es nun in einem Wasserturm auf die Höhe von 175 Fuß hoben, damit es für die Wasserleitungen der Stadt den erforderlichen Druck erhielt, um in die einzelnen Stockwerke der Häuser zu gelangen.

Nun hatte Chicago frisches, klares, gutes Trinkwasser. Damals dachte man freilich nicht, daß bald darauf Wohnhäuser entstehen würden, welche die Höhe des Wasserturms noch um 100 Fuß übertreffen würden, und daß die Leute, die in dieser schwindelnden Höhe von 275 Fuß wohnten, auch Wasser bedürften. Für diese reicht die Wasserleitung nicht aus, und deshalb müssen in den „Sky-Scrapers" unter dem Dach eigene große Wasserreservoirs angelegt und das Wasser muß durch Dampfmaschinen aus den städtischen Leitungen auf diese Höhe emporgepumpt werden.

Die 50 Millionen Gallonen Wasser, über welche die Stadt auf diese Art täglich verfügte, genügten aber bald nicht mehr, da die Bevölkerung Chicagos sich in einem Jahrzehnt verdoppelte. Schon 1872 mußte ein zweiter Wassertunnel angelegt werden, und während meines letzten Aufenthaltes in Chicago baute man an einem dritten noch längeren Tunnel, der das Seewasser aus der Entfernung von 4 Meilen herbeiholt. Die Herstellungskosten dieser Wasserwerke belaufen sich bis heute auf 18 Millionen Dollars, also etwa 90 Millionen Mark. Inzwischen ist auch der sogen. „four mile tunnel", der Viermeilentunnel, hergestellt und im Dezember 1892 von der Stadtverwaltung den Wasserwerken übergeben worden.

5

Himmelkratzer.

Himmelkratzer gibt es nur in Chicago. Sie sind eine Spezialität dieser neuesten Millionenstadt. Erfunden wurden sie wohl in New York, aber Chicago hat in dem Bestreben, seine Städterivalin aus dem Sattel zu heben, in den letzten Jahren viel großartigere Himmelkratzer geschaffen als selbst das protzige New York.

Das Wort „Himmelkratzer" ist eine freie Uebersetzung des englischen Wortes Sky-Scraper, das nur in einem nautischen Wörterbuch gefunden werden dürfte. Eigentlich heißen Sky-Scrapers in der englischen Seemannssprache die Ober-Ober-Bramsegel der größten Segelschiffe, also die auf den höchsten Masten sitzenden obersten Segel, und da es auf der stürmischen Atlantis in den nebligen Wintermonaten nicht selten vorkommt, daß diese Ober-Ober-Bramsegel in einer Nebelwolke verschwinden, während auf dem Verdeck das Wetter ziemlich klar ist, gab ihnen der Seemann den Namen „Himmelkratzer" oder „Himmelschaber".

In dem zur Winterszeit mitunter recht nebligen, rauchigen, düsteren Pandämonion des Michigansees, Chicago genannt, kommt es gleichfalls nur zu häufig vor, daß die oberen Stockwerke vieler auf Kirchturmhöhe emporragenden Gebäude von der Straße aus unsichtbar sind, und der witzige Chicagoer hat diesen höchsten Wohnhäusern, welche von Menschenhand jemals geschaffen wurden, ebenfalls den Namen Himmelkratzer beigelegt. Dabei bin ich gar nicht sicher, ob den Chicagoer Erfindern dieses Namens die wahre Bedeutung desselben in der nautischen Sprache bekannt war. Jedenfalls haben sie mit Sky-Scraper das Richtige getroffen, ob sie nun Himmel=kratzer oder Ober=Ober=Bramsegel damit gemeint haben.

Für mich bilden die Himmelkratzer von Chicago die größte Merkwürdigkeit dieser eigentümlichen Stadt, denn sie sind in solcher Höhe, Zahl und Vollkommenheit in keiner anderen Stadt des Erdballs wiederzufinden. New York ge=bührt, wie bemerkt, die Palme der Erfindung dieser recht zweifelhaften fin de siècle-Errungenschaft. Auf einer kleinen schmalen Insel zwischen zwei Wasserstraßen eingepfercht, konnte sich New York in horizontaler Richtung nicht mehr ausdehnen; und da die Masse gerade wie der Teig, den man nicht aus=walzen kann, doch irgendwohin muß, so trieb auch New York in die Höhe. Die zwei=, drei=, vierstöckigen Gebäude des Broadway und mancher Seitenstraßen der inneren Stadt wurden niedergerissen und an ihrer Stelle solche von acht, zehn, zwölf Stockwerken erbaut, das Wunder für alle Euro=päer, die zum erstenmal die Neue Welt besuchen. Aehnliche Kolossalbauten sind ja in der Alten Welt nirgends zu finden, unsere Gottestempel ausgenommen, und es ist fraglich, ob auch nur einer von diesen eine Dachhöhe von 70—80 Meter erreicht. Die Dachhöhe des Kölner Doms bis zum First ge=rechnet beträgt 66 Meter, jene des Straßburger um einige Meter weniger. Diese Gotteshäuser werden also von den New Yorker Riesenbauten, wie dem Palast der „Tribune", der Western Union Telegraph Office, dem Millsbuilding und anderen über=troffen.

Der Europäer möge aber sein Staunen für Chicago bewahren, denn wie in vielen anderen Dingen, so übertrifft Chicago auch mit seinen Himmelkratzern New York um ein Beträchtliches. Sind doch dort in den letzten zwei Jahren Paläste entstanden, die auf 90, ja 100 Meter in die Lüfte ragen! Und dort oben auf der Höhe von Kirchturmspitzen gibt es noch elegante Wohnungen mit Wasserleitungen, elektrischem Licht, feuerfesten Kassen, Küchen und sonstigem Zubehör, zu welchen bequeme „Elevators" emporführen!

Als Fortschritt, als irgend welche wohlthätige Errungen= schaft sind diese Mammuts=Karawanseraien Chicagos keines= wegs zu bezeichnen, aber als kühne Meisterwerke der Bau= kunst, als architektonische Husarenstückchen, als Triumph unserer technischen Fortschritte sind die Sky-Scrapers rückhaltslosester Bewunderung wert. Was mich bei meinem letzten Besuche Chicagos am meisten in Erstaunen setzte, war nicht nur ihre kühne Bauart, ihre schwindelnde Höhe, der Reichtum, ja die Verschwendung ihrer Ausstattung, sondern auch ihre große Zahl. In den Hauptstraßen des Geschäftsverkehrs ragen sie dutzendweise in die Lüfte, ungeheure Steinmauern bildend, welche die Straßen zwischen ihnen verdunkeln und nur einen schmalen Streifen des Firmaments erblicken lassen.

Da ich im Auditoriumhotel wohnte, so nahm ich mir vor, zunächst dieses in seinen Einzelheiten kennen zu lernen. Es bedeckt einen Flächenraum von 62 000 Quadratfuß und hat mit der Grundrente 5 Millionen Dollars — 20 Millionen Mark — gekostet. Mit seinen im ganzen achtzehn Stockwerken erreicht es eine Höhe von 90 Meter! Glücklicherweise braucht man nicht auf den monumentalen, mit Mosaik belegten und mit Onyxplatten ausgelegten Treppen emporzusteigen, um das Gebäude zu besichtigen, denn es verkehren zwölf Ele= vatoren in ebenso vielen Schächten zwischen den einzelnen

Stockwerke. „Nur" die unteren zehn Stockwerke werden als Hotel benützt, das im ganzen über vierhundert Schlaf= zimmer verfügt. Der Speisesaal (60 Meter lang) und die Küche befinden sich im neunten Stockwerk, was den Vorteil hat, daß die Gäste nicht schon vor ihren Mahlzeiten durch die verschiedenen Wohlgerüche erfahren, was sie vorgesetzt er= halten werden. Ein anderer Teil des Palastes ist Geschäfts= zwecken gewidmet und enthält etwa 140 Bureaus der ver= schiedensten Art, von welchen sich einige im zehnten und elften Stockwerk befinden. Das siebzehnte, achtzehnte und neunzehnte Stockwerk wird von den Kanzleien des staatlichen meteorologischen Observatoriums benützt. Im Innern des Gebäudes befindet sich überdies das Auditoriumtheater, eines der größten Theater der Erde mit einem Zuschauerraum für 4000 Personen; bei politischen Meetings u. dgl. wird aber auch der Bühnenraum mitverwendet, wodurch Raum für weitere 4000 Personen gewonnen wird. Nicht genug damit! Irgendwo in diesem Labyrinth ist auch noch eine Konzert= halle vorhanden. Man wird nun gerne glauben, daß zur Erbauung des Auditoriumkolosses 17 Millionen Ziegel, 6000 Tonnen Stahl und Eisen, 250 000 Tonnen Granit und 60 000 (sage sechzigtausend) Quadratfuß Fensterglas ver= braucht wurden, daß das Gebäude 1500 Fenster und 2000 Thüren enthält, daß 10 000 elektrische Lichter, Gas= und Wasserleitungen in einer Gesamtlänge von 25 englischen Meilen und elektrische Drahtleitungen in einer Länge von 230 (zwei= hundertunddreißig) englischen Meilen im Innern des Gebäudes angebracht sind! Dabei ging die Erbauung und Einrichtung des Auditoriums mit staunenswerter Schnelligkeit vor sich. Die Pläne der Architekten wurden erst im April 1887 an= genommen, und im März 1888, also elf Monate später, war das Gebäude unter Dach, so daß im Juni schon die republi=

kanische Konvention der Vereinigten Staaten, welche B. Harri=
son zum Präsidenten nominierte, dort abgehalten werden
konnte. Das Hotel und Theater wurden am 9. Dezember
1889 eröffnet, und die Chicagoer bekamen nun Gelegenheit,
auch die Eleganz und den wahrhaft verschwenderischen Reich=
tum der Ausstattung zu bewundern. Das im Westen der
Vereinigten Staaten zum geflügelten Wort gewordene „Money
is no object" hat sich hier im vollsten Maße bewahrheitet.
Das Auditoriumgebäude ist nicht das einzige der großen
Sky-Scrapers, das teilweise für Hotelzwecke verwendet wird.
Das neue „Schillertheater" in der Randolphstraße ist in
seinem der Straße zugewendeten Teil bis zum sechzehnten
Stock hinauf als Hotel eingerichtet. Ein anderes ähnliches
Gebäude, das Chicago Opera House, enthält außer dem
Theater in seinen zehn Stockwerken gegen fünfhundert Ge=
schäftsbureaus. Vor mir liegt die Zeichnung eines Hauses,
an welchem man eben baut, des „Odd fellows Temple".
das nach seiner Vollendung nicht weniger als vierunddreißig
Stockwerke enthalten und über 500 Fuß Höhe, also jene der
Kölner Domtürme, erreichen wird*)! Aber wir brauchen uns
gar nicht an die im Bau begriffenen Sky-Scrapers zu halten.
Sind doch Dutzende anderer vorhanden, von denen manche
4—5000 Einwohner enthalten und täglich von 15—20000
Personen besucht werden!
Da ist beispielsweise „The Rookery", ein ungeheures
Labyrinth von zwölf Stockwerken mit 600 Geschäftsbureaus,
monumentalen Treppen, Granitwänden, Eisen= und Stahl=
pfeilern, zwischen denen elf Fahrstühle wie Pfeile auf= und
niederfahren, stets zum Erdrücken mit Menschen gefüllt, die

---

*) Siehe auch „Chicago und die Kolumbische Weltausstellung",
mit Zustimmung des Reichskommissärs zusammengestellt. Berlin 1892.

zu den Banken, Eisenbahnbureaus, Advokatenkanzleien u. s. w.
hinauf wollen. In den Gängen der einzelnen Stockwerke
herrscht fast ebenso reges Leben wie auf der Straße unten.
Da ist das Monongebäude mit 300 „Offices" in seinen
dreizehn Stockwerken; diesem Koloß gerade gegenüber erhebt
sich das Manhattan, ein anderer Tempel des Mammons, auf
sechzehn Stockwerke, die 700 Geschäftsbureaus aller Art
enthalten; das Gebäude der Handelskammer hat deren 500
in dreizehn Stockwerken; der Temple Court 400; der Palast
der Home Insurance Company, der vor einigen Jahren bei
seiner Erbauung als „Ultima Thule" der Geschäftspaläste
angesehen wurde, erhielt vor kurzem auf das in schwindeln=
der Höhe befindliche oberste Stockwerk noch zwei weitere
Stöcke aufgesetzt, so daß ich von dort oben auf das Dach
des vorerwähnten „Rookery" herabsah. Gegenüber dem
bekannten großen Grand Pacific Hotel ist seit meinem vor=
letzten Besuche Chicagos das Maller building mit zwölf
Stockwerken, ein Koloß aus grauem Granit, entstanden, und
unweit davon das Phenix building mit einer enormen,
zehn Stockwerk hohen Fassade, welche den ganzen Raum
zwischen Clark Street und Pacific Avenue einnimmt. Die
größten, bis zu fabelhafter Höhe emporstürmenden Gebäude
sind jedoch in der Lassalle= und Madisonstraße, darunter das
„Tocoma" aus Granit und Stahl, dreizehn Stockwerke hoch,
mit 500 Offices, die „Insurance Exchange", der enorme
„Temperance Temple" mit zwölf Stockwerken in seiner
200 Fuß breiten Fassade, das Calumet building u. s. w.
Was soll man aber erst zu dem gewaltigen „Masonic Temple"
sagen, der sich mit seinen zwanzig Stockwerken wie ein phan=
tastischer Turm auf nahezu neunzig Meter Höhe erhebt!
Nur die schwindelnde Höhe verleiht ihm das Aussehen eines
Turmes, denn das Gebäude hat eine Grundfläche von

20 000 Quadratfuß und enthält einen inneren Hof von
4000 Quadratfuß, würde also auch bei einem Drittel seiner
Stockwerke zu den großen Gebäuden zählen. An der Ost=
seite des Hofes sind in einem Halbkreis nicht weniger als
vierzehn Personenaufzüge und zwei Frachtenaufzüge angeordnet,
die ununterbrochen auf= und niedersausen, mit solcher Ge=
schwindigkeit, daß einem angst und bange wird. Mir selbst
war es unheimlich zu Mute, als der „Elevator" im zwanzig=
sten Stockwerk auf Turmhöhe losgelassen, ich könnte besser
sagen, losgeschossen wurde und geradezu mit der natürlichen
Fallgeschwindigkeit abwärts schnellte. Unwillkürlich wollte
ich mich irgendwo festhalten, denn in diesen prächtigen, mit
Spiegeln und Vergoldungen und samtenen Sitzen aus=
gestatteten Käfigen wird man nie einer gewissen Unsicherheit
Herr. Aber hier heißt es mitgefangen, mitgehangen. Mit
plötzlichem Ruck, der mir das Gefühl gab, als müsse das
uns tragende Drahtseil reißen, hielt der grinsende Negerjunge,
dem die Leitung meines Fallkäfigs oblag, plötzlich im sech=
zehnten Stockwerk still. Wieder traten einige Menschen ein,
im zwölften abermals, so daß ich gerne ausgestiegen wäre,
wenn nur unser Pökelheringzustand dies zugegeben hätte.
Ein Ruck, ein Flug, und wir hielten im neunten Stockwerk.
Eine Person wurde zugelassen, den anderen, die eintreten
wollten, schlug der Neger, dem das Ding anscheinend Spaß
machte, die eiserne Gitterthür vor der Nase zu, und nun
flogen wir die anderen neun Stockwerke hinab zu Erde. Ehe
ich mir das Aufschellen und Zerschmettern dort unten recht
gruselig vorstellen konnte, hielt der Käfig an, und erleichtert,
befreit trat ich heraus.

In den anderen Himmelkratzern staunte ich, als ich in
verschiedenen Stockwerken mitten unter den Banken, Ver=
sicherungs=, Advokatur= und Eisenbahnämtern auch Kaufläden

fand. Im ersten Stockwerk ein Restaurant, im neunten einen Barbierladen, im zehnten eine Blumenverkäuferin, im sechsten einen Zeitungsladen, im vierten ein Telegraphenbureau u. s. f. All diese Geschäftsleute machen ganz vortreffliche Geschäfte, wenn sie auch nur die Hauseinwohner als Kunden haben, denn diese allein belaufen sich in manchen Gebäuden auf mehrere Tausend. Aber zu ihnen kommen noch die Passanten. Die vielen Aufzüge, die sich in jedem Gebäude befinden, könnte man ja beiläufig vertikale Straßen nennen, denn sie vermitteln den Verkehr zwischen den Stockwerken in ver- tikaler Richtung wie die gewöhnlichen Straßen in horizon- taler.

Der Masonic Temple ist indessen mit Ausnahme der obersten Stockwerke, in welchen sich Freimaurerlogen und ein „drillroom", eine Exerzierhalle (!), befinden, ganz mit Kaufläden gefüllt. Selbst in dem gedeckten Hofraum befinden sich vier separate Kaufbuden, während der Parterreraum des Palastes ganz von einem enormen Café-Restaurant eingenommen wird. Darunter befinden sich die Dampf- maschinen, Kesselräume und Kohlenlager zum Treiben der Aufzüge, zur Dampfheizung u. s. w. Das ganze Haus bis zum obersten Stockwerk wird nämlich durch Dampf ge- heizt; in jedem Zimmer befinden sich elektrische Glühlampen, Wasserhähne und Waschbecken mit fließendem Wasser; in manchen sind eiserne Kassen in die Wände gemauert, andre sind als Badezimmer eingerichtet. Das sind jedoch Dinge, die jeder andere „Himmelkratzer" ebenfalls aufzuweisen hat. Merkwürdig sind im Masonic Temple, wie gesagt, die enorme Menge von Kaufläden der verschiedensten Art, die jedes der ersten elf Stockwerke füllen und eine Art Bazar bilden, ähnlich wie Bon Marché oder Louvre in Paris, nur viel größer und dreimal so hoch. Die Stockwerke von Numero 11

bis Numero 16 enthalten Geschäftsbureaus, darüber hinaus
residieren die Freimaurer, gleichzeitig die Eigentümer dieses
„Geschäftspalastes". Und selbst wenn man Stockwerk
Numero 20 besichtigt hat, so gibt es immer noch etwas zu
sehen, denn auf dem Dache ist ein großer gedeckter Garten
geschaffen worden! Wie findet aber der Besucher eines
solchen Riesengebäudes das Bureau oder den Kaufladen, den
er sucht? Jedes Bureau dieser Sky-Scrapers besitzt eine
Nummer, die der Inhaber seiner Adresse beifügt, z. B.:
„X. X. 600 The Rookery". Hat der Besucher dieses Herrn
X. X. etwa die Nummer vergessen, so sucht er dessen Namen
in den langen alphabetisch geordneten Listen der Haus=
bewohner, die unter Glas und Rahmen in der Vorhalle bei
den Fahrstuhlaufzügen aufgehängt sind. Neben jedem Namen
ist die Zimmer= und Stockwerknummer angegeben. Beim
Einsteigen in den Aufzug ruft man dem Bediensteten des=
selben nur die Zimmernummer zu, und er wird den Aufzug
bei dem betreffenden Stockwerk anhalten.

Beobachtet man die Chicagoer Geschäftsleute bei ihrem
Besuch dieser großen „Himmelkratzer", so wird man finden,
daß sie nicht in den ersten besten Fahrstuhl steigen, um in
die oberen Stockwerke zu gelangen. Nur der Fremde wird
dergleichen thun. Der Chicagoer aber nützt während den
Geschäftsstunden jede Minute Zeit aus und wird alle Ver=
zögerung vermeiden. Man kann ihm nicht zumuten, daß
er, der möglicherweise nach dem sechzehnten, siebzehnten
oder achtzehnten Stockwerk hinauf will, mit den andern
Passagieren des Fahrstuhls in jedem einzelnen Stockwerke
anhalten und dadurch Zeit verlieren soll. Deshalb sind in
vielen Himmelkratzern eine Anzahl Fahrstühle als „Lokal=
züge", andere als Schnellzüge eingerichtet, d. h. der Be=
sucher wird beim Betreten des Vestibüls bemerken, daß neben

den Eingangsthüren zu einzelnen Fahrstühlen kleine Täfel-
chen angebracht sind, welche die Worte zeigen: „Dieser Fahrstuhl hält erst vom zehnten Stockwerk an". — Die Leute
also, welche in einem der höhergelegenen Stockwerke zu thun
haben, werden sich einen dieser „Schnellzüge" aussuchen und
gelangen in diesen viel rascher an ihr Ziel.

Aber auch dies genügt der nervösen Hast des Geschäftsverkehrs von Chicago nicht. Ich bemerkte in vielen „Himmelkratzern" neben den Eingangsthüren zu den Fahrstühlen eine
geistreiche Einrichtung, ebenfalls geschaffen, um Zeitverlust
zu verhindern: schmale lange Glasröhren, etwa wie Baro-
meter, in welchen eine rote Flüssigkeitssäule auf und ab
tanzte. Bei näherer Betrachtung bemerkte ich, daß das Glas-
rohr in ebenso viele Grade eingeteilt war, als das Gebäude
Stockwerke zählte. Befand sich der Fahrstuhl gerade im
obersten Stockwerk, so stand auch die rote Flüssigkeit im
obersten Grade des Glasrohrs und füllte das letztere vollständig.
Fiel der Fahrstuhl von oben um ein oder zwei Stockwerke,
so fiel auch gleichzeitig die Flüssigkeit entsprechend um ein
oder zwei Grade, war der Fahrstuhl auf das sechste oder
fünfte Stockwerk gefallen, so stand die Flüssigkeit auf sechs,
resp. fünf Grad, um schließlich gleichzeitig mit dem Fahr-
stuhle den Boden zu erreichen. Ebenso stieg die Flüssigkeit
in dem Glasrohre sofort, wenn der Fahrstuhl sich wieder
aufwärts bewegte. Der Chicagoer, welcher sich in eines der
Stockwerke der Himmelkratzer begeben will, wird zuerst seine
Blicke rasch über die verschiedenen Glasrohre der Fahrstühle
gleiten lassen und sich rasch zu jener Thür begeben, wo
die rote Flüssigkeitssäule im Fallen begriffen ist und am
tiefsten steht, denn er weiß, daß an dieser Thür der Fahrstuhl zunächst eintreffen wird und er also nicht zu warten
braucht. — In manchen Gebäuden sind an Stelle der Glas-

rohre einfache Meterstäbe angebracht, längs welchen ein
Zeiger auf und nieder gleitet und das Steigen oder Fallen
des Fahrstuhles in ähnlicher Weise wie die rote Flüssigkeit
angibt.

* * *

Ich hätte in meinem beschränkten Europäerverstand ge=
glaubt, daß die Geschäftsleute Chicagos den Palastkolossen ein
gewisses Mißtrauen entgegenbringen würden, daß entweder
Furcht oder die Unbequemlichkeit, ihre Bureau nur eine
Etage tiefer als die Wolken zu besitzen, oder Geschäftsrück=
sichten die Chicagoer davon abhalten würden, sich in diesen
Adlernestern festzusetzen. Aber weit davon: Kaum ist ein
Sky-Scraper fertiggestellt, so ist er auch schon bis in die
höchsten Stockwerke vermietet, ja man belegt sich Bureaus,
schon während die Häuser im Bau begriffen sind. Ist es
die Mode, ist es der großartige Andrang nach Chicago, der
riesenhafte geschäftliche Aufschwung, der dieses Phänomen
erklären soll? Selbst konservative Großfirmen, wie die Pull=
man Palace Car=Gesellschaft; Phil. Armour, der Schweine=
schlächter, Marschall Field, das große Modewarengeschäft
von Chicago, W. Kimball, der bedeutende Piano= und Orgel=
fabrikant, Studebacker, der Wagenbauer, sie alle haben sich
in den letzten zwei, drei Jahren derartige Sky-Scrapers ge=
baut, weil die ungeahnte Ausdehnung ihrer Geschäfte größere
Geschäftsbureaus erforderte — nebenbei aber auch, weil sie
durch Vermieten der übrigen Dutzende von Stockwerken eine
brillante Spekulation machten. Unter den 11600 (sage elf=
tausendsechshundert) Häusern, welche in dem einen Jahre
vom 1. Januar bis 31. Dezember 1891 gebaut wurden,
waren 21 Sky-Scrapers mit zusammen 230 Stockwerken;
im Jahre 1891 wurden deren noch mehr gebaut, und die

größte Zahl wird das laufende Jahr erreichen. Dennoch sind alle diese noch vom Bau feuchten, kaum vollendeten Häuser bis unter die Dächer vermietet!

Wie schon aus dem angeführten Beispiele des Auditoriumhotels hervorgeht, werden die Himmelkratzer mit fabelhafter Schnelligkeit gebaut, und was das Merkwürdigste bei der Sache ist, sie stehen solid und fest da, es sind bisher im Gegensatz zu New York keinerlei Unglücksfälle, Senkungen oder Einstürze vorgekommen. Der Grund darin liegt in der eigentümlichen Bauart. Wer diese grauen Granitkolosse ansieht, der wird glauben, sie seien ganz aus diesem Material erbaut. Thatsächlich enthalten aber nur die unteren Stockwerke Granitblöcke, ja auch dort bilden sie nur gewissermaßen die Verkleidung, nicht das eigentliche tragende Element. Die Sky-Scrapers sind der großen Mehrzahl nach nicht aus Stein, Ziegeln ꝛc., sondern aus Stahlschienen gebaut; sie sind also titanenhafte stählerne Käfige, welchen die Stein- und Ziegelmauern nur als Verkleidung, als Ausfüllung der Zwischenräume dienen. Ich habe die Art der Erbauung bei verschiedenen Gebäuden von dem Ausgraben des Fundamentes an in den einzelnen Stadien beobachtet und mir vieles erklären lassen, so daß ich allmählich einen Einblick in die Sache bekam. Bei der Errichtung so kolossaler Gebäude, die mit einem Gewicht von hunderttausend und mehr Tonnen auf ihren Fundamenten ruhen, kommt es vornehmlich auf die sichere Lagerung dieser letzteren an, besonders in einem so weichen Boden wie jener Chicagos, der in den ersten 2—3 Metern aus Sand und darunter aus einer 5—15 Meter dicken Schicht weichen Lehms besteht. Die Chicagoer Baumeister fanden gar bald zu ihrem Schaden heraus, daß man durch das gebräuchliche Eintreiben von Grundpfählen hier nicht zum Ziele gelangt. Das große

Postgebäude Chicagos steht auf solchen Piloten, allein es sinkt fortwährend, und noch dazu ziemlich ungleich. Die Pfähle dringen zu leicht in das weiche Material ein. Darum gab man sie auf und bildet die Fundamente aus eigentümlichen Polstern, aus kreuzweise übereinander gelegten Stahlschienen bestehend, die mit Cementlagen ausgefüllt werden. Diese Cementunterlagen haben die Form von abgestutzten Pyramiden, und ihre Größe wird so bemessen, daß auf je einen Quadratfuß Fläche eine Tonne Belastung entfällt. Je größer, höher, massiger das Gebäude, desto größer und stärker sind diese Unterlagen, die weit über die eigentliche Grundfläche des zu erbauenden Hauses hinausgreifen. Auf diesen Grundlagen ruht nun das stählerne Gerippe des ganzen zehn, zwanzig oder dreißig Stock hohen Hauses, und sie tragen die auf ihnen ruhenden Lasten vorzüglich. So hatten beispielsweise die Baumeister des Rookery building auf ein Sinken des Gebäudes von etwa 15 Centimeter gerechnet. Es senkte sich aber kaum 3 Centimeter. Bei andern Gebäuden kamen ganz sonderbare Dinge vor. Sie senkten sich um ein gewisses Maß und zogen die Nachbarhäuser um ebensoviel hinunter. Andere senkten sich, hoben aber die Nachbarhäuser um das gleiche Maß empor; noch bei andern hatte ihr Senken das Senken der Nachbarhäuser, gleichzeitig aber auch das Heben weiter entfernter Häuser zur Folge. Die Ursache davon liegt eben in dem zähen feuchten Lehmgrunde.

Bei den in 1888 und 1889 erbauten Sky-Scrapers waren die Haupttragpfeiler aus Gußeißen angefertigt, aber dieses Material war zu unsicher für die neueren, noch größeren Bauten. Gußeiserne Pfeiler können eben nicht genau ihrer Stärke nach geprüft werden. Beim Gießen kann man Blasen, hohle Stellen nicht vermeiden. Zur Prüfung werden solche Pfeiler an verschiedenen Stellen durchbohrt oder durchsägt;

aber mag auch die Sägefläche fehlerfrei sein, einen Centimeter weiter können doch Luftblasen vorkommen. Nur die Prüfung durch Anwendung enormen hydraulischen Druckes ist einiger= maßen befriedigend. Auch das Zusammenfügen gußeiserner Pfeiler ist nicht so fest herzustellen wie stählerner, deshalb wird heute nahezu ausschließlich Bessemerstahl verwendet. Die Erbauer dieser Riesenpaläste sind sich der Ver= antwortung, die sie tragen, wohl bewußt, und deshalb ge= schieht die Prüfung des Baumaterials in wahrhaft muster= hafter Weise, die auch anderswo Nachahmung verdienen würde. Die Stahlpfeiler und =Rippen werden größtenteils in den großen Bessemerwerken in Pittsburg hergestellt, und dort schon beginnt die Inspektion des Materials, bevor es in die Birnen gelangt. Befriedigt es nicht, so darf es nicht verwendet werden. Nach jedem der folgenden Prozesse findet eine Prüfung statt, ja nicht genug damit: jede Rippe, jeder Pfeiler, jede Schiene ist numeriert, und die Qualität des Materials, aus welchem die Stücke hergestellt werden, steht in den Büchern genau verzeichnet, so daß jedes einzelne Stück Stahl, das in einem Gebäude steckt, bis zu dem Erz zurücktraciert werden kann. Auf diese Weise schützen sich Baumeister, Inspektoren und in letzter Linie die Stahlwerke.

In dieser Hinsicht können vor allem die Baumeister nicht vorsichtig genug sein. Man denke nur die enormen Lasten, welche das Stahlgerippe eines zwanzigstöckigen Hauses zu tragen hat! Nicht nur die Last des Gerippes, auch die enorm große Last der Stein= und Ziegelwände, denn diese tragen sich nicht selbst, wie bei unsern gewöhnlichen Bauten, sondern werden von dem Stahlgerippe unterstützt und ge= tragen, da sie ja hauptsächlich nur als Verkleidung dienen. Dazu kommt die Last der inneren Abteilungswände, Treppen, Plafonds, eisernen Kassen, Einrichtungsstücke, Bibliotheken und der nach Tausenden zählenden Menschen. Die Aufzüge, oft ein Dutzend an der Zahl, mit Menschen gefüllt, steigen und fallen mit solcher Schnelligkeit und zerren dabei so heftig, daß nur eine besonders starke Konstruktion die ent= stehenden Erschütterungen aushalten kann. Und als größte Last kommen zu all dem noch die ungeheuren Wasserreservoirs im obersten Stockwerk. Die Gebäude sind von so riesiger Höhe, daß die städtischen Wasserleitungen das Wasser nicht bis dort hinauf treiben können. Deshalb wird.dasselbe mit= tels eigener Maschinen unter das Dach der Sky-Scrapers hinaufgepumpt, eine furchtbare Beschwerung des Stahlrahmens, welcher schon so viel anderes zu tragen hat.

Sobald der stählerne Käfig sich über den Erdboden zu erheben beginnt, folgt auch schon die Bekleidung mit Granit= blöcken, wenigstens in den unteren Stockwerken; vom dritten oder vierten Stock angefangen, verwendet man für die Außen= mauern gepreßte Ziegel, in den höchsten Stockwerken Stucco oder Terracotta. Diese Mauern tragen das Gebäude in keiner Weise, sondern dienen nur, wie gesagt, als Verkleidung. Die einzelnen Stockwerke werden ebenfalls durch stählerne Träger abgeteilt, mit gewölbten Terracotta=Ziegeln als Ver= kleidung. Zu den Fußböden verwendet man entweder Parkett= hölzer oder lieber noch Mosaik, da es ein Hauptstreben der Baumeister ist, die Gebäude so feuersicher als möglich zu machen. Holz kommt deshalb in diesen Konstruktionen sehr spärlich zur Verwendung.

Die inneren Wände zwischen den einzelnen Zimmern und Korridoren werden aus hohlen Terracotta=Ziegeln her= gestellt. Selbst der Stahlrahmen des ganzen Gebäudes wird durch Bekleidung mit Terracotta=Ziegeln geschützt, deren Luft= kammern das Ueberhitzen des Stahls bei Feuersbrünsten ver= hindern sollen. Mit wahrem Raffinement geschieht alles

Erdenkliche, um das Umsichgreifen eines Schadenfeuers zu
verhindern. Man denke sich nur ein solches in einem Riesen=
gebäude von zwanzig Stockwerken, gefüllt mit Tausenden von
Menschen und ohne Möglichkeit der Rettung. Der Rauch
füllt in den meisten Fällen den ganzen Kasten, so daß weder
Sehen noch Atmen möglich ist. Auf die Aufzüge darf man
bei solchen Gelegenheiten nicht rechnen, denn gewöhnlich
nehmen die Bediensteten derselben zuerst Reißaus, statt die
Insassen der oberen Stockwerke abzuholen; dann bilden ja
die durch alle Stockwerke bis zum Dach führenden Aufzug=
schächte, wie die Erfahrung bei kleineren Gebäuden gelehrt
hat, wahre Feuerherde, in welchen die Flammen mit furcht=
barer Geschwindigkeit durch die einzelnen Stockwerke empor=
lecken und züngeln und zünden. Selbst die vollkommenste
Feuerwehr ist bei solchen turmhohen Gebäuden macht= und
ratlos. Wie soll das Wasser auf 70 bis 90 Meter Höhe
emporgesandt werden? Wie sollen die Feuerwehrleute zur
Rettung der Insassen zum achtzehnten, neunzehnten Stockwerk
gelangen? — Glücklicherweise ist bisher keiner der Sky-Scrapers
in Brand geraten, und die Vorsehung bewahre sie alle vor
einer solchen Katastrophe.

6.

Induſtrie und Handel.

Der allmählich immer wachſende Austauſch der In=
duſtrieprodukte des Oſtens mit den Naturprodukten des Weſtens
fand, wie geſagt, in Chicago ſtatt und half dieſem zu ſeinem un=
geheuren Wachstum. Man hatte dort immer Verwendung
für die herbeiſtrömenden Arbeitskräfte. Während die Ein=
wanderer anderswo kaum Beſchäftigung fanden oder eigene
Mittel beſitzen mußten, um ſich Farmen, Viehzüchtereien,
Geſchäfte aller Art zu gründen, bedurfte es in Chicago nur
eines Paars kräftiger Hände und guten Willens. Arbeit
fand man dort immer und findet ſie auch heute noch, ſo
groß auch die zuſtrömenden Arbeiterkolonnen ſein mögen.
So waren es bis auf die jüngſte Zeit nicht gerade die wohl=
habenderen Elemente, welche ſich Chicago zum bleibenden
Wohnſitz wählten. Dieſe zogen weiter weſtlich, um ſich auf
Farmländereien anzuſiedeln, die ärmeren blieben in Chicago.
Aber im Laufe der Zeit wurden die erſtern durch die letztern
überholt, denn Ackerbau und Viehzucht geſtatten nicht die
ſprungweiſe Erwerbung von Reichtümern, zu welcher die
große, verkehrsreiche Handelsſtadt ſo viele Gelegenheit bietet.
Die ungemein günſtige Lage derſelben machte ſie immer mehr
zum geſchäftlichen Mittelpunkte des ganzen Präriegebiets. In

einem Umkreiſe von etwa 500 engliſchen Meilen iſt dieſes
Gebiet größtenteils von Chicago abhängig. Je mehr Menſchen
ſich dort anſiedelten, deſto größer wurde der Ertrag des erſteren
an Bodenprodukten, deſto mehr wuchſen auch ſeine Bedürf=
niſſe an Induſtrieprodukten, für welche Chicago den Haupt=
ſtapelplatz bildete. Um den Austauſch zu erleichtern, wurden
Eiſenbahnen von Chicago aus nach allen Richtungen der Wind=
roſe in die Präriegebiete hineingebaut, und ſo geſtaltete ſich
die Stadt für dieſen Kreislauf des Warenverkehrs immer
mehr zum Mittelpunkte.

Bis vor etwa anderthalb Jahrzehnten wurden die für
den Weſten beſtimmten Induſtrieprodukte von den Handels=
leuten Chicagos größtenteils aus dem induſtriereichen Oſten
bezogen, wo die nahen Kohlen=, Eiſen=, Petroleum= und Erd=
gaslager die Anlage induſtrieller Anſtalten ſehr erleichterten.
Aber allmählich kam in den letzten Jahren ein ſeltſames
Phänomen in Chicago zum Vorſchein. Die Stadt liegt auf
einer weiten Prärie, welche dem Handel Chicagos allerdings
vielerlei Agrikultur= und Viehzuchtsprodukte liefert, allein
die nächſten Erz= und Minerallager befinden ſich auf hun=
derte Meilen Entfernung. Man ſollte nun annehmen, daß,
wie in der Alten Welt und in den amerikaniſchen Oſtſtaaten,
Eiſenhütten, Stahlwerke, Dampfhämmer und andere damit
verknüpfte Induſtrieanlagen an Ort und Stelle oder in der
Nähe der Minen zur Errichtung gekommen wären. Es gibt
ja dort Eiſenbahnen und Dampferlinien nicht nur nach
Chicago, ſondern nach andern Abſatzgebieten des Weſtens
und Nordweſtens. Das Gegenteil fand ſtatt: die Gießereien,
Walz= und Hammerwerke ꝛc. wurden in Chicago errichtet,
und das Rohmaterial ſowie die koloſſalen Maſſen an Feuerungs=
ſtoffen werden zu Eiſenbahn und Dampfer nach Chicago ge=
bracht, um dort verarbeitet zu werden. Wie der Magnet=

berg Sindbad des Seefahrers, so zieht Chicago allmählich
Handel und Industrien an sich, ja fast allwöchentlich kommt
es vor, daß irgend eine Schuh=, Ofen=, Nagel=, Kleider=
fabrik 2c. ihren Sitz aus den Oststaaten nach Chicago verlegt.
Die Erklärung dieses seltsamen Phänomens liegt in den
Verkehrsmitteln. Wie die Speichen eines Rades laufen von
Chicago 26 Haupt= und ebensoviele Nebenlinien von Eisen=
bahnen nach allen Richtungen aus; Schiffahrtskanäle ver=
binden es mit Ost und West, Nord und Süd und erleichtern
den Frachtenverkehr, dessen Kosten durch die erdrückende Kon=
kurrenz der Eisenbahnen untereinander auf ein Minimum
herabgesunken sind. Würde man die Eisenbahnen und Wasser=
straßen Chicagos zerstören, die Stadt würde zu einem ähn=
lichen Provinzialstädtchen herabsinken, als welches es sich
noch vor 50 Jahren zeigte, gerade so, wie man einem Oktopus
das Lebenslicht ausblasen würde, wenn man seine Fangarme
abschnitte. Chicago ist ein solcher Oktopus: die Fangarme
sind seine Eisenbahnen und Dampferlinien.

Die wichtigsten Produkte, welche Chicago aus den großen
Prärien in einem Umkreise von, wie gesagt, etwa 500
Meilen empfängt, sind Schweine, Rindvieh, Schafe, Getreide,
Mehl, Holz, und es ist ungemein interessant, diese täglich
in Hunderten Frachtzügen einlaufenden Produkte in den ein=
zelnen Prozessen ihrer Verarbeitung und Weiterverladung zu
verfolgen. Als der größte bestehende Schweine= und Vieh=
markt der Welt ist ja Chicago längst bekannt. Im Jahre 1891
trafen dort über $8\frac{1}{2}$ Millionen Schweine, $3\frac{1}{4}$ Millionen
Stück Rindvieh, $\frac{1}{4}$ Million Kälber, über 2 Millionen
Schafe und gegen 100 000 Pferde ein, zusammen also über
14 Millionen Tiere, was einer täglichen Einfuhr von 35 000
Stück gleichkommt! Um diese Massen nach den Viehparken
zu bringen, waren über 300 000 Viehwaggons erforderlich

— etwa 1000 an jedem einzelnen Wochentage! Der
Wert der Fleischprodukte erreichte im vergangenen Jahre an
140 Millionen Dollars, also beiläufig 560 Millionen Mark!
Wie diese ungeheuren Schweine= und Viehmassen mittels
Maschinen geschlachtet, zerlegt und zum Export verpackt wer=
den, wird in einem spätern Kapitel geschildert.

*   *   *

Dem Viehhandel zunächst steht an Wichtigkeit der Ge=
treidehandel, und es ist interessant, wie die ungeheuren Ge=
treidemengen, welche die Ernte der viele 1000 Quadrat=
meilen umfassenden Agrikulturländereien bilden, in Chicago
aufgespeichert und zur Weiterbeförderung nach den Oststaaten
und nach Europa verladen werden. Um welche Getreide=
massen es sich hier handelt, geht aus der folgenden Statistik
des Jahres 1891 hervor: Es wurden auf den verschiedenen
Eisenbahnen und Wasserstraßen 43 Millionen Bushel Weizen,
73 Millionen Bushel Mais, $74\frac{1}{2}$ Millionen Bushel Hafer,
9 Millionen Bushel Roggen und $12\frac{1}{4}$ Millionen Bushel
Gerste eingeführt, wobei bemerkt werden mag, daß 1 Bushel
$35\frac{1}{4}$ Liter umfaßt. Man rechnet 60 Pfund Weizen, 56
Pfund Roggen oder Mais, 48 Pfund Gerste und 32 Pfund
Hafer auf den Bushel. Nach dem Gewicht bemessen, würde
die Gesamteinfuhr an Getreide in Chicago somit über 10 000
Millionen Pfund oder weit über 5 Millionen Tonnen be=
tragen, so daß also die gesamten Kriegsflotten aller Groß=
mächte Europas mit Zuhilfenahme sämtlicher Dampfer und
Segelschiffe kaum im stande wären, die in einem Jahre in
Chicago einlaufenden Getreidemassen auf einmal zu verladen.
Besitzt doch die ganze Kriegsmarine der ersten Seemacht,
nämlich Englands, „nur" $1\frac{1}{2}$ Millionen Tonnen! Von

den 1891 eingeführten 216 Millionen Buſhel Getreide wurden 194 Millionen wieder ausgeführt, es mußten alſo im ganzen 410 Millionen Buſhel oder über 9 Millionen Tonnen Getreide in Chicago ausgeladen, aufgeſpeichert und wieder zur Verſchiffung eingeladen werden. Auf jeden einzelnen Wochentag des Jahres entfallen 60 Millionen Pfund Getreide! Sollte dies durch Handarbeit geſchehen, ſo wäre ein Heer von 10 000 Arbeitern dafür erforder= lich. Thatſächlich aber werden kaum ebenſoviele 100 Men= ſchen verwendet dank der ausgezeichneten Einrichtungen der ſogenannten Getreide=„Elevatoren“, deren es in Chicago 26 gibt.

Dieſe Elevatoren gehören zu den Sehenswürdigkeiten der Stadt, allerdings nicht durch ihr Ausſehen, denn ſie ſind nichts weiter als ungeheure, viele Stockwerke hohe Magazine mit kahlen, vielfenſtrigen Mauern, die ſich längſt der Hafen= kais hoch über die umliegenden Warenhäuſer erheben und ringsum von Schienenſträngen der Eiſenbahnen umgeben ſind. Ja man kann ſie getroſt als die häßlichſten und un= förmlichſten Gebäude der Stadt bezeichnen. Dafür iſt es ihre innere Einrichtung, welche die Bewunderung des Be= ſuchers erweckt.

Mit Ausnahme der äußeren Mauern ſowie einer in der Längsmitte befindlichen Feuermauer ſind die „Elevatoren“ ganz aus Holzwerk hergeſtellt, wovon bei jedem Gebäude etwa zwölf Millionen Fuß zur Verwendung gelangen. Die Höhe der Elevatoren beträgt gewöhnlich 50 bis 60 Meter, die Länge ebenſoviel, die Breite etwa die Hälfte, ſo daß der geſamte zur Aufnahme des Getreides verfügbare Raum etwa 75 000 Kubikmeter beträgt. Die innere Einrichtung mit den vielen kleinen Zellen in den verſchiedenen Stockwerken erinnert etwa an rieſige, aufeinander gelegte Honigſcheiben. Aus=

gezeichnet sind die Vorkehrungen gegen die Feuersgefahr.
Eiserne Leitern führen durch alle Stockwerke; dort befinden
sich an verschiedenen Stellen elektrische Signalvorrichtungen,
die mit dem Maschinenraum in Verbindung stehen, wo sofort
Löschapparate von der Kraft von vier Dampffeuerspritzen in
Thätigkeit gesetzt werden können. Das Wasser kann aus
etwa 50 in den Stockwerken verteilten Leitungen an die
etwaige Brandstelle geleitet werden, und dazu sind an jeder
Leitung Schläuche von etwa 300 Meter Länge angeschraubt.
Ueberdies sind an den zumeist gefährdeten Stellen zusammen
200 große Wasserbehälter mit Kübeln aufgestellt. Die Woh=
nungen des Direktors und des Oberingenieurs befinden sich
an den entgegengesetzten Enden des Elevators, und auch dort
sind elektrische Apparate angebracht, mittels welcher diese
Beamten mit ihren Untergebenen in den verschiedenen Räumen
des Riesengebäudes verkehren können. In jeder Woche wird
probeweise einmal der Feueralarm gegeben; die betreffende
Stelle des Alarms ist nur dem Wachmann bekannt, aber die
Löschvorrichtungen sind so vollkommen, daß das ganze Ge=
bäude sieben Minuten nach Abgeben des Alarms vollständig
mit Wasser überströmt werden kann. Eine Dampfmaschine
von 1000 Pferdekräften treibt die Apparate zum Ein= und
Ausladen des Getreides und zum Heben desselben in die
obersten Stockwerke.

Tag für Tag treffen an den Landseiten jedes Elevators
Hunderte von Waggons mit losen Getreidekörnern gefüllt ein.
Das Eisenbahnnetz Chicagos ist so vollkommen, daß diese
Waggons, mögen sie aus Texas oder Dakota kommen, direkt
bis an die Mauern der städtischen Getreidespeicher gelangen.
Aus den Waggons fällt das Getreide in große, unter diesen
befindliche Kammern. Endlose revolvierende Bänder mit
metallenen Kübeln, ähnlich jenen der Baggermaschinen, heben

nun das Getreide aus dem Souterrain in die Kuppel des oberſten Stockwerks. Von dort fällt das Getreide in zwölf verſchiedene Behälter von je 2000 Buſhel Faſſungsraum, die als Wagen eingerichtet ſind. Hier wird das Getreide ge= wogen und fällt nun in das ſogenannte Revolverſtockwerk, das mit einer Anzahl weiter Röhrenverteiler oder „Spouts" am Boden verſehen iſt. Am unteren Ende dieſer Röhren befinden ſich, kreisförmig um jede derſelben angeordnet, zwölf oder mehr andere Röhren, welche nach den verſchiedenen unterhalb befindlichen Getreidekammern führen. Die Revolver= verteiler werden durch Schläuche mit den letztgenannten Röhren verbunden, und das Getreide wird ſo in beſtimmten Quanti= täten in die einzelnen Kammern, die je 2= bis 6000 Buſhels faſſen, verteilt. Der Eigentümer des hier aufgeſpeicherten Getreides erhält nun von dem Inſpektor des Elevators auf Grundlage der Wägeergebniſſe eine Quittung, die ſofort auf der Getreidebörſe (Board of Trade) in den Markt kommen kann. Dort ſind auf Tiſchen die verſchiedenen Getreide= proben ausgebreitet, während auf großen ſchwarzen Tafeln die Getreidepreiſe der europäiſchen Märkte, die telegraphiſch direkt nach Chicago berichtet werden, aufgeſchrieben ſind. Kauf und Verkauf der Getreidemaſſen ſind ganz ähnlichen Schwankungen und Spekulationen unterworfen wie die Börſenpapiere, und deshalb werden auch zeitweilig in Ge= treide im Handumdrehen große Vermögen gewonnen oder verloren.

Soll das in den Elevatoren aufgeſpeicherte Getreide wieder in Eiſenbahnwaggons zum Weitertransport verladen werden, ſo fahren dieſe Waggons teils in den Elevator, teils neben denſelben, gerade unterhalb einer Reihe von Oeffnungen, aus welchen weite Schläuche herunterhängen. Das Getreide wird aus den Kammern zunächſt in Behälter von je 500 Buſhels

abgelassen, um gewogen zu werden, und aus diesen rollt es
durch sein eigenes Gewicht in die Schläuche, deren unteres
Ende über dem Eisenbahnwaggon liegt. Damit das Getreide
aber nicht in der Mitte des Waggons liegen bleibt, sondern
die Enden und Ecken ausfüllt, revolvieren am unteren
Schlauchende zwei kleinere Metallrohre, welche durch ihre
Centrifugalkraft die herabfallenden Körner über den ganzen
Waggon schleudern. Ebenso erfolgt das Beladen von Schiffen
mit Getreide. An der den Hafendocks zugewendeten Seite
des Elevators, unter welchem die Schiffe liegen, hängen eine
ganze Reihe ähnlicher Schläuche, die in den Schiffsraum ge=
leitet werden. Das Beladen der Schiffe geht so rasch, daß
beispielsweise im Herbst des vergangenen Jahres 95000 Bushels
Mais im Gesamtgewicht von etwa 5 Millionen Pfund in
weniger als anderthalb Stunden in den Rumpf des Schiffes
„Amerika" gelangten, ohne daß auch nur ein Körnchen davon
verloren ging.

Die Firma Dole & Cie. besitzt fünf solcher Elevatoren
mit einem Fassungsraum von zusammen 6½ Millionen Bushel;
der bekannte Millionär P. Armour erbaute aber kürzlich einen
Speicher, welcher allein 2 Millionen Bushel oder 1 Million
Centner Getreide faßt; er ist der größte sämtlicher Speicher
Amerikas. Im ganzen besitzt Chicago 26 solcher Elevatoren,
und der ganze Verkehr auf diesem bedeutendsten Getreide=
markte der Erde geht so glatt und ruhig vor sich, daß man
monatelang in Chicago leben kann, ohne auch nur eines
Körnchens Getreide ansichtig zu werden, oder ohne daß ein
solches überhaupt bei dem zweifachen Umladen verloren ginge!

Die ungeheuren Getreidemassen des Jahres 1891 aus
den Präriestaaten langten in Chicago in 278000 Eisenbahn=
waggons und in 422 Kanalschiffen ein. Aber außer dem
Getreide kamen noch 4½ Millionen Fässer Mehl nach

Chicago, hauptsächlich aus den weiter westlich gelegenen
Handels= und Industriestädten, wie z. B. Minneapolis und
Kansas City. Der größte Teil dieser Mehlmengen — näm=
lich 4 Millionen Fässer — wurde in Chicago wieder weiter
nach Osten verschifft.

*   *   *

Ebenso vorzüglich sind die Einrichtungen auf dem un=
geheuren, mehrere Quadratkilometer großen Holzmarkte Chi=
cagos, wo jährlich Bauholz in einer Gesamtlänge von über
2000 Millionen Fuß und überdies 300 bis 500 Millionen
Schinden aufgestapelt werden in einem Gesamtwert von etwa
160 Millionen Mark! Dennoch muß man selbst nach dem
im Südwesten der Stadt am Chicagofluß gelegenen Holzpark
gehen, um etwas von diesem alle Vorstellungen übersteigen=
den Holzhandel wahrzunehmen. Auch dort bewähren sich die
ungemein praktischen Einrichtungen der Amerikaner. Sie
haben dort von dem Südarm des Chicagoflusses aus etwa
ein Dutzend breiter, tief ins Land schneidender Hafendocks
angelegt, so daß die Holzschiffe zum Aus= oder Einladen
direkt bis zu den Lagerplätzen gelangen können. Ebenso
wurden von der sämtliche Eisenbahnlinien Chicagos verbin=
denden Rundbahn Schienenstränge nicht nur bis zu dem
Holzpark, sondern durch diesen längs der einzelnen Hafendocks
geführt, und die menschliche Arbeit wird außerdem noch durch
Kräne, Rampen u. s. w. auf ein Minimum beschränkt.
Dennoch finden in dem Holzpark immerhin 6= bis 8000 Ar=
beiter, zumeist Böhmen, Tag für Tag Beschäftigung. Un=
geheure Holzmassen sind hier aufgeschichtet, rohe Baumstämme,
behauene Balken, Pfosten, Bretter, zumeist Tannen= und
Fichtenholz aus den großen Urwäldern von Wisconsin, Minne=
sota und Michigan; dann auch Eichen=, Pappeln= und Eschen=

holz; die koſtbareren Holzſorten, wie Nußbaum=, Kirſchholz u. ſ. w.,
kommen größtenteils aus den Südſtaaten. Der größte Teil
dieſer Holzſorten wird noch vor dem Transport nach Chicago
behauen und geſägt; für die Naturhölzer beſtehen in der
unmittelbaren Nähe des Holzparkes große Dampfſägen und
zum Trocknen der friſchen Hölzer überdies umfangreiche
Trockenhäuſer, welche mittels Dampf geheizt werden.

Die vorzüglichen Verkehrsmittel Chicagos und der Um=
ſtand, daß die Stadt infolgedeſſen zu dem wichtigſten Markt=
platz der Prärieſtaaten geworden iſt, ließ hier auch große
Möbelfabriken entſtehen, die ebenfalls gegen 10000 Arbeiter
beſchäftigen. Auch hier bewährt ſich, was ich vorhin von
der Anlage der Eiſengießereien und Schmelzwerke ſagte. In
andern waldreichen Staaten, wie z. B. Pennſylvanien, Ohio
und Michigan, entſtanden ebenfalls große Möbelfabriken,
aber ſie wurden mitten in den Walddiſtrikten angelegt und
nicht nach den fernen Großſtädten verlegt. Aehnliches hätten
Minneſota und Wisconſin thun können, allein Chicago mit
ſeinen Verkehrslinien und ſeinem Holzpark kam ihnen zuvor
und legte ſelbſt die Möbelfabriken an.

Wo Metalle und Holz in ſo großen Maſſen vorhanden
ſind, lag es nahe, daß auch andere damit verknüpfte Indu=
ſtrien ſich in kurzer Zeit entwickeln würden. So beſitzt
Chicago die größten Fabriken von Ackerbauwerkzeugen, z. B.
jene des berühmten Mc. Cormick, der allein gegen 2000 Ar=
beiter beſchäftigt; in den Wagen= und Waggonfabriken ſind
etwa 8000 Arbeiter angeſtellt, und ſeit neueſter Zeit baut
ſich Chicago auch ſeine eigenen Dampfer und Segelſchiffe,
darunter ſolche von mehreren tauſend Tonnen Gehalt; aber
auch Klaviere und Orgeln werden heute in der neuen Welt=
ſtadt am Michiganſee maſſenhaft erzeugt. Noch vor etwa
zehn Jahren wurde der ganze Bedarf an Muſikinſtrumenten

von Osten her geliefert, hauptsächlich aus New York, Balti=
more und Boston. Da begann einer der Hauptagenten der
Pianohäuser des Ostens in Chicago, William W. Kimball,
zunächst Orgeln selbst zu bauen. Aus bescheidenen Anfängen
entwickelte sich dieses Unternehmen binnen wenigen Jahren
zu einem der größten Amerikas, und die Kimballklaviere
und Kimballorgeln beherrschen heute den Markt in den West=
staaten. Denn dank der hohen Löhne Chicagos zögerten die
besten Arbeiter der östlichen Klavierfabriken nicht, bei Kim=
ball in den Dienst zu treten. So wetteifern diese Instru=
mente heute in jeder Beziehung mit den besten Instrumenten
New Yorks. Noch ein anderer Umstand darf bei dieser In=
dustrie, wie bei allen andern, nicht außer acht gelassen werden:
die neu entstehenden Fabriken Chicagos konnten schon bei
ihrer ersten Anlage und Erbauung auf alle modernen An=
forderungen, Erfindungen u. s. w. Rücksicht nehmen, während
diese in den alten Fabriken des Ostens teils wegen der ört=
lichen Verhältnisse, teils wegen der kostspieligen Beseitigung
der alten Einrichtungen und der damit verbundenen Unter=
brechung der Fabriksthätigkeit nur schwer eingeführt werden
können. Während also im Osten beispielsweise, um ein neues
Haus herzustellen, das alte vorher niedergerissen werden
muß, kann in Chicago das neue Haus direkt von Grund
auf neu erbaut werden, ein ungemein wichtiger Vorsprung.
So kam es, daß Kimball seine großen Pianofabriken in der
Nähe des Holzparks von Chicago sofort vollkommen ein=
richten konnte, und es ist staunenswert, mit welcher Genauig=
keit und Einfachheit dort aus den rohen Hölzern durch
Maschinenarbeit die schönsten Klavierkästen massenhaft zu=
sammengedrechselt werden. Diese Maschinenarbeit bringt
auch geringere Herstellungskosten mit sich, die Waren können
billiger geliefert werden und Chicago reißt damit allmählich

den Handel an sich. Während also, wie gesagt, noch vor
einem Jahrzehnt nur ein paar Instrumente gebaut wurden,
beträgt die Zahl der heute in Chicago hergestellten Klaviere
an 10000, jene der Orgeln sogar 50000!

Noch ein weiteres Beispiel, wie dieser große Handels=
platz an Rohprodukten allmählich die Industrie entstehen ließ
und zur Blüte brachte: Chicago ist der größte Viehmarkt
Amerikas, und die ungeheuren Schweine= und Rindvieh=
schlächtereien bedingten auch, daß jährlich Millionen von
Tierhäuten auf den Markt gebracht wurden. Früher wurden
diese in die großen Leder= und Schuhfabriken der Neueng=
landstaaten verschifft, von wo dann Chicago für den west=
lichen Markt die fertigen Schuhwaren bezog. Warum sollten
diese aber nicht in Chicago selbst fabriziert werden? Gedacht,
gethan. Chicago baute eigene Schuhfabriken, die über 3000
Arbeiter beschäftigen.

Am auffälligsten ist der riesenhafte Aufschwung Chicagos
als Industriestadt jedoch in Bezug auf die Eiseninbustrie,
denn während bei allen andern Industrien das Rohmaterial
an Ort und Stelle war, ist dies bei der genannten keines=
wegs der Fall. Weder Kohle noch Coaks, noch Eisen ist in
der Nähe Chicagos vorhanden. Nur eine geringe Qualität
Kohle findet sich in Illinois und in dem benachbarten In=
diana. Coaks, das in den Schmelzwerken in großen Massen
verwandt wird, muß per Eisenbahn aus Pennsylvanien und
Virginien, also aus einer Entfernung von über 600 englischen
Meilen, herbeigeschafft werden. Dasselbe ist mit den Kohlen
der Fall, obschon ein großer Teil aus Ohio kommt, dessen
Kohlenlager immerhin noch 300 englische Meilen von Chi=
cago entfernt sind. In den Eisen= und Stahlwerken Chi=
cagos wird noch sehr viel rohes Petroleum als Feuerungs=
material benutzt. Da es dort nicht vorhanden ist, baute

Chicago eine Röhrenleitung nach der 200 engliſche Meilen entfernten Stadt Lima in Ohio und holt ſich ſeinen Bedarf
an Petroleum auf ähnliche Weiſe wie andere Städte ihr
Trinkwaſſer.

Nicht genug damit. Als in den achtziger Jahren in
den Oeldiſtrikten Pennſylvaniens und Ohios das Erdgas
entdeckt und allgemein in den Induſtrien und Haushaltungen
zur Einführung gebracht wurde, da ſuchten Spekulanten
auch in den Chicago näher gelegenen Staaten Indiana und
Illinois nach Erdgasquellen. Kaum waren dieſe gefunden,
ſo wurden ſofort unterirdiſche Gasleitungen aus dieſen gegen
100 engliſche Meilen von Chicago entfernten Quellen nach
Chicago gelegt, und zahlreiche induſtrielle Etabliſſements be-
nützen heute auch in Chicago das Erdgas. Leider ver-
mindert ſich der Ertrag dieſer Quellen zuſehends. Während
das Erdgas urſprünglich mit ungeheurem Druck aus den
großen unterirdiſchen Lagern hervorſchoß, müſſen jetzt ſchon
bei manchen Leitungen Pumpwerke angewendet werden, und
die völlige Erſchöpfung der Gasquellen ſteht in baldiger Aus-
ſicht. Die Spekulation war alſo keine glückliche.

Leider konnten für die Herbeiſchaffung der Eiſenerze
nicht auch ähnliche Röhrenleitungen angelegt werden. Die-
ſelben müſſen per Eiſenbahn aus den 600 bis 800 engliſche
Meilen entfernten Erzlagern am Superiorſee herbeigeſchafft
werden. Einige Erzlager in Wisconſin und Michigan
liegen etwas näher, aber immer iſt die Entfernung noch
300 bis 400 Meilen. Und dennoch entſtanden in Chicago
Schmelzwerke, Gießereien, Dampfhämmer, Walzwerke u. ſ. w.,
die ſich an Größe mit den ausgedehnteſten Werken Amerikas
meſſen können und die zuſammen über 30000 Arbeiter beſchäftigen. Eine einzige Firma, die Illinois Steel Company,
beſchäftigt 10000 Arbeiter mit einem jährlichen Lohn von

6 Millionen Dollars, und der Wert der ganzen Fabriks=
anlagen, Minen u. ſ. w. erreicht 50 Millionen Dollars. In
ihren Werken ſind Eiſenbahnen in einer Länge von
67 Meilen, und für den Transport des Rohmaterials und
der Produktion beſitzt die Geſellſchaft 1500 Kohlenwaggons,
500 Frachtwaggons und 42 Lokomotiven. Die Geſamt=
produktion der verſchiedenen Werke erreichte im Jahre 1890:
650000 Tonnen Guß= und Spiegeleiſen, 752000 Tonnen
Beſſemerſtahl, 540000 Tonnen Eiſenbahnſchienen, Eiſen=
ſtangen u. ſ. w. 130000 Tonnen, Pfeiler, Streben, Stützen
u. ſ. w. 61000 Tonnen, zuſammen über 2 1/10 Millionen
Tonnen. Zur Herſtellung dieſer Eiſen= und Stahlmaſſen
wurden verwendet: Eiſenerz 1 1/10 Millionen Tonnen, Coaks
700000, Kohlen 200000 Tonnen.

Seit dem Jahre 1890 baut ſich Chicago auch ſeine
eigenen Schiffe. Die „Chicago Ship building Company" grün=
dete in der Vorſtadt Süd=Chicago längs dem breiten, tiefen
Calumetfluß, dem Ausfluß des Calumetſees in den Michigan=
ſee, großartige Werke, die einen Flächenraum von über
20 Acres bedecken und ſtaunenswerte Einrichtungen zum
Heben und Transportieren der großen Laſten, zur Herſtellung
der ſtählernen Beſtandteile, zum Zuſammenfügen und Aus=
ſtatten der Schiffskörper enthalten. Statt dieſe Laſten auf
ebenem Boden von einer Maſchine zur andern, von einem
Orte zum andern zu führen, werden ſie auf erhöhten, auf
Stahlpfeilern angelegten Leitungen mit der größten Leichtig=
keit herumtransportiert, von großen Zangen auf mechaniſchem
Wege erfaßt und ruhig, anſcheinend ſpielend, genau dorthin
gelegt, wo man ſie braucht. Eben baut man in dieſen Werken
an zwei Stahldampfern von je 100 Meter Länge, für den
Transport von Eiſenerzen aus den großen Minen des
Superiorſees beſtimmt.   .

Da Chicago in den letzten zwei Jahrzehnten zu dem
bedeutendſten Eiſenbahnmittelpunkt Amerikas geworden iſt,
entſtanden auch viele andere Fabriken zur Herſtellung von
Lokomotiven, Waggons und anderem Eiſenbahnmaterial. Zu=
nächſt die große Waggonbauanſtalt von Pullman, welche
täglich 50 bis 100 Eiſenbahnwaggons, je nach der Art der=
ſelben, liefern kann! In der Waggonräderfabrik von John
Buß können täglich an 200 eiſerne Waggonräder und
100 Tonnen andere Waggonbeſtandteile gegoſſen werden;
Mc. Cormick produzierte im Jahre 1890 über 120000 Agri=
kulturmaſchinen hauptſächlich zum Mähen und Dreſchen des
Getreides; Gebrüder Norton beſitzen Werke zur Herſtellung
der zum Verpacken von Fleiſch, Gemüſe, Früchten u. ſ. w.
verwendeten Blechbüchſen. Nichts iſt intereſſanter, als die
eigentümlichen Maſchinen zu beobachten, welche, durch wenige
Arbeiter geleitet, die ungeheuren Blechplatten ſchneiden, rol=
len, mit Böden verſehen, löten und ſogar verpacken! Dank
dieſer Maſchinen können in den verſchiedenen Nortonſchen
Fabriken täglich 800000 Blechbüchſen hergeſtellt werden;
ein großer Teil derſelben findet in Chicago ſelbſt Verwen=
dung, andere Maſſen werden nach Oregon und Britiſch=Ko=
lumbien zum Verpacken von Salm, nach Kalifornien und
Delaware zur Verpackung von Früchten und nach Baltimore
zum Einmachen von Auſtern geſandt. Im Jahre 1890 ſandte
die Fabrik in einer Woche 60 Waggonladungen mit zuſam=
men 2½ Millionen Blechbüchſen nach Baltimore! Es iſt
dies wieder ein Beweis für den großen Unternehmungsgeiſt
der Chicagoer, der jenen anderer Städte weitaus übertrifft.
Da ja die Naturprodukte, in dieſem Falle alſo Auſtern, Ge=
müſe und Früchte, in Baltimore vorhanden ſind, hätte eigent=
lich dort eine Blechbüchſenfabrik entſtehen müſſen; ſtatt deſſen
verſorgt Chicago damit das ganze Land. Die berühmten

Fairbankschen Wagen werden ebenfalls in Chicago gebaut, dazu Unmassen von Nähmaschinen, Heiz= und Wasserleitungs= apparaten, Oefen u. s. w., die ebenfalls viele Tausende Ar= beiter beschäftigen.

Besonders auffallend ist es aber, daß neben diesen In= dustrien auch die Druckereien, Verlagsanstalten, lithographischen Institute u. dergl. in so großer Zahl in Chicago vorhanden sind, ja Chicago ist in den letzten Jahren zum Hauptsitz des amerikanischen Bücherverlags geworden. In diesen Anstalten und den Druckereien finden nicht weniger als 15000 Arbeiter Beschäftigung, und die Zahl der jährlich in Chicago gedruck= ten Bücher erreicht 9 Millionen, im Werte von etwa 15 Mil= lionen Dollars.

Aus diesen wenigen Angaben erhellt deutlich, wie sich Chicago neben der ungeheuren Ausbreitung seines Handels immer mehr zu einer Industriestadt ersten Ranges entwickelt; dabei wurden noch eine ganze Menge anderer Industriezweige gar nicht in Betracht gezogen. So sind beispielsweise in Brauereien und Brennereien gegen 4000 Arbeiter beschäftigt, und die Kapitalsanlage erreicht 20, der Wert der Produktion 34 Millionen Dollars; in den Tabak= und Zigarrenfabriken sind 3500 Arbeiter, in der Bronze=, Kupfer= und Zinnindu= strie 9000, in Ziegelstein=, Kalk= und Thonwerken 8000, in der chemischen Industrie 5000, in der Herstellung von Klei= dungsstücken und Toiletteartikeln aller Art 28000 Arbeiter beschäftigt.

Im ganzen besitzt Chicago augenblicklich beiläufig 3500 Fabriken und industrielle Etablissements mit einer Arbeiter= zahl von 180000, einer Kapitalanlage von 850 Millionen Mark und einer Produktion im Werte von 2300 Millionen Mark! Es sind dies so ungeheure Zahlen, daß man an ihrer Richtigkeit zweifeln könnte, zumal ja diese ganze In=

duſtrie erſt innerhalb der letzten 20 Jahre geſchaffen wurde. Weder Berlin noch Wien können ſich als Induſtrieſtädte irgendwie mit Chicago vergleichen laſſen, ja ſie dürften zu= ſammen kaum viel mehr als zwei Drittel der Arbeiterzahl und des Produktionswertes beſitzen. Nur London und Paris übertreffen Chicago. Paris zählt unter ſeiner Bevölkerung über eine halbe Million Arbeiter, und der Wert ſeiner jähr= lichen Produktion erreicht 3⅓ Milliarden Mark, alſo etwa um ein Drittel mehr als jene Chicagos. Schreitet aber Chicago auf ähnliche Weiſe wie bisher fort, was auch an= zunehmen iſt, ſo wird es in einem Jahrzehnt als Induſtrie= ſtadt ſogar Paris überholt haben.

Eine kleine Ueberſicht der einzelnen Induſtrien von Chicago wird um ſo mehr Intereſſe erwecken, wenn man ſich vor Augen hält, daß die größte Zahl derſelben erſt innerhalb der letzten zehn Jahre ſich entwickelt hat, daß aber auch von den älteren die meiſten nicht über zwanzig Jahre alt ſind. Der große Brand des Jahres 1871 zerſtörte ja den weitaus größten Teil des induſtriellen Stadtviertels. Die nachſtehenden Zahlen ſind jene des Jahres 1890 und müſſen im Durchſchnitt um etwa 10 Prozent vergrößert werden, um den Stand der Induſtrie von heute zu erhalten. 1890 gab es die folgenden Fabriken in Chicago:

110 Schuh= und Stiefelfabriken	. mit etwa 2 500	Arbeitern
36 Brauereien	„ „ 1 800	„
85 Fabriken von Thonröhren und =Leitungen	„ „ 2 500	„
12 Brücken= und Waggonfabriken .	„ „ 6 000	„
1460 Bauunternehmer	„ „ 22 600	„
145 Wagenfabriken	„ „ 16 000	„
200 Tabak= und Zigarrenfabriken . . .	„ „ 1 900	„
700 Kleiderfabriken	„ „ 1 600	„
71 Chemikalien= und Farbwarenfabriken .	„ „ 900	„
30 Fabriken für Federninduſtrie .	„ „ 650	„

65 Gießereien	mit etwa	6 500	Arbeitern
225 Möbelfabriken	„ „	7 800	„
38 Eiſen= und Stahlwarenfabriken .	„ „	1 600	„
42 Hut= und Pelzwarenfabriken .	„ „	550	„
66 Eiſenwerke	„ „	10 000	„
31 Eishandlungen	„ „	800	„
67 Goldſchmieden und Uhrenfabriken	„ „	1 200	„
26 Lithographiſche Anſtalten . . .	„ „	580	„
215 Maſchinenfabriken	„ „	8 000	„
99 Marmor= und Bauſteinfirmen .	„ „	1 300	„
17 Fabriken von Muſikinſtrumenten .	„ „	1 200	„
650 Malerfirmen	„ „	2 200	„
101 Rahmenfabriken	„ „	1 400	„
55 Bautiſchlereien	„ „	3 000	„
900 Druckereien und Verlagsanſtalten . .	„ „	12 000	„
34 Thüren= und Fenſterrahmenfabriken	„ „	2 000	„
14 Seifenfabriken	„ „	860	„
31 Ofenfabriken . . .	„ „	950	„
20 Gerbereien	„ „	1 100	„
5 Terracottawarenfabriken . . .	„ „	700	„
20 Koffer= und Reiſetaſchenfabriken .	„ „	390	„
9 Schriftgießereien . . .	„ „	700	„
22 Eſſigfabriken . .	„ „	270	„
74 Tapetenfabriken . . .	„ „	500	„
15 Drahtfabriken	„ „	520	„

Außerdem noch viele andere kleinere Induſtrien mit Tau=
ſenden von Arbeitern. Bei den Eiſenbahnen Chicagos war
1890 ein Perſonal von 31 500 Mann beſchäftigt, bei den
Straßenbahnen 6 500, bei den Omnibus= und Mietwagen=
firmen 1 500 und im Telegraphen= und Telephondienſt zu=
ſammen 3 000 Angeſtellte, darunter 750 weiblichen Geſchlechts.

7.

Der Viehmarkt und die Schlächtereien.

Die Millionenstadt am Michigansee verdient gewiß den Namen „Porcopolis", den ihre minder glücklichen Schwester=städte des amerikanischen Westens ihr gegeben haben. Früher führte Cincinnatti dieses nichts weniger als stolze Epithet, allein Chicago hat die Metropole des Ohiostromes in Bezug auf die Schweineschlächtereien sowohl wie auch in jeder an=dern Hinsicht weit überflügelt. Man denke nur: 8 bis 12 Mil=lionen Schweine werden jährlich in den großen Schlacht=häusern Chicagos geschlachtet, ein wahrer „Massacre des innocents", und 3 bis 400 Millionen Pfund Schinken, Speck=schwarten und Fett werden jährlich von Chicago nach aller Welt verschickt! Der Wert der Schlachtprodukte erreicht 120 bis 140 Millionen Dollars im Jahre; und daraus allein kann man entnehmen, welch große Bedeutung dieser Industrie=zweig für die Hauptstadt des amerikanischen Westens besitzt.

So interessant das ganze fabrikmäßige Verfahren der Schweineschlächtereien Chicagos auch sein mag, es ist nicht jedermanns Sache, dieselben zu besuchen und stundenlang in Schmutz und Blut herumzuwaten. Indessen der Reisende, der von der unglaublichen Entwickelung und Größe dieser jüngsten Städteriesin eine richtige Vorstellung erhalten will, muß auch solche Anstalten besuchen. Man sollte glauben, daß bei dieser viele Millionen erreichenden Zahl von Schweinen, welche jährlich aus allen Staaten des Westens, hauptsächlich aus Illinois, Missouri und Jowa, ihren Weg nach Chicago finden, die Straßen der Stadt, wenigstens in den Vorstädten und um die Bahnhöfe herum, von Schweinen wimmeln sollten; daß man in den Geschäftsteilen große Lagerhäuser mit Tausenden von Schinken und hochaufgestapelten Speckschwarten wahrnehmen, daß man an jeder Straßenecke über ein Ferkel stolpern, in allen Schaufenstern Würste und Schweinefüßchen ausgestellt sehen sollte! In der ganzen Atmosphäre müßte doch bei den vielen Millionen Schinken, die hier zubereitet werden, ein gewisser Geruch zum Durchbruch kommen, wie es einer Stadt, die den Namen Porcopolis führt, und die etwas auf ihren geschäftlichen Ruf hält, eigentlich gebührt!

Nichts von alledem. Ich habe monatelang in Chicago gelebt und bin in allen Quartieren straßauf, straßab gewandert, ohne auch nur das kleinste Schwänzchen unserer vielverlästerten Rüsseltiere wahrzunehmen. Die Stadt ist eben so riesengroß, der Sitz so vieler, zur großartigsten Entwickelung gekommener Industrien, daß eine einzelne gar nicht besonders hervortreten kann. Chicago ist ja auch der Hauptsitz des amerikanischen Getreidehandels, und dennoch könnte man Jahre in Chicago weilen, ohne auch nur ein Körnchen Weizen zu Gesicht zu bekommen. Aber neben der ungeheuren Größe und Ausdehnung der Stadt mit ihren Tausenden industrieller Etablissements sind auch die bestehenden praktischen Einrichtungen mit die Ursache, warum sich alles so glatt und ruhig abspielt.

Davon überzeugte ich mich eines Morgens, als ich, der Einladung der größten Schlächterfirma, Phil. Armour & Cie.,

Folge leistend, nach den Union Stock Yards hinausfuhr. Die Kabelbahn, deren Züge mit einer Schnelligkeit von 10 bis 12 englischen Meilen durch die Hauptstraßen Chicagos sausen, brachte mich in einem halben Stündchen an die von mächtigen Stierhörnern überragten Thore des Viehparks.

Eine breite Avenue, zu beiden Seiten besetzt mit großen Häusern und Stallungen, durchschneidet denselben der ganzen Breite nach, ein wahrer Broadway, was Leben und Verkehr betrifft. Nur sind diese hier, in dem eigentlichen Schweineviertel Chicagos, ganz anderer Art. Arbeiter, Kommissionäre, Viehhändler, Schweinehirten, Makler eilen geschäftig hin und her und umdrängen hauptsächlich ein großes Gebäude, welches die Bureaus der Viehparkgesellschaft enthält. Nicht weniger als 200 Beamte sind hier mit der Verwaltung dieses großartigen Viehhotels beschäftigt, das 345 Morgen Landes bedeckt und 5 bis 600 Stallgebäude von verschiedener Größe enthält. Der Name „Viehhotel" ist so unpassend nicht, als man annehmen mag, denn der ganze Verkehr hier spielt sich in ähnlicher Weise ab wie in den gewaltigen Prachthotels im Herzen der Stadt. Irgend ein Schweine- oder Rindviehzüchter in Missouri oder Jowa zeigt beispielsweise seinem Agenten in Chicago die Absendung von, sagen wir 3000 Schweinen an, mit dem Auftrag, dieselben zu dem bestmöglichsten Preise zu verkaufen. Der Agent bestellt für diese 3000 gerüsselten Gäste bei den Clerks des Viehparks Quartier. Zur bestimmten Stunde treffen die Züge mit den Schweinen direkt in den Stock Yards ein, denn sämtliche in Chicago mündenden Eisenbahnlinien sind mit diesen durch direkte Schienenwege verbunden. Hier werden die Tiere aus den Waggons und durch die breiten Avenuen des Viehparks nach einem eigenen Stall getrieben, für den der Agent eine be-

stimmte Summe pro Tag bezahlt. In diesen Preis sind
auch Kost und Abwartung mit inbegriffen, ganz wie es auch
in den Fremdenhotels Amerikas gebräuchlich ist. Die Vieh=
wärter und Treiber der Stock Yards, nicht weniger als 2000
an der Zahl, sind in dem Transport der Tiere nach ihren
Behausungen so geübt, daß alles überraschend glatt vor sich
geht. Die fettesten und rundesten Tiere werden einfach aus den
Waggons die Rampen herabgerollt; sie sind leichter zu hand=
haben als die mageren Tiere. Mit ihrer bekannten Sucht, sich
überallhin zu wenden, nur nicht dorthin, wo man sie haben
will, suchen sie auszureißen, springen wohl in Vorahnung
ihres bestimmten Schicksals mit unglaublicher Leichtigkeit über
ihre besser erzogenen, ruhigeren Brüder hinweg, über Hecken
und Barrieren. Allein auch die wildesten von ihnen sind bald
wieder eingefangen, und in einem Stündchen stecken sie alle in
Stall Numero so und so. Nun erhält der Agent von der Ver=
waltung der Stock Yards eine Quittung über die dort unter=
gebrachten Schweine und kann nun diese nach Belieben ver=
äußern.

Durch die Avenuen dieses Viehparks wandelnd, konnte
ich die gewaltige Ausdehnung desselben und damit auch die
gewaltige Ausdehnung einer Industrie erfassen, welche solche
kostspielige Anlagen notwendig macht. Die Länge der
Straßen und Gänge, welche dieses Riesenlabyrinth durch=
schneiden, beträgt sieben englische Meilen. Die für Rind=
vieh bestimmten Räume sind einfach mit Holzgittern umzäunt,
die Stallungen für Schafe, Schweine und Pferde jedoch ein=
gedeckt. Man bedurfte hierfür Bretter in der Gesamtlänge
von 15 Millionen Fuß, und die Erbauungskosten beliefen
sich auf 6½ Millionen Mark! In den verschieden großen,
3 bis 500 Köpfe fassenden Umzäunungen können zusammen
nicht weniger als 21 000 Stück Vieh untergebracht werden;

in den gedeckten Stallungen jedoch 22 000 Schafe, 200 Pferde und 75 000 (sage fünfundsiebzigtausend) Schweine! Es war im Monat März, einem der geschäftigsten des ganzen Jahres, als ich die Stock Yards besuchte, und die Parks waren ungewöhnlich voll. Unbeschreiblich war das Gebrüll dieser vielen Tausende von Rindern, deren Hörner sich wie ein weites, in fortwährender Bewegung befindliches Gestrüpp ausnahmen. Berittene Cowboys, prächtige Kerle mit breiten mexikanischen Sombreros in die sonnverbrannten Gesichter gedrückt, tummelten sich mitten unter ihnen umher oder trieben Hunderte von brüllenden Rindern durch die Avenuen den Schlachthäusern zu. Die Schweineställe mit den vielen Tausenden von grunzenden und heulenden Rüsseltieren waren ein wahres Pandämonion an Lärm und wüsten Durcheinander Es erschien mir staunenswert, wie bei einer solchen unfaßbaren Zahl von Ankömmlingen Tag für Tag soviel Ordnung und verhältnismäßig auch soviel Reinlichkeit herrschen kann und wie diese Tiere — an manchen Tagen bis zu 15 000 Rinder, ebensoviel Schafe und 50 000 Schweine — mit solcher Regelmäßigkeit gefüttert und getränkt werden können! 2300 Thore führen zu den einzelnen Stallungen; die Länge der durch artesische Brunnen gespeisten Wassertröge beläuft sich auf 3 englische Meilen, mit jenen der Futtertröge zusammen auf 10 englische Meilen! Die Länge der Abzugskanäle beträgt sogar 31 englische Meilen! Kann man sich nun eine Vorstellung von der Größe dieser Stallungen bilden? — Längs der Umfassungsmauern derselben ist auf der den Eisenbahnen gegenüberliegenden Seite auch eine ganze Stadt aus dem Boden gesprungen, in deren kleinen hübschen Häuschen die in den Stock Yards und Schlachthäusern Angestellten mit ihren Familien wohnen. Sie haben ihre eigenen Kirchen, Schulen, Post- und Telegraphenamt,

ja sogar ihre eigene Zeitung. Die unsaubere, anfänglich
recht widerwärtige Arbeit wird ihnen bald zur Gewohnheit
und sie befinden sich so wohl, daß sie an einen Wechsel der
Beschäftigung nicht denken, zumal ihr Lohn täglich 2 bis
5 Dollar beträgt. — Eben wurde mit Mühe eine grunzende Herde von
Schweinen an meinem Standorte vorüber den großen, von
hohen Schornsteinen überragten Schlachthäusern zugetrieben,
die sich etwas weiter außerhalb der Parkmauern befinden.
Ich folgte ihnen durch die schmutzigen Avenuen. Arme Tiere!
All diese Hunderte waren binnen einer Stunde in Schwarten
und Schinken zerteilt, in den Kellern der Schlachthäuser aufgehängt! Sie verschwanden zunächst in dem größten derselben, der genannten Firma Phil. Armour & Cie. gehörig,
wo ich mich nun, mit einer Einlaßkarte versehen, präsen-
tierte. Nicht ohne Widerwillen folgte ich dem mich führenden
Beamten eine Treppe empor in die Schlachträume, denn
der Geruch von Schweiß und stagnierendem Blut, die kle-
brigen, schmutzigen, dunklen Wände, das entsetzlich widerliche
Schreien und Grunzen der armen Tiere, das Rasseln der
Ketten, der dumpfe Schall der auffallenden Aexte und Messer
ließ mich schon vor dem Betreten der Schlachträume die
schreckliche Scene ahnen, der ich beiwohnen sollte. Und in
der That, ich würde nervenschwachen Personen nicht raten,
sich dieses Gemetzel der Unschuldigen aus nächster Nähe anzusehen. Es gehört mehr Mut und Selbstüberwindung dazu,
als man glauben würde. So sind wir Menschen! Wir
verzehren mit dem größten Behagen saftige Schweinebraten
und zarte Schinken, allein wir denken nicht an den Prozeß,
den sie durchzumachen hatten, bevor sie so appetitlich auf
unsern Zwiebelmustertellern liegen. Ich muß gestehen, nach
dem Anblick der Schlächtereien verging mir der Appetit auf

Schinken für lange Zeit. Hier kauerten sie noch, die unschuldigen Opfer unsres Gaumens, etwa 20 an der Zahl,
aber das Schwert des Damokles schwebte über ihnen. Von
einem schweren Seile hingen Ketten, mit Haken und Ringen
versehen, herab. Ehe die Schweine es nur gewahr wurden,
hatte ein vierschrötiger Hüne eine Kette um das Hinterbein
des ersten Tieres geschlungen, die Kette wurde angezogen,
und unter wahrhaft entsetzlichem Geschrei baumelte es nun
an dem Seile, den Kopf nach unten. Schon einige Sekun-
den später hatte es einen Leidensgefährten bekommen, und
ehe eine Minute vergangen war, baumelten sie alle an ihren
Hinterbeinen. Sofort wurde eine Thüre geöffnet und eine
zweite Abteilung Schlachtopfer eingelassen, während die aufgehängten Tiere dem horizontalen Seile entlang zu dem
eigentlichen Schlächter rollten. Dieser stand einige Stufen
tiefer, so daß die Hälse der aufgehängten Tiere sich etwa in
der Nähe seiner Brust befanden. Er war über und über
mit Blut bedeckt, seine Schürze war damit vollständig getränkt, und von Armen und Kleidern tröpfelte es zu Boden,
so daß er in einem förmlichen Blutbade stand. Allein er
kümmerte sich nicht darum. Er hatte auch gar keine Zeit
dazu, denn kaum hatte er dem einen Tier mit einem scharfen
Messer den Todesstoß in den Hals versetzt, befand sich
auch schon das nächste Tier vor ihm, so daß er gerade Zeit
hatte, auszuholen. So geschickt er seinem, fast möchte ich
sagen Mörderhandwerk nachkam, so sah ich doch manches
Tier noch krampfhaft zucken, als es, wieder um ein paar
Meter weitergerollt, von der Kette gelöst und in ein Bassin
mit kochendem Wasser gestürzt wurde. Bluttriefende Arbeiter,
mit langen Stöcken versehen, umstanden dasselbe und lenkten
damit den Sturz der in das hochaufspritzende, blutrote Wasser
fallenden Tiere, während andere Arbeiter die nun toten Körper

im Wasser mehreremal umdrehten. Dieses Bad hat den
Zweck, die Borsten zu lockern.

. Nachdem sie zwei bis drei Minuten in dem kochenden
Wasser gelegen waren, wurden sie mittels großer Schöpf=
löffel herausgehoben und auf einen breiten Tisch gelegt, auf
dem sich eine eigentümliche, mit Dampf betriebene Maschine
befand, wohl einzig in ihrer Art. Unter verschiedenen Winkeln
sind hier in einen großen Rahmen Räder eingesetzt, die an
ihrem Umfange Kämme oder Bürsten aus Stahldraht be=
sitzen und mittels Zahnrädern gleichzeitig in Drehung ge=
setzt werden. Die noch dampfenden Tiere werden von Ar=
beitern eins nach dem andern auf einer Seite unter die
Räder geschoben. Langsam passieren sie zwischen diesen durch,
und kommen auf der andern Seite fast vollständig kahl wieder
zum Vorschein. Eine Reihe von Burschen reiben die Borsten
an den von der Maschine unberührt gebliebenen Teilen ab.
Rasch werden die Tiere von Hand zu Hand weitergeschoben,
bis am Ende des langen Tisches die nächste Arbeiterbrigade
eiserne Anker durch die ausgespreizten Hinterbeine der Tiere
zieht. Diese Anker hängen an je zwei eisernen Rollen,
welche auf einer der Decke des Arbeitsraumes nahen, etwas
nach abwärts geneigten Schiene laufen. So gelangen die
Schweine zu einer Anzahl auf Tischen stehenden Schlächtern,
die ihnen mittels breiter, kurzer Messer die Bäuche auf=
schlitzen. An den Tischen unten stehen Arbeiter, welche die
Eingeweide herausnehmen und in kleine Kästen werfen, die
auf Schienen laufen. Kleine Jungen rollen die Kästen
flink zu Küchen, wo die Abfälle zur Fettgewinnung
nochmals durchgekocht werden. Die Körper aber rollen,
durch einen Stoß von den Schlächtern weitergetrieben, zu
der nächsten Brigade. Hier werden mittels scharfer Beile
die Köpfe abgeschlagen, die Körper dann ganz in zwei Hälften

gespalten und so in Eiskeller weitergerollt. Nach Ablauf von 48 Stunden werden sie eingesalzen und in Fässer verpackt. Nichts geht verloren. Vorsten, Knochen, Eingeweide u. s. w. finden sämtlich ihre Verwendung, und das Ganze geht mit solcher Schnelligkeit und Präzision vor sich, daß ich aus dem Staunen nicht herauskam. In Phil. Armours Schlachthäusern allein werden während der Wintermonate täglich 12= bis 15 000 Schweine geschlachtet, gesalzen und verpackt! Derartige Anstalten gibt es in Chicago gegen 50, allerdings nicht von solcher Größe. Ich hatte kein Verlangen, noch ein zweites Schlachthaus anzusehen und war herzlich froh, wieder aus dem ersten herauszukommen, denn die Atmosphäre in diesen Räumen ist ebenso entsetzlich wie der Anblick der blutenden, zuckenden Tiere. Bei uns genießt der Stand der Schlächter kein besonderes Ansehen, aber in Chicago ist man über solche europäischen Vorurteile erhaben. Dort genießen die Schlächter dasselbe Ansehen wie Professoren und Generale, ja sie steigen in ihrer sozialen Stellung um so höher, je mehr Schweine sie schlachten und einsalzen. Jedes Handwerk, auch das geringste, hat in Chicago seinen Platz, nicht nur im Gewerbe. Phil. Armour, der erste Schlächter Chicagos, ist einer der angesehensten Bürger der Stadt und gleichzeitig einer der reichsten Männer Amerikas mit einem nach vielen Millionen zählenden Vermögen. Man begegnet ihm in der besten Gesellschaft, und seinem Aussehen und Benehmen nach würde man gewiß nicht ahnen, daß er vor Jahren selbst als armer Schlächter begonnen hat.

Ich atmete erleichtert auf, als ich die Schlachthäuser und Viehparke wieder hinter mir hatte. Das ist das Schöne in Chicago, daß man von alledem nichts zu sehen und zu hören bekommt, wenn man es nicht geflissentlich aufsucht.

Ein paar Straßen weiter befand ich mich auf einem schat=
tigen mit grünen Rasenflächen ausgelegten Boulevard, der
mich binnen kurzem nach dem herrlichen Jackson Park führte.
Aber er zeigte nicht mehr das idyllisch=friedliche Aussehen
von früher. Tausende von Arbeitern waren dort thätig, die
ungeheuren Gebäude der Weltausstellung aufzuführen, eine
neue internationale Stadt war dort im Entstehen begriffen.

8

Unterrichtsanstalten, Bibliotheken und die Presse.

Chicago ist allenthalben so sehr als die große Metro-
polis der Schweineschlächtereien bekannt, daß man es nur
zu gerne mit dem schmackhaftesten der Rüsseltiere in direkte
Beziehungen bringt. Die Statistik setzt dieser Annahme die
Krone auf. Werden doch dort in jedem Jahre zwischen 8 und
9 Millionen Schweine geschlachtet, dazu zwischen 3 und 4 Millionen Stück Rindvieh, und der Wert der Fleischprodukte erreicht 135 Millionen Dollars.

Höchstens daß man noch die Bedeutung Chicagos als
ersten Getreidemarkt der Welt kennt, darüber hinaus aber ver-
steigt sich das Wissen über die Millionenstadt am Michigansee
nur selten. Im allgemeinen stellt man sich Chicago als ein
oberirdisches Pandämonion vor, eine westliche Prärieſtadt im
Zuſtand von Unfertigkeit, wo jeder einzig und allein dem
allmächtigen Dollar nachjagt, und wo man noch keine Zeit
gefunden hat, sich mit städtischen Einrichtungen und gemeinnützigen Anstalten besonders viel abzugeben. Diese Begriffe
über Chicago sind erklärlich. Es dauert trotz unsrer Zeitungen, Telegraphen, Bücher u. s. w. auch heutzutage noch
merkwürdig lange, ehe sich der Ruf einer fernen Gegend
oder einer fernen Stadt in den breiten Schichten des Volkes

einniftet, und merkwürdig feft fißen auch bei diefem die Vor-
ftellungen, die es in der Jugend vom Katheder aus ein-
getrichtert erhält. Ich habe es an mir felbft erfahren. Nur
ungern gibt man das fo mühfam erlernte Wiffen auf, um
es durch neues zu erfeßen. Chicago ift fchneller gewachfen
als fein Ruf, und während man es allgemein noch für eine
fchmußige, fchnelllebige Prärieftadt hält, in der nur der Handel
und die Schweinefchlächtereien florieren, ift es zu der groß-
artigften, wenn nicht fchönften Stadt der Neuen Welt heran-
gewachfen, nur noch von New York übertroffen, aber auch
diefem wird es binnen einer kleinen Reihe von Jahren
vorauseilen.

Muß Chicago fchon dadurch allein das gerechte Staunen
der Welt erregen, muß man fich verwundert fragen, wie es
möglich war, daß auf dem kahlen, fumpfigen Prärieboden
binnen weniger als fechzig Jahren eine Stadt von nahezu
1½ Millionen Menfchen und gegen 100 000 Häufern hervor-
gezaubert wurde, fo ift es doch noch viel ftaunenswerter,
daß es troß aller Jagd nach Gelderwerb auch noch Zeit gefunden hat, fo wahrhaft großartige Hofpitäler, Schulen,
Kunftinftitute, Bibliotheken zu fchaffen. In einer Stadt, wo
die Verwaltung fo ungeheure Summen für die Reinhaltung,
Erleuchtung, Sicherung, Wafferverpflegung u. f. w. der fchon
beftehenden Stadtteile auszugeben und überdies noch in jedem
Jahre zwifchen 60 und 100 englifche Meilen neu hinzukommen-
der Straßen damit zu verfehen hat, kann man es nicht hoch
genug anfchlagen, daß bisher für öffentliche Schulen allein
— alfo von den 800 beftehenden Privatfchulen ganz abge-
fehen — nicht weniger als 60 Millionen Dollars oder 240
Millionen Mark verausgabt wurden! Die Erhaltung diefer
Schulen erforderte 1892 eine Ausgabe von 24 Millionen
Mark, alfo um 2 Millionen mehr als das gefamte Kirchen-

und Schulwesen des Königreichs Bayern oder etwa ein Drittel desjenigen von ganz Preußen!

Der Fremde, der Chicago besucht, ist in der Regel von den Wundern, die sich ihm sozusagen auf der Straße überall entgegenstellen, so vollständig eingenommen, daß er sich mit den Unterrichtsanstalten und gemeinnützigen Einrichtungen gar nicht beschäftigt. Und doch gehören sie zu den interessantesten Sehenswürdigkeiten und sind, figürlich gesprochen, ebenfalls Bausteine zu der Größe der Stadt.

Die zweihundert städtischen Schulen, einschließlich der Abendschulen, wurden im Jahre 1891 von rund 150 000 Schulkindern, die 800 Privatschulen von 70 000 Schulkindern, zusammen also von 220 000 Schülern besucht. Die Gesamtzahl der Lehrer erreichte im Jahre 1891 die enorme Zahl von 15 000 *), von denen der weitaus größere Teil junge Damen sind und zu ihrem wichtigen Beruf in eigenen, vorzüglich eingerichteten Lehrerseminarien herangebildet werden. Nicht nur die gebräuchlichen Unterrichtsfächer, auch die deutsche Sprache und verschiedene Handwerke werden in den Schulen gelehrt und die Kinder überdies durch Turnübungen körperlich ausgebildet. Einem Gesetze des Staates Illinois vom Jahre 1889 zufolge ist der Schulbesuch hier für alle Kinder zwischen 6 und 14 Jahren obligatorisch, und eine Folge davon ist, daß von der gesamten Kinderzahl in Chicago, etwa einer Viertelmillion, nur 91 des Lesens und Schreibens unkundig sind, ein Beweis, mit welcher Strenge das Gesetz gehandhabt wird. Unter den Einwohnern Chicagos gibt es etwa eine Viertelmillion Irländer, gegen 60 000 Böhmen, ebensoviele Polen, 10 000 Italiener u. s. w., welche sich in ihren Heimatsländern nicht gerade in Bezug auf Schulbildung

---

*) Die Lehrerzahl in den öffentlichen Schulen erreicht 3300.

auszeichnen. Der Schulzwang war bei solchen in Chicago massenhaft vorhandenen Elementen eine Wohlthat, denn nur auf solche Weise kann das ungebildete Proletariat der Großstadt auf eine bessere Stufe gebracht werden. Das in Rede stehende Gesetz verordnet außerdem die englische Sprache als Unterrichtssprache und eine gewisse Anzahl Stunden in der Woche für den Unterricht in der amerikanischen Verfassung, Geographie u. s. w., so daß die Kinder fremder Eltern schon von der Schule aus zu Amerikanern herangezogen werden. Ja dieses Gesetz bestimmt sogar, daß auch in den Privatschulen der Unterricht in der englischen Sprache erteilt werden muß, wollen diese Schulen die staatliche Anerkennung erhalten. Die Ausführung dieses Gesetzes stieß überall auf Widerstand und dürfte auch in der nächsten Zeit eine Abänderung erfahren.

Ob in den Chicagoer Schulen ungeachtet der vorzüglichen Einrichtungen ebensoviel und gewissenhaft gelernt wird, wie in unsern deutschen Schulen, ist eine andere Frage. Man ist in Chicago in Bezug auf den Unterricht viel weniger strenge — das Auswendiglernen und sog. „Büffeln" ist verpönt, und die Prüfungen sind viel gelinder. Dagegen scheint die amerikanische Jugend aufgeweckter zu sein, rascher zu lernen und vor allem rascher zu begreifen.

Die Stadt hätte für ihre Schulen bei weitem nicht so ungeheure Summen zu bezahlen gehabt, wäre sie anfänglich haushälterisch zu Werk gegangen. Wie auch jetzt noch in den Präriestaaten des Westens in jedem „township", jeder Grafschaft gewisse Sektionen Landes von der Regierung für den Schulfonds reserviert werden, so bestimmte auch die Verwaltung Chicagos, als die Stadt noch in ihren Kinderschuhen steckte, 144 „blocks", d. h. 144 Baugründe, deren jeder von vier Straßen eingeschlossen wird, für Schulzwecke. Damals, vor etwa dreißig Jahren, ahnte wohl niemand in seinen kühnsten Träumen, daß das kleine geschäftige Landstädtchen zu Ende des Jahrhunderts zur zweitgrößten Metropole des Kontinents herangewachsen sein würde, und da der Preis des Baugrundes auf eine ganz beträchtliche Höhe gestiegen war, beschlossen die Stadtväter den Verkauf von 140 dieser Blocks. Der Erlös belief sich auf etwa 40000 Dollars. Hätten sie damit bis 1892 gewartet, so würden sie statt 40000 Dollars 100 Millionen Erlös erzielt haben, so sehr ist der Wert des Landes in Chicago gestiegen! Die letzten 4 der ursprünglichen 144 „Blöcke" sind noch im Besitz der Stadt, und ihr Wert beläuft sich heute auf 3 Millionen Dollars!

Die öffentlichen Schulen Chicagos sind dreierlei Art: Primary Schools, Grammar Schools und High Schools, jede abgeteilt in vier „grades". Der Unterricht ist dort frei. Die ersten beiden Schulen geben den Kindern eine hinreichende Ausbildung für das gewöhnliche Leben, die High Schools dagegen sind Vorbereitungsschulen für „Colleges". Chicago besitzt nicht weniger als vier Universitäten, in welchen Studenten beiderlei Geschlechts aufgenommen werden. Die wichtigste dieser Universitäten ist vorläufig die North Western University mit verschiedenen theologischen Colleges, einer medizinischen, juristischen und philosophischen Fakultät, sowie einem College for dentistry (zahnärztlichem Institut). Die Zahl der Professoren betrug 1891 über 100, jene der Studenten 2000. Das Jahreseinkommen der Universität beläuft sich auf 125000 Dollars. Dank der Munifizenz eines Chicagoers Namens Rockefeller, welcher 2 Millionen Dollars der „University of Chicago" cedierte, dürfte diese letztere in Zukunft über noch viel bedeutendere Mittel verfügen, denn schon vor diesem Geschenk besaß sie ein Vermögen von 5 Millionen Dollars. In neuester Zeit wurden die ersten Lehrkräfte der

öſtlichen Univerſitäten nach Chicago berufen, wahre Paläſte
für die Fakultäten, Laboratorien und Bibliotheken gebaut u. ſ. w.,
ſo daß die Univerſität von Chicago bald den vornehmſten
Anſtalten dieſer Art in Amerika wird beigezählt werden
können. Die Studenten beiderlei Geſchlechts wohnen in der
Anſtalt ſelbſt, die das ganze Jahr über geöffnet iſt. Zwiſchen
jedem Quartal wird der Unterricht eine Woche ausgeſetzt.
Die Profeſſoren ſind in jedem Jahre zu Ferien von der Dauer
eines Quartals berechtigt; wenn ſie aber während dreier
Jahre (von je 48 Lehrwochen) Unterricht erteilen, haben ſie
das ganze vierte Jahr Ferien unter Vollbezug ihres Gehaltes,
der ſich auf 12= bis 20000 Mark pro Jahr beläuft.

In den niederen Volksſchulen ſind die Lehrer und
Lehrerinnen natürlicherweiſe bei weitem nicht ſo glänzend
beſoldet, ja bei vielen Hunderten beträgt das Jahreseinkommen
durchſchnittlich nicht viel mehr als 500 bis 600 Dollars oder
2000 bis 2400 Mark.

Neben dieſen offiziellen Unterrichtsanſtalten gibt es in
Chicago, wie geſagt, hunderte andre, großenteils durch be=
deutende Schenkungen patriotiſcher Bürger ins Leben gerufene
und unterſtützte, ſo daß dem jungen Amerikaner, ſelbſt wenn
er gänzlich unbemittelt wäre, alle erdenkliche Gelegenheit
geboten wird, ſich auszubilden.

Nur in einer Hinſicht iſt Chicago recht dürftig beſtellt:
in Bezug auf den techniſchen Unterricht. Polytechniſche An=
ſtalten, wie ſie Europa beſitzt, kennt man in Chicago nicht,
obſchon keine Stadt Amerikas augenblicklich für den Tech=
niker ein größeres Arbeitsfeld darbieten dürfte, und ſeltſamer=
weiſe auch in keiner Stadt auf techniſchem Gebiete Groß=
artigeres geleiſtet wird — wieder eines jener Paradoxe, an
denen Chicago ſo reich iſt.

*   *   *

Neben den Unterrichtsanstalten bieten auch eine ganze Reihe großer öffentlicher Bibliotheken, zumeist Geschenke hochherziger Bürger, dem Lernbegierigen die Gelegenheit, sich auszubilden. So vortrefflich eingerichtete große Büchersammlungen würde man wohl in Boston, New York, Philadelphia, aber schwerlich in der jungen, geschäftigen, anscheinend nur dem Handel und der Industrie lebenden Metropole des großen Westens suchen, und doch übertrifft Chicago jetzt schon auch hierin die östlichen Großstädte, obschon der größte Teil der Büchereien 1871 bei dem großen Brande der Stadt zu Grunde ging. Es kann Chicago nicht hoch genug angerechnet werden, daß es die größte seiner jetzigen Bibliotheken schon wenige Monate nach dem Brande gründete und dieselbe in den zwanzig Jahren, die seither verstrichen sind, auf 200 000 Bände brachte!

Diese Public library ist eine durchaus internationale Institution auf breitester, liberalster Grundlage. Sie umfaßt alle Zweige des menschlichen Wissens in allen erdenklichen Sprachen, darunter etwa 20 000 Werke in deutscher, 7000 in französischer, je 4000 in böhmischer und schwedischer Sprache. Um diese Bücherschätze der Bevölkerung zugänglich zu machen, bestehen Lesezimmer nicht nur in der City Hall, wo die Bibliothek untergebracht ist, sondern auch in verschiedenen Stadtteilen. Außerdem können die Bücher an wohleingeführte Stadtbewohner ohne Entschädigung ausgeliehen werden, ja diese Bücher werden von der Bibliothek gratis in den Stadtteil der betreffenden Bücherleiher geschafft. Es bestehen hierzu in verschiedenen Teilen Chicagos etwa 24 Zweiganstalten, wo die Bücherzettel von Applikanten entgegengenommen werden. Am folgenden Tage werden die betreffenden Bücher in der Zweiganstalt den Applikanten ausgefolgt, so daß sie sich den weiten Weg von ihrer Woh-

nung nach der City Hall ersparen. Freilich bedarf es hierzu
eines Personals von etwa hundert Beamten mit einem jährlichen Gehalt von zusammen ¼ Million Mark, und die
Erhaltungs= und Anschaffungskosten der Bibliothek erreichen
jährlich ½ Million Mark, allein auf Geld kommt es ja den
Chicagoern wahrhaftig nicht an, besonders wo der Erfolg
ein so bedeutender ist. Werden doch dieser Bibliothek jährlich
über 2 Millionen Bände entnommen, d. h. jedes Buch der
Bibliothek zirkuliert im Jahre durchschnittlich zehnmal, eine
Zahl, die von keiner andern Freibibliothek Nordamerikas er=
reicht wird. Die Lesezimmer sind auch an Sonntagen geöffnet.

Die nächstgrößte Bibliothek verdankt ihr Bestehen einem
der Gründer der Stadt, W. L. Newberry, welcher für diesen
Zweck Baugründe im Wert von beiläufig 3 Millionen Dollars
oder 12 Millionen Mark hinterließ. Obschon die Bibliothek
erst vor 4 Jahren begonnen wurde, besitzt sie heute schon
80 000 Bände, und bei ihrem großartigen Einkommen von
über 600 000 Mark jährlich dürfte sie bald zu einer der
bedeutendsten Bibliotheken des Landes werden. Eine andere
Bibliothek wurde von John Crerar gegründet, der hierfür
etwa 8 Millionen Mark hinterließ; überdies besitzen die
zahlreichen Klubs, gelehrten Gesellschaften und Anstalten
Bibliotheken von je 5= bis 20 000 Bänden, so daß die Gesamtzahl der darin enthaltenen Bücher 3 Millionen erreicht!

Chicago ist außerdem das Leipzig Nordamerikas. Es
besitzt eine große Zahl bedeutender Verlagsfirmen, die jährlich
nicht weniger als 9 Millionen gebundene Bücher auf den
Markt bringen! In der Mehrzahl der Privathäuser findet
man bessere und ausgewähltere Bibliotheken als in New York,
unter dessen Nabobs der Geschmack für Bücher erheblich im
Abnehmen begriffen ist. Alljährlich werden in New York eine
Anzahl Privatbibliotheken versteigert, und der wertvollste

Teil derselben wandert gewöhnlich nach Chicago. Bestehen doch in der Metropole der Schweineschlächtereien nicht weniger als 725 litterarische Klubs und Gesellschaften, ja sogar eine historische Gesellschaft hat diese kaum 60 Jahre bestehende Stadt aufzuweisen. Sie wurde schon 1856 gegründet und besaß 1871 eine höchst wertvolle Bibliothek von über 100 000 Büchern, Zeitschriften, Manuskripten u. s. w., die sämtlich bei dem großen Brande dieses Jahres zu Grunde gingen. Aber gerade so wie die Akademie der Wissenschaften, die astronomische Gesellschaft u. s. w. hat auch die historische Gesellschaft durch Erwerbungen, Schenkungen u. s. w. wieder nahezu die alte Bedeutung erreicht.

*   *   *

Neben diesen Institutionen darf indessen auch nicht die „Presse" von Chicago vergessen werden, welche einen ungemein wichtigen Anteil nimmt an der geistigen Erziehung und Bildung des Volkes. In Chicago gibt es nicht weniger als 30 tägliche, 305 wöchentliche und 611 Monats-, Vierteljahrs- und Jahresschriften, darunter solche in allen erdenklichen Sprachen, sogar chinesische! Ganz abgesehen von der Verbreitung dieser Zeitschriften in der Stadt selbst werden davon jährlich 20 Millionen Pfund durch die Post verschickt. Wenn man das durchschnittliche Gewicht einer Zeitung mit 2 Unzen annimmt, kommt man zu der enormen Zahl von 160 Millionen Zeitungen! Allerdings verfügt das Postamt von Chicago auch über ein Personal von 2000 Beamten. Die bedeutendsten Tagesblätter Chicagos, wie „Herald", „Tribune", „Interocean", „Times", „News" u. s. w., besitzen Auflagen von 100- bis 200 000 Exemplaren; diesen im Range gleich ist die große, gediegene deutsche „Illinois Staatszeitung", eine der einflußreichsten Zeitungen des Landes. Männer

wie Hesing, Wilhelm Rapp, Mannhardt und der leider jüngst
verstorbene geniale Hermann Raster brachten das Blatt auf
seine heutige Größe und Verbreitung, die an 100 000 Exem=
plare erreicht. Bei dem großen Brande von 1871 wurden
die Redaktionsbureaus, Druckerei, Papiervorräte u. s. w. bis
auf den Grund zerstört, aber schon 48 Stunden später erschien
das Blatt wieder, ein Beweis von der Thatkraft seiner Leiter.

Die Tagesblätter Chicagos, darunter auch mehrere
schwedische und böhmische, sind nicht etwa nur Verbreiter
sensationeller Neuigkeiten. Wohl ist der Nachrichtendienst,
was Schnelligkeit anbetrifft, ein außerordentlicher, und die
Blätter geben jährlich Hunderttausende von Dollars für
Kabels, telegraphische und telephonische Depeschen aus, allein
sie enthalten außerdem eine Unmasse wissenswerten Materials
— die Sonntagsausgaben der großen Journale, wie z. B. jene
des „Interocean", „Tribune", „Herald", „News", „Times"
und „Staatszeitung", sind wahre Encyklopädien, reich illustriert
und so umfangreich, daß ihr Inhalt Oktavbände von 2= bis 300
Seiten füllen würde. Und doch werden diese Mammuts=
ausgaben der Journale in 100= bis 200 000 Exemplaren in
einer einzigen Nacht illustriert, geschrieben, gedruckt, geleimt,
gefaltet und zur Ausgabe gebracht, so daß sie am Sonntags=
morgen sich in jeder Familie befinden! Diese Leistungen sind
in der That staunenswert!

Leider ist der Inhalt der großen englischen Tagesblätter
Chicagos mitunter sehr gemischt. Neben gediegenen Auf=
sätzen, welche zur Belehrung und Erziehung des Volkes dienen,
befinden sich sensationelle Skandalgeschichten, aufgebauscht
durch die Phantasie der Reporter und mit Details aus=
gestattet, über die man in Deutschland einfach erröten würde.
Aber dennoch gewähren diese Sonntagsausgaben der Chicagoer
Blätter, denen sich nur jene New Yorks zur Seite stellen

können, interessante Lektüre, ja man kann getrost behaupten, daß das Studium eines einzigen derartigen Sonntagsblattes einen tieferen Einblick in die sozialen Verhältnisse Amerikas zuläßt als ein mehrmonatlicher Aufenthalt im Lande ohne Zeitungslektüre. In den Zeitungen spiegelt sich das ganze Leben und Treiben der Großstadt ab, alles wird darin be= rücksichtigt, nichts vernachlässigt — Handel, Industrie, Schiff= fahrt, Vergnügen, Sport, Gerichtswesen, Börse, bis hinab zu dem Alltagsleben der kleinsten Leute, das sich in grellen Farben in den viele Seiten füllenden Annoncen dem Leser vor Augen stellt. Die Lektüre dieser Zeitungen ist wie eine abenteuervolle Reise durch das Land, wie ein Besuch von Gerichtshöfen und Theatern, ein Vermengen und Begegnen mit Leuten aller Gesellschaftsklassen, ein Bekanntwerden mit allen erdenklichen, Amerika eigentümlichen Einrichtungen im sozialen, geschäftlichen, religiösen Leben. Diese Aufsätze sind durchweg frisch, lebendig, anschaulich geschrieben, wenn auch nicht gerade im besten Stil, aber die Hauptsache bei der Zeitungslektüre bleibt ja doch die Unmittelbarkeit. Historische Einleitungen, philosophische Betrachtungen gibt es bei diesen Aufsätzen der Chicagoer Zeitungen nicht. Der Reporter springt sozusagen mit beiden Füßen gleichzeitig in sein Thema hinein, faßt sich kurz und bleibt bei der Sache, so daß sie sich in der Lektüre präsentiert, als hätte sie der Leser miterlebt, nur daß, wie gesagt, zuweilen der Sensation wegen ein bißchen stark aufgetragen wird. Gerade diese Uebertreibungen, besonders bei sozialen Vorkommnissen, Ehescheidungen, Ent= führungen, Verbrechen aller Art schaden dem guten Rufe der Stadt im In= und Auslande, allein wer in Chicago gelebt hat, der weiß, daß sie besser ist als ihr Ruf.

Der beste Beweis dafür ist die ungeheure Zahl der Wohlthätigkeitsanstalten, Hospitäler, Rettungshäuser, Armen=

und Altersheime, Asyle aller Art und endlich auch der Kirchen.
Chicago gibt für die Zwecke öffentlicher Wohlthätigkeit jährlich
20 Millionen Mark, und die Summe der freiwilligen Bei=
träge für private Zwecke der gleichen Art erreicht 12 Mil=
lionen Mark! Wo ist noch eine Stadt, in welcher jeder
erwachsene Mann durchschnittlich 70 Mark jährlich für diese
Zwecke ausgeben würde? Beim Durchlesen der langen Liste
dieser Wohlthätigkeitsanstalten wird man von dem Charakter
der Einwohnerschaft Chicagos einen viel höheren Begriff
bekommen. Wohl ist Armut und Reichtum in Chicago nahezu
ebenso ungleich verteilt wie in andern Großstädten, aber
während in diesen letzteren Wohlthätigkeitsanstalten im Laufe
von Jahrhunderten entstanden und durch Vermögen unter=
stützt werden, welche größtenteils ererbte Vermögen sind,
schuf Chicago die gleiche Zahl dieser Anstalten, besser ein=
gerichtet, besser dotiert, im Zeitraum von 20 Jahren, denn
die Mehrzahl jener, welche vor 1871 gegründet wurden,
ging ja in dem großen Brande unter.

Der Fremde, der zum erstenmal nach Chicago kommt,
wird in dem Geschäftsviertel der Großstadt, in welchem
er sich hauptsächlich bewegt, und das sich in einem Umkreis
von etwa einem Kilometer um das Stadthaus zieht, ver=
geblich eine Kirche suchen. Es gibt dort nicht eine einzige.
Er wird dadurch möglicherweise noch bestärkt in der allgemein
herrschenden Meinung, daß es in Chicago um die Religion
schlecht bestellt sei, daß die Einwohner bei dem Hasten und
Jagen nach dem allmächtigen Dollar gar keine Zeit finden,
sich mit ihrem Seelenheil zu beschäftigen. Aber gerade das
Gegenteil ist der Fall — Chicago besitzt gegen 600 Kirchen,
doppelt so viele als Rom, und außerdem eine viel größere
Zahl von theologischen Lehranstalten als irgend eine andere
Stadt Amerikas. Nur liegen sie nicht in dem Geschäfts=

centrum, sondern sind über die Vorstädte verteilt. Die Ur=
sache davon waren die Brände von 1871 und 1874. Vor
diesen letzteren gab es auch mitten in der Stadt eine An=
zahl Kirchen, aber durch das unerhörte Heranwachsen der
Stadt stieg der Wert der Baugründe so bedeutend, daß die
kirchlichen Autoritäten nach dem Niederbrennen ihrer Gottes=
häuser es für weit zweckmäßiger hielten, die Plätze der
letzteren als Baugründe zu veräußern und mit dem so ge=
wonnenen Kapital neue Kirchen in entfernteren Stadtteilen
zu bauen, wo sich ja auch die Privatwohnungen der Geschäfts=
leute und ihrer Familien befinden — das ist der Grund,
warum es in den Geschäftsquartieren Chicagos keine Kirchen gibt.

9.

Amerikanische Privatarmeen.

Nicht ohne Verwunderung wird man in den in Europa eingetroffenen Berichten über den Arbeiterausstand in den westpennsylvanischen Eisenwerken gelesen haben, daß der Besitzer derselben, der bekannte Bramarbas Andrew Carnegie, eine Abteilung von 400 Privatsoldaten gegen seine ausstehenden Arbeiter gesendet hat.

Diese Privatsoldaten sind in den Drahtberichten als „Pinkertons Detective Force" bezeichnet.

Vergeblich wird man in Encyklopädien und Lexika nach einer Aufklärung suchen, und doch bilden diese Privattruppen, wie sie Carnegie ganz gegen alles Recht und Gesetz zur Beschießung seiner Arbeiter verwendete, eine über alle Staaten ausgebreitete Organisation, welche tief in die gesellschaftlichen und rechtlichen Verhältnisse der großen Republik eingreift und besonders bei der Unterdrückung von Arbeiterausständen eine ungemein wichtige Rolle spielt.

Der Himmel bewahre das alte Europa vor dieser amerikanischen Erfindung, und es ist nur erstaunlich, daß die großen Massen des souveränen amerikanischen Volkes, in denen gewöhnlich so viel „common sense", Rechtssinn, Liebe der Freiheit und Unabhängigkeit steckt, nicht schon längst mit diesen bezahlten Schergen der Reichen und Mächtigen aufgeräumt haben.

In den Adreßbüchern der amerikanischen Großstädte, vor allem in New York, Chicago, Kansas City und St. Louis wird man eine eigene, mit „Detective Agencies" bezeichnete Rubrik finden, unter welcher eine ganze Anzahl derartiger Schergengesellschaften angeführt stehen. So enthält beispielsweise Flinns „Führer durch Chicago" in dem Abschnitt „Detektivagenturen" folgendes: „Neben der Privatpolizei der Stadt bestehen in Chicago eine Anzahl von privaten Polizeigesellschaften (Detective Agencies), von welchen die verantwortlichsten die folgende sind: Bonfields Detektivagentur, gegründet durch X X, Adresse X X; ferner Bruce, Hartmanns, die Internationale, Mooney und Bolands, Pinkertons, Thiels „Union Detective Association, Veterans Police Patrol". Bei jeder dieser Agenturen sind die Namen der Gründer, Inhaber, Sekretäre, Offiziere und die Adressen des Bureaus angegeben. Ich greife darunter nur eine, Thiels Detective Service heraus, wo neben den genannten Chicagoer Adressen auch jene der Zweigbureaus in St. Louis, New York, Kansas City, Denver und Portland, Oregon angegeben sind, nebst folgender Anmerkung: „besitzt Agenturen in sämtlichen Hauptstädten vom Atlantischen bis zum Stillen Ozean, jede unter der Leitung tüchtiger und erfahrener Direktoren; mit einer „großen Macht" (large force) von Kundschaftern, sorgfältig ausgesucht unter den findigsten Applikanten vieler Nationalitäten, und unter welchen nahezu jeder Lebensberuf und jedes Gewerbe vertreten ist. Die Agentur besitzt alle Mittel, schnellstens jede gewünschte Truppe an irgend einen bezeichneten Ort zu senden, und sie erfreut sich des Rufes der besten Leistungen zu billigsten Preisen. Diese Gesellschaft ist eine der besten des Landes."

Was mit den Kundschaftern und der Truppe gemeint ist, wird aus den nachstehenden Mitteilungen klar hervorgehen.

Bei den Abschnitten „Pinkertons National Detective Agency" und „Pinkertons Schutz Patrol" sind keinerlei Anpreisungen in Flinns „Führer durch Chicago" angeführt. Sie sind auch nicht erforderlich, denn jedermann in den Vereinigten Staaten, vornehmlich in den Großstädten, kennt die Pinkertonschen „Spitzel", ebenso wie die Pinkertonschen Soldaten. Bei allen Ausständen, Zerwürfnissen zwischen Arbeitgebern und Arbeitern, oder auch in unzähligen Ehebruchsdramen, Scheidungsprozessen, Skandalgeschichten aller Art spielten sie eine ebenso hervorragende wie traurige Rolle. Sie sind die bezahlten Friedensstörer in den Vereinigten Staaten, und nichts kann die Arbeiter auf Eisenbahnen, in Industriestädten und in den Minenregionen mehr erbittern, mehr zum starrsten Widerstande, ja zur offenen, blutigen Revolte aufreizen wie die Verwendung von Pinkertonschen Schergen, mit denen die Fabrikherren und Krösusse gewöhnlich sehr rasch bei der Hand sind, allen Gesetzen und rechtlichen Verhältnissen Hohn sprechend. Sie haben ja das Geld in den Händen, und Geld ist in Amerika gleichbedeutend mit Macht. Das beweist der Verlauf zahlreicher Ausstände in den letzten Jahren, das beweist auch wieder der augenblickliche Arbeiterkrieg in den Carnegieschen Werken. Seine Arbeiter verlangen eine Aufbesserung ihrer Löhne, die Carnegie ihnen nicht bewilligte, obschon er über Millionen verfügte, die er nur mit Hilfe seiner Arbeiter erworben hat. Er konnte wohl Bibliotheken, Konzerthallen u. dgl. gründen, die alle seinen Namen führen, er konnte sich Landhäuser bauen und Jagdschlösser in England mieten, in denen er seine Gäste in splendidester Weise bewirtete, aber zu einer Aufbesserung der

Löhne seiner Mitarbeiter wollte er sich nicht verstehen. Als sie den Ausstand begannen, beschloß er die Verwendung von „Non Unionists", d. h. von Arbeitern, welche den in Amerika so stark und mächtig gewordenen „Trade Unions" (Arbeiter= vereinigungen) nicht angehörten. Dem widersetzten sich seine alten Arbeitsleute, bedrohten die neuangeworbenen Arbeiter, und das Resultat war, daß Carnegie 400 bis an die Zähne bewaffnete Soldaten der Pinkertonschen Armee zum Schutze seiner Werke und neuen Arbeiter herbeicitierte. Wie aus Berichten darüber zu entnehmen war, kam es zwischen beiden Parteien zu blutigen Kämpfen, und mancher Arbeiter und Familienvater hat sein Begehren nach höherem Lohn mit dem Tode bezahlt.

Gerade das Vorgehen solcher Millionäre wie Carnegie und andere, die Verwendung solch feiger und ungesetzlicher Mittel, wie die Privatsoldaten, welche jedem feil sind, der sie bezahlt, erbittert, wie gesagt, die Arbeiter auf das Aeußerste, es reizt sie zu erhöhtem Widerstande, schließt ihre Reihen immer fester aneinander und wird die schrecklichsten Folgen mit sich bringen, wenn die großen Massen des amerikanischen Volkes nicht selbst sich ins Mittel legen und dem haarsträu= benden Absolutismus und Despotismus der amerikanischen Millionäre durch tüchtige Gesetze ein Ende machen. Seit Jahren wird in den Legislaturen der einzelnen Staaten gegen die jedem Reichen zugängliche Privatpolizei gewettert, aber die Millionäre sind die Stärkeren geblieben. Vorderhand sind die Gesetze, welche die Verwendung der Privatpolizei verbieten, nur im Staate New Jersey durchgedrungen. Der ungerechte, willkürliche Kampf in Pennsylvanien wird indessen auch in anderen Staaten bald die allseitig gewünschte Gesetz= gebung herbeiführen.

Möglicherweise waren die Beweggründe, welche Allan

Pinkerton, den Gründer der ältesten und mächtigsten Schergen=
truppe, zu ihrer Organisierung veranlaßten, ganz lauterer
Natur. Lange vor dem Sklavenkriege war er ein Böttcher=
geselle in Elgin (Staat Illinois). Durch Zufall wurde er
einmal von dem ihm persönlich bekannten Sheriff (Land=
vogt) aufgefordert, einen entsprungenen Banknotenfälscher
aufzuspüren und ihn gefangen zu nehmen. Es gelang ihm,
und er fand an dieser Beschäftigung soviel Gefallen, daß
er sich bei der Polizeiwache in Chicago anwerben ließ.
Während seiner Dienstzeit verfiel er auf den Gedanken, eine
eigene Privatpolizei zu organisieren. Er besaß eine beson=
dere Geschicklichkeit, tüchtige, findige Detektivs aufzuspüren
und auszubilden, und bald waren seine Leute die berühm=
testen Detektivs des Landes. Was der staatlichen und
städtischen Polizei nicht gelang, vollführten sie. Mörder,
Fälscher, Diebe fielen ihnen wie Fliegen in die Hände; und
so kam es, daß allmählich auch Bankinstitute, große Geschäfts=
firmen mit wertvollen Warenlagern, Depositengesellschaften
u. s. w. Pinkertons Leute zur Bewachung ihrer Schätze ver=
wendeten. Dies brachte ihren Chef auf den Gedanken, eine
eigene „Pinkerton's Preventive Watch" (Vorbeugungs=
oder Verhinderungswache) zu organisieren; die Mitglieder
derselben wurden von Pinkerton angeworben, ausgebildet,
militärisch einexerziert, um nötigenfalls, zu einer Truppe
vereinigt, vorgehen zu können, und dann den einzelnen Ge=
schäftshäusern zur Verfügung gestellt, welche dafür außer
dem täglichen Lohn ihres Wachmanns auch noch eine be=
stimmte Summe an Pinkerton bezahlten. In jeder Geschäfts=
straße Chicagos wird man mehrere dieser Privatpolizisten
vorfinden, die aber dem Auge des Uneingeweihten gewöhn=
lich entgehen. Das Haupterfordernis bei ihnen ist ja die
Unauffälligkeit. Ihr Abzeichen ist ein Schild mit einem

offenen Auge und dem Motto darunter: „We never sleep" (wir schlafen niemals).

Auch diese Leute bewährten sich so vorzüglich, daß Pinkerton bald in New York und andern Großstädten ähnliche „Preventive Watches" organisierte. Allmählich bewarben sich auch Privatleute um Pinkerton'sche Detektives zum Auf= spüren von Fälschungen, Veruntreuungen, Ehebrüchen, Lieb= schaften und zahllosen andern Dingen, oft recht unlauterer Art. Dafür mußten die betreffenden Auftraggeber desto schwerer bezahlen. Endlich verwendeten auch große Fabriks= und Minenbesitzer 2c. Pinkertonsche „Spitzel" zum Aufspüren sozialistischer Machenschaften, Streikbewegungen u. dergl. und schließlich sogar, bei dem Ausbruch der letzteren, auch zu ihrer Abwehr. Das war für Pinkerton die Veranlassung, ein eigenes Corps von „Operators" zu organisieren: aus= gediente Soldaten, entlassene Polizisten u. dergl., die von seinen Lieutenants tüchtig einexerziert werden, ohne daß man ihnen jedoch Waffen in die Hände gäbe. Diese — aus Winchestergewehren, Revolvern, Dolchen und Konstablerknütteln bestehend — befinden sich nebst den Uniformen in eigenen Arsenalen Chicagos, New Yorks und anderer Städte. In jeder derselben besteht eine solche Truppe von 150 bis 200 Mann, „mit Wartegebühr beurlaubt". Telegraphiert irgend ein Fabrikherr, eine Eisenbahn= oder Tramwaygesellschaft an eine Pinkertonsche Agentur um eine bestimmte Anzahl dieser Privatsoldaten, seien es nun zwanzig oder tausend, so werden sie sofort einberufen, in ihre Uniformen gesteckt, bewaffnet, und sind gewöhnlich vierundzwanzig Stunden später an Ort und Stelle, zur Verfügung jener, die sie herbeigerufen haben. Es braucht wohl nicht gesagt zu werden, daß diese Soldaten in keiner Weise Vertreter des Gesetzes sind; sie sind weder Polizisten noch im Dienst der staatlichen Sheriffs, aber

Pinkerton bedarf dieser gesetzlichen Autorität für seine Leute nicht. Er stützt sich auf das allgemein gültige Gesetz, daß jeder Bürger das Recht hat, seinen Besitz gegen Angriffe zu schützen. Die Leute, welche Pinkertonsche Soldaten benutzen, sind gewöhnlich sehr vermögend, und da die Sache der Soldaten auch ihre eigene ist, so verläßt er sich darauf, daß sie für Geld und gute Worte genug schlaue Advokaten finden, um nachher ihre Sache vor dem Gericht durchzufechten.

Selbstverständlich ist es selbst für die großen Korporationen, Fabrikherren 2c. keine Kleinigkeit, eine solche Truppenzahl wochen- oder monatelang zu ernähren. So hatte Carnegie für jeden Soldaten einen Tageslohn von 8 Dollars zu bezahlen, und es wäre gewiß billiger für ihn gewesen, seinen Arbeitern die gewünschte Lohnerhöhung zu gewähren. Bei allen großen Eisenbahnausständen des letzten Jahrzehntes, wie z. B. bei jedem auf der New York-Centralbahn, gelangten Hunderte von Pinkertonschen Agenten zur Verwendung, und die Kämpfe derselben mit den Ausständigen waren häufig sehr blutiger Natur. Dafür war auch ihr Verdienst sehr hoch, und da sich auch ihre Verwendung zu privaten Spionagen u. dergl. vorzüglich bezahlt, entstanden in fast allen Hauptstädten Amerikas eine ganze Anzahl anderer Detektivagenturen. Leider ließen sich dieselben noch zu viel schlimmeren Zwecken verwenden, so daß sie zu einem wahren Krebsschaden der Gesellschaft geworden sind und einer gesetzlichen Kontrolle dringend bedürfen. Hauptsächlich aber sind diese Agenturen willfährige, zu allem fähige Werkzeuge der Reichen, und deshalb spitzt sich das Verhältnis zwischen diesen und den arbeitenden Klassen immer mehr zu. Sogar die städtische Polizei wird, dank der losen Rechtsverhältnisse in Amerika, häufig zu Privatzwecken verwendet, wie aus einem Fall hervorgeht, der sich vor wenigen Jahren in den

Kohlenminen Pennsylvaniens, in der Nähe Pittsburgs, zu=
trug. Ich führe hier wörtlich Auszüge aus einem Bericht
an, welchen der diplomatische Vertreter eines Großstaates
seiner Regierung hierüber machte. Eine Anzahl von Arbeitern
waren mit der Bedrückung und systematischen Aussaugung,
der sie ausgesetzt waren, nicht mehr zufrieden und wurden
ausständig, gleichzeitig die Auszahlung der ihnen vorenthal=
tenen Löhne fordernd. Die Minenbesitzer, Gewaltthätigkeiten
befürchtend, wandten sich erneut nicht nur an den Sheriff
ihrer Grafschaft, sondern an die städtische Polizei von Pitts=
burg, deren Chef in der That gegen gute Bezahlung 37 Re=
servepolizisten nach dem betreffenden Orte absandte. Der
diplomatische Bericht lautet darüber:

„Die Polizistensendung, der noch eine zweite folgte, hat
am Thatorte überall Unwillen und Mißbilligung hervor=
gerufen. Vor allen Dingen überschreitet die städtische Polizei
ihre Befugnisse, wenn sie sich außerhalb des Rayons der
Stadt und, wie im vorliegenden Falle, in eine andere Graf=
schaft begibt. Die Ungehörigkeit dieses Verfahrens tritt um
so stärker zu Tage, wenn man bedenkt, aus welchen Ele=
menten diese Reservepolizisten zusammengesetzt sind. Es
sind nicht etwa Polizisten, die schon einmal regulär gedient
haben und in Reserve gehalten werden, sondern sogenannte
Substituten. Schon bei der Ernennung der regulären Poli=
zisten drückt man so oft ein Auge zu, und es kommt über=
haupt nur darauf an, wie viele politische Handlangerdienste
der Applikant dem Bürgermeister zur Herbeiführung seiner
Wahl geleistet hat. Die Substituten aber sind fast stets
Trunkenbolde, zu träge um zu arbeiten, und machen sich
nur bei den elenden politischen Wahlumtrieben bemerkbar.
Als ‚politische Anerkennung‘ erhalten sie nun Stellen als
Reservepolizisten. Um überhaupt Lohn zu erhalten, müssen

sie nun auf Krawalle, Streiks u. s. w. hoffen, und hier er=
weisen sie sich eher als Anstifter, „agents provocateurs“.
denn als Beschützer und Friedensstifter. Jene städtischen
Polizisten reisten, uniformiert und bewaffnet, nach dem be=
treffenden Orte, und die Minenbesitzer zahlen ihnen seitdem
täglich einen bestimmten Lohn, gerade so, als wenn sie ihre
Bediensteten wären. Wie mangelhaft in Amerika die obrig=
keitliche Gewalt ist, zeigt sich übrigens stets bei Arbeiter=
krawallen; interessant und bezeichnend für die hiesigen Zu=
stände ist es, wie Privatunternehmungen die Lücke auszufüllen
suchen und in gewerbsmäßiger Weise ein Geschäft daraus
machen, wie z. B. die Pinkertonsche Agentur.“
     Auch in diesem Falle kam es später zu blutigen Zu=
sammenstößen, ganz wie bei Carnegie. Die Arbeiter wurden
niedergeschossen, gefangen genommen u. s. w. Beamte, wie
z. B. in Preußen der Landrat, mit der entsprechenden Macht
ausgestattet, in Wirren solcher Art schlichtend eintreten zu
können, existieren weder in Pennsylvanien noch sonst wo in
den Vereinigten Staaten. Der einzige Gerichtshof sind hier
die Geschworenen, aber die Arbeiter haben weder die Zeit noch
die Mittel, um ein so schwieriges und langwieriges Ver=
fahren durchzumachen. Der Umstand, daß sie bei gerechten
Forderungen schließlich doch siegen, ist deshalb völlig wert=
los. Daher ist es auch kein Wunder, daß sie für sich immer
mehr zu Arbeiterorganisationen Zuflucht nehmen. Das will=
kürliche Gebahren der reichen Großindustriellen ist die direkte,
erste Ursache dieser „Trade Unions“, welche noch schwere
Zeiten für Amerika zur Folge haben werden. Aber das
scheint den guten Carnegie, der seine Millionen im Trockenen
hat, wenig zu kümmern. Er lacht sich ins Fäustchen und
schreibt in seinem Buche „Triumph der Demokratie“ S. 26
folgendes: „Wie leuchtend, wie verlockend erscheint dagegen

(er meint Militarismus, Feudalismus und Monarchien des alten Europa) Nordamerika mit seiner bürgerlichen Gleichheit und dem Oelzweig in der Rechten des Wappenadlers! Wie bestechend bietest du dich, Amerika, selbst dem loyalsten Manne, und wie leicht machst du es ihm, eine so köstliche Erbschaft der Freiheit zu teilen!"

10.

Die ſtädtiſche Verwaltung und die Parks.

Das jährliche Budget der Stadt Chicago beträgt um
20 Millionen Mark mehr als das des ganzen Königreichs
Württemberg und nähert ſich jenem des Königreichs Sachſen.
Die Ausgaben Chicagos im vergangenen Jahre für ver=
ſchiedene ſtädtiſche Anlagen, Betriebszweige u. ſ. w., die
großen Parks ausgeſchloſſen, erreichten die koloſſale Summe
von 23½ Millionen Dollars oder 94 Millionen Mark.
Dennoch werden dieſe Ausgaben durch die Einnahmen aus
Steuern, Abgaben, Taxen u. ſ. w. vollſtändig gedeckt, und
es gibt wohl kaum eine Großſtadt mit geringerer Schulden=
laſt als Chicago. Die geſamten ſtädtiſchen Schulden be=
trugen Ende 1890 nur 13½ Millionen Dollars, denen ein
ſtädtiſcher Beſitz von 34 Millionen Dollars gegenüberſteht.
Es entfallen ſomit an jährlichen ſtädtiſchen Abgaben auf den
Einwohner etwa 62 Mark, während beiſpielsweiſe auf jeden
Einwohner von Paris 120 Mark entfallen.

Die ſtädtiſche Verwaltung Chicagos liegt in den Händen
des Mayor und eines Common Council, beſtehend aus je
zwei Stadträten (aldermen) aus jedem der 34 Wards oder
Stadtbezirke. Mayor und Stadträte ſowie der Stadtſchreiber
und der Schatzmeiſter werden vom Volke auf je 2 Jahre

gewählt. Alle andern städtischen Beamten werden direkt vom
Mayor ernannt, und es ist im Vergleich zu den jährlichen
Bezügen der Beamten unserer europäischen Städte interessant,
jene der Chicagoer Beamten kennen zu lernen. Der Mayor
bezieht ein Jahresgehalt von 28 000 Mark, sein erster Sekre=
tär 13 000, der zweite 10 000 Mark; jeder der 12 Ab=
teilungsvorstände bezieht durchschnittlich 20 000 Mark, während
die Sekretäre und Unterbeamten 6= bis 15 000 Mark Jahres=
gehalt erhalten. Einzelne Beamte, wie die Inspektoren der
Getreidespeicher, Gebäude, Dampfkessel, Fahrstühle u. s. w.,
beziehen anstatt fester Summen bestimmte Taxen, die sich bei
manchen Aemtern auf 60= bis 80 000 Mark im Jahre be=
laufen! Indessen sind auch die Beamten mit den oben ge=
nannten festen Einkünften nicht viel schlechter gestellt als die
Inspektoren, denn es obliegt ihnen ja auch die Zuweisung
kontraktlicher Arbeiten an verschiedene Unternehmer, wobei
mitunter für sie Summen abfallen, gegen welche ihre festen
Bezüge geradezu verschwindend sind. In einer Stadt, die
sich von 10 zu 10 Jahren mehr als verdoppelt, sind in
jedem Jahre viele Meilen neuer Straßen mit Kanälen,
Wasserleitung u. s. w. anzulegen, und die städtischen Beamten
haben Kontrakte von mehreren Millionen Dollars jährlich zu
vergeben. Die Gebäude, welche beispielsweise allein im Jahre
1892 neu errichtet wurden, würden aneinander gereiht eine
Länge von 62 englischen Meilen erreichen!

Diese städtischen Werke verschlingen auch den größten
Teil der Einnahmen; die Wasserversorgung erfordert jährlich
über 12 Millionen Mark, die Kanalisierung über 2 Millionen,
die Versorgung der Vorstädte mit neuen Straßen und
städtischen Leitungen 8 Millionen, die Beleuchtung der Straßen
gegen 4 Millionen, andere öffentliche Arbeiten verschiedener
Art gegen 8 Millionen — im ganzen gegen 35 Millionen

Mark. Die Polizei, im ganzen aus 2000 Mann bestehend, kostet die Stadt jährlich gegen 9 Millionen Mark, die Feuerwehr 4¼ Millionen, der Sanitätsdienst 1 Million. Aber noch viel bedeutender sind die Kosten der städtischen Schulen, welche sich auf über 20 Millionen Mark jährlich belaufen und 1892 sogar 24 Millionen erreichten!

Zur teilweisen Bestreitung der Schulkosten werden von der Bevölkerung eigene Steuern erhoben, welche im Jahr 1891 gegen 9 Millionen Mark betrugen; die Wassertaxe ergab in dem gleichen Jahre 13 Millionen Mark, die Steuern der Vororte beliefen sich auf 7 Millionen, die Spezialtaxe für Straßenpflasterung und Kanalisierung ergab 20 Millionen und andere Einkünfte aus Mietszinsen, Grundverkäufen u. s. w. erreichten etwa 2½ Millionen Mark. Die Haupteinnahmequelle sind jedoch die Steuern auf Grund- und bewegliches Eigentum, welche 1891 die Summe von über 26 Millionen Mark ergaben. Sie würde noch viel bedeutender ausfallen, wenn die Steuerbeamten bei der Einschätzung der Vermögen etwas genauer zu Werke gehen würden. Man würde es nicht für möglich halten, daß die Einschätzung des Gesamtvermögens der 1½ Millionen Einwohner Chicagos nicht mehr als 219 Millionen Dollars ergeben hat, während die Stadt doch 200 Millionäre in ihren Mauern beherbergt und das Vermögen von 20 Einwohnern allein zusammen 230 Millionen Dollars beträgt! Beispielsweise wurde im Juli 1892 gelegentlich der letzten Steuereinholung der reichste Mann Chicagos mit einem Vermögen von gegen 40 Millionen Dollars nur auf ein Siebzigstel dieses Vermögens, nämlich 600 000 Dollars, der nahezu ebenso reiche Phil. Armour gar nur auf 75 000 Dollars eingeschätzt! Das Vermögen eines andern vielfachen Millionärs, Nelson Morris, wurde auf 35 000 Dollars geschätzt, und mehrere anerkannte Millionäre

befinden sich gar nicht in der Steuerliste! Die „Illinois
Staatszeitung", welcher diese Angaben entnommen sind, be=
merkt dazu: „Wer eben kein Geschäft hat, bei dem man ihn
fassen kann, der entgeht der Besteuerung, bis auf den kleinen
Betrag, den man ihm als Hausmobiliar nachweisen kann.
Doch das ist stets so gewesen und wird, solange das Steuer=
gesetz nicht abgeändert wird und hohe Geldstrafen auf Steuer=
hinterziehung gesetzt werden, immer so bleiben."

Die Einwohnerschaft Chicagos stieg von 1891 auf 1892
um mindestens 70 000 Seelen, und es wurden im Jahre
1891 allein 11 626 Gebäude im Werte von 54 Millionen
Dollars gebaut. Dennoch war die Einschätzung der Stadt
im Jahre 1892 niedriger als jene von 1891. Brooklyn,
das im ganzen etwas mehr als die Hälfte der Einwohner=
zahl Chicagos besitzt, wurde 1892 auf 467 Millionen Dollars,
New York mit seinen 2 Millionen Einwohnern auf 1200
Millionen Dollars eingeschätzt. Chicago jedoch brachte es
nur auf ein Sechstel New Yorks und kaum die Hälfte von
Brooklyn.

Indessen, es liegt ja in der Hand der Chicagoer, diese
unwürdigen Verhältnisse selbst zu ändern; jedenfalls reichen
die Einnahmen der Stadt für die Bestreitung der Ausgaben
aus, und das ist ja immerhin die Hauptsache.

Wie schon erwähnt, unterliegt die Instandhaltung und
Verschönerung der Parks Chicagos nicht der Stadtverwaltung.
Jeder der drei großen Stadtbezirke Chicagos, die Nord=,
West= und Südseite, besitzt seine eigenen Parks und Boule=
vards und erwählt für deren Verwaltung eigene Parkkom=
missäre. So nachlässig auch in manchen Zweigen der städti=
schen Verwaltung vorgegangen wird, es wird derselben für
immer zur Ehre gereichen, daß sie diese, im ganzen gegen
3 englische Quadratmeilen großen Länderstrecken für Park=

v Hesse=Wartegg, Chicago. 10

zwecke erworben hat, denn nirgends war man derlei Er=
holungsplätze mehr bedürftig als in dem großen, rauchigen,
lärmenden, haſtenden Chicago. Der Ankauf dieſer Ländereien
erforderte ſeiner Zeit gegen 6 Millionen Dollars, die Um=
wandlung derſelben in die prächtigen, ſchattenreichen, wohl=
gepflegten Anlagen von heute verſchlang weitere 34 Millionen
Dollars! In einem weiten Kreiſe umgeben dieſe Parks,
acht an der Zahl, die Rieſenſtadt, untereinander durch breite
ſchattige, ſelbſt mit Parkanlagen geſchmückte Boulevards ver=
bunden, welche Chicago mit einem grünen Gürtel von über
46 engliſchen Meilen Länge umgeben, die prächtigſten Straßen
für Spazierfahrten und Promenaden darbietend. In dem
faſhionablen ſüdlichen Stadtteile liegen die beiden für die Welt=
ausſtellung verwendeten Anlagen Jackſon= und Waſhington=
Park. Dort in dieſem nahe dem Michiganſee gelegenen, von
breiten, wohlgepflegten Straßen durchzogenen Wohnviertel
der eleganten Welt ſind dieſe Parks nicht ſo notwendig wie
auf der minder faſhionablen Weſtſeite. Die drei großen
dort befindlichen Parks, Humboldt=, Douglas= und Garfield=
Park, ſind geradezu Lebensbedingungen für die Bevölkerung
dieſes Stadtteiles. Der etwa eine $\frac{1}{2}$ Quadratmeile große
Garfield=Park bildet die weſtliche Begrenzung des ariſtokra=
tiſchen Viertels der Weſtſeite und wird von dem Proletariat
weniger heimgeſucht als von den ſtolzen „Upper tens“, da=
für bilden aber die beiden andern Parks das Mekka für die
umwohnende Arbeiterbevölkerung. Sämtliche Parks Chicagos
ſind von kleinen, künſtlich angelegten Seen mit Inſeln und
ſchattigen Buchten durchzogen, an Sonntagen Tummelplätze
für Hunderte von Ruderbooten. Statuen, Pavillons, koſt=
ſpielige Gewächshäuſer und Reſtaurants ſchmücken jeden der
Chicagoer Parks, die an Schönheit von wenigen europäiſchen
Anlagen ſolcher Art übertroffen werden dürften. Leider liegen

sie etwas zu weit von den bevölkertsten Stadtteilen entfernt, denn das beiläufig 36 englische Quadratmeilen große Stadtgebiet, das dieser Park- und Boulevardgürtel umschließt, ist ein unendliches Labyrinth von Straßen und Bauplätzen, Hafenanlagen, Maschinenwerkstätten, Rangierbahnhöfen, Vieh- und Holzparks, in denen man meilenweit auf keinen grünen Fleck, keine Anlagen stößt. Auf diesem Riesengebiet von 23 000 Acres sind im ganzen kaum mehr als ein Dutzend Acres mit Gartenanlagen bepflanzt! Von der Ausdehnung dieser Riesenstadt kann man sich in der That schwer eine Vorstellung machen! Die Entfernung vom Stadtmittelpunkte zur 127. Straße beträgt genau 25 Kilometer! Die vielen großen Parks bedecken nur ein Neunzigstel des ganzen von den Stadtgrenzen umschlossenen Flächenraumes, der übrigens auch drei, zusammen 6 Quadratmeilen große Seen, den Calumet-, Hyde- und Wolfsee, enthält! Die Länge sämtlicher Straßen Chicagos beträgt 3576 Kilometer! Unter solchen Riesenverhältnissen ist es erstaunlich, daß die Stadtverwaltung trotz der herrschenden Korruption doch so Vortreffliches leistet!

Nichts dürfte so geeignet sein, einen tiefern Einblick in die Verwaltung der Riesenstadt zu gewähren, als der Bericht der verschiedenen Verwaltungsämter über ihre Thätigkeit in dem vergangenen Jahre (1892).

In erster Linie seien die in Chicago ansässigen Bundesbehörden, das Zollamt, das Steueramt und das Postamt, erwähnt. Wie die meisten Großstädte des Inlands, so besitzt auch Chicago sein eigenes Zollamt, und viele für Chicago bestimmten Waren des Auslands werden nicht in den Seehäfen, sondern in Chicago selbst verzollt. In den letzten 5 Jahren waren nun die Einnahmen des Zollamtes an Zöllen die folgenden:

1888	4977390 Dollars
1889	5048780 „
1890	5182470 „
1891	5983580 „
1892	7490578 „ *)

Direkt in Chicago wurden im Jahre 1892 Waren im Wert von 17388000 Dollars eingeführt, für welche ein Zoll von 7490578 Dollars erhoben wurde. Darunter befanden sich jedoch steuerfreie Waren im Betrage von 4 Millionen Dollars. Unter den zollpflichtigen Waren entfiel der größte Teil auf Schnittwaren, nämlich 5340000 Dollars, ferner Eisenblech im Wert von 1309000 Dollars; Porzellan und Glaswaren erreichten einen Wert von 840000, Eisen von 581000, Weine und Spirituosen von 514000 Dollars.

An Binnensteuern wurden erhoben für

Spirituosen 6126000 Dollars (was einer Produktion von 6807000 Gallonen entspricht);

Bier 2628000 Dollars (für 2841000 Faß Bier);

Tabak 523000 Dollars (wobei das Pfund Tabak mit 6 Cents besteuert wird);

Schnupftabak 17765 Dollars (zu je 6 Cents das Pfund);

Cigarren 607979 Dollars (zu 3 Dollars das Tausend, was einer Produktion von 202½ Millionen Cigarren entspricht);

Cigaretten 2239 Dollars; Oleomargarin 669000 Dollars und

Spezialsteuern verschiedener Art 423000 Dollars.

Das Vereinigte Staaten-Postamt beschäftigte 1892 im ganzen 2019 Beamte und Briefträger, und die Einnahmen

---

*) Bericht der „Illinois Staatszeitung" vom 1. Januar 1893.

aus dem Verkauf von Postwertzeichen und der Miete für
Briefkästen erreichten die Summe von 4253000 Dollars,
was einer Zunahme gegenüber dem Vorjahre 1891 um nahe
600000 Dollars entspricht. Die Zahl der versandten Briefe
und Postkarten erreichte 168 Millionen Stück und gegen
400 Millionen Zeitungen und Pakete, zusammen also 568
Millionen Sendungen. Die Gesamtzahl der Postsendungen
der Königreiche Bayern und Württemberg erreichte 1891 nur
400 Millionen Sendungen; das Postamt von Chicago
allein übertrifft also jene von Bayern und
Württemberg um 168 Millionen Sendungen, jene
des Königreichs Belgien um nahezu das Doppelte! Dabei
besitzt aber das Postamt von Chicago nur ein Siebentel
des Personals von Bayern und Württemberg!

An Geldanweisungen wurden ausgestellt:

inländische	65077	im Wert von	1019126	Dollars,	
Postnoten	37488	„	„	„	69584	„
ausländische	31620	„	„	„	555395	„

dafür aber eine viel größere Zahl empfangen — denn an
inländischen Anweisungen liefen ein 1210962 im Wert von
über 9 Millionen Dollars, 713000 Postnoten im Wert von
1154694 Dollars und 20922 ausländische Anweisungen im
Wert von 250000 Dollars. — Die Gesamtsumme der Trans=
aktionen im Anweisungsdienst erreichte 1892 somit über
2 Millionen oder 7000 im Tage!

*   *   *

Geradezu großartig sind die Leistungen des Straßen=
und Bauamtes von Chicago. Im Jahre 1892 wurde das
Straßennetz Chicagos um 94 englische Meilen gepflasterter,
mit Trottoirs versehener Straßen vermehrt, so daß es deren

heute in Chicago zusammen 870 englische Meilen gibt; die Reinigung des Straßennetzes verschlang 218000 Dollars. Ferner wurden neue Wasserleitungen in einer Länge von 78 englischen Meilen mit 650 Hydranten, 89½ Meilen neuer Abzugskanäle geschaffen und 2100 neue Straßenlaternen errichtet! — Aber selbst diese Zahlen sprechen nicht so sehr für die Vergrößerung Chicagos als jene des städtischen Bauamtes. Im Jahre 1891 wurden 11806 neue Häuser gebaut, welche 54 Millionen Dollars kosteten; 1892 wurde diese in der Welt einzig dastehende Bauthätigkeit noch weitaus übertroffen, denn 1892 wurden nicht weniger als 13200 neue Häuser mit einem Gesamtkostenaufwand von 81 Millionen Dollars erbaut! Es entstanden somit in Chicago im vergangenen Jahre an jedem Wochentage 42 neue Häuser, die Stadt wuchs in jeder Arbeitsstunde um 3 Häuser, in je zwanzig Minuten um ein neues Haus!

Die Gesamtlänge der Neubauten erreicht 327573 Fuß oder etwa einhundert Kilometer.

Im Jahre 1892 kamen 4798 Schadenfeuer vor, also durchschnittlich etwa 12 an jedem Tage. Wie ausgezeichnet aber die städtische Feuerwehr arbeitet, ergibt sich aus dem Gesamtverlust dieser Schadenfeuer, welcher nur 162000 Dollars betrug, dem eine Versicherung für den vierfachen Betrag gegenüberstand!

*   *   *

Daß bei einer so gewaltigen Bauthätigkeit und bei so großem Verkehr die Zahl der Unglücksfälle sehr bedeutend ist, läßt sich wohl denken; das Gesundheitsamt berichtet von 1565 gewaltsamen Todesfällen, von welchen 1242 auf Unglücksfälle, 244 auf Selbstmorde und 80 auf Morde entfallen. —

Im ganzen fanden jedoch in Chicago weit über die dop=
pelte Zahl von Mordanfällen statt, und es entfallen
beiläufig drei bis vier derselben auf jede Woche. —
Die meisten Opfer wurden bei Einbrüchen, Prügeleien und
Ehebruchsscenen erschossen, eine weit geringere Zahl erschlagen
oder vergiftet!

Die Zahl der in den 15 Polizeigerichten der Stadt er=
ledigten Klagen übersteigt 8000, und im Kreisgericht wurden
9374, im Obergericht 7390 Klagen anhängig gemacht.

11.

Die Einwohnerschaft Chicagos.

Bei uns wird als die am meisten amerikanische Stadt Amerikas Chicago angesehen, dieses Emporium des ameri= kanischen Westens, wo sich die Eigenheiten und Seltsamkeiten des typischen Yankeetums in viel höherem Grade zeigen als irgendwo anders, sei es New York oder San Francisco, sei es Boston oder New Orleans. Thatsächlich aber gibt es in den Vereinigten Staaten keine Großstadt, deren Einwohner= schaft weniger amerikanisch wäre als jene Chicagos.

Chicago ist eine amerikanische Stadt, aber voll Europäer, eine Taschenausgabe des vielgestaltigen, vielsprachigen Europa in amerikanischem Einband, mit amerikanischem Titelblatt. In ihren Aeußerlichkeiten, ihrem Straßenleben, ihrem Ver= kehr und Geschäftsleben ist die „Königin des Westens" durch= aus amerikanisch, und das ist nicht etwa nur eine Tünche nach dem bekannten Sprichwort: „grattez le Russe". Das amerikanische Wesen reicht in Chicago gerade so tief wie in anderen Städten, und doch bilden die Amerikaner unter der Bevölkerung Chicagos eine verschwindende Minderheit. Von den anderthalb Millionen Einwohnern sind nur 300000, also ein Fünftel, wirklich Amerikaner, worunter man in den Vereinigten Staaten die dort Geborenen versteht. Nicht

weniger als vier Fünftel der Riesenstadt sind eingewanderte
Ausländer und haben ihre Sprache, Gebräuche, Schulen,
Religionen, Zeitungen u. s. w. beibehalten. Aehnliche Ver=
hältnisse sind in der ganzen Welt nicht wiederzufinden.
London, Paris, Konstantinopel, Kairo sind ja ebenfalls
Städte mit sehr bedeutenden Fremdenkolonien, aber diese
letzteren sind verschwindend klein im Vergleich zu der Vier=
fünftelmehrheit in Chicago. Könnte man sich beispielsweise
die Einwohnerschaft von Berlin nur zu einem Fünftel deutsch
vorstellen? Könnte man sich die Reichshauptstadt denken mit
einer halben Million Amerikanern, einer Viertelmillion Ir=
ländern, hunderttausend Skandinaviern, mit sechzigtausend
Böhmen, ebensovielen Polen und vielen Tausenden Menschen
anderer Nationen, welche vier Fünftel der Einwohnerschaft
bilden würden? Wäre dies wirklich der Fall, so würde ge=
wiß die Reichshauptstadt das spezifisch deutsche Gepräge nur
schwer, wenn überhaupt bewahren können. Die halbe Million
Amerikaner und die Viertelmillion Irländer würden allmählich
das Uebergewicht erlangen, und jedenfalls würden die ein=
zelnen Nationen sich nebeneinander sehr viele Jahrzehnte
erhalten können.

In Chicago leben nun in der That vier Fünftel Aus=
länder, und dennoch ist die Stadt typisch amerikanisch, ja
man könnte in dem eigentlichen Geschäftsviertel mit seinen
Dutzenden von Riesenhotels wochenlang wohnen, ohne eine
andere Sprache zu vernehmen, eine andere Zeitung zu sehen
als die englische. Leben irgendwo in einer europäischen
Stadt zwei oder mehr Nationen miteinander, so merkt man
dies häufig schon in der ersten Stunde, und wenn auch nur
an den Droschkenkutschern. In Chicago muß man sich andere
Sprachen, andere Zeitungen, mit einem Worte, die andern
Nationen erst suchen.

Teilweise liegt dies an der Leichtigkeit, mit der sich manche europäischen Stämme entnationalisieren — darunter leider nicht zum mindesten die Deutschen —, teilweise liegt es auch an der enormen Absorptionsfähigkeit Amerikas. Sie liegt sozusagen in der Luft. Kommt ein Böhme, Schwede oder Italiener nach Deutschland, so bleibt er, was er ist, und fühlt sich als Fremder. In dem Augenblicke jedoch, wo derselbe Böhme, Schwede oder Italiener den amerikanischen Boden betritt, fühlt er sich als Amerikaner und erkennt die Superiorität der Englisch-Amerikaner wie etwas Selbstverständliches an. Diese letzteren schwimmen in den Vereinigten Staaten immer oben auf wie Oel in einem großen Wassertopfe. Das Wasser sind die Zuwanderer anderer Nationen. Je mehr Wasser hinzugegossen wird, desto höher steigt die Oelschicht, ohne daß eine Vermengung einträte. Beide Stoffe sind wohl in einem Topf, aber sie bleiben getrennt. Selbst wenn man sie recht tüchtig untereinander rührt, kommen sie doch wieder auseinander, die Amerikaner oben, die andern unten.

Keine Stadt der Vergangenheit und Gegenwart erinnert so sehr an das alte Babel wie die Metropole des Michigansees. Der Amerikaner gibt es, wie schon bemerkt, dort 300000, und selbst von diesen in Amerika geborenen Einwohnern Chicagos sind 100000 von direkter ausländischer Abstammung. Den ganzen großen Rest von 1 1/6 Million Chicagoern bilden eingewanderte Ausländer. Um sich die Zusammensetzung dieser verschiedensprachigen Einwohnerschaft recht vor Augen führen zu können, denke man sich Chicago aus der Einwohnerschaft der folgenden Städte zusammengesetzt: Cincinnati, Hamburg, Dublin, Pilsen, Krakau, Malmö, Bergen, Orford, Vichy, Rostow, San Remo, Helsingör, Enkhuyzen, Fogaras, Sukna, Interlaken; denn

Chicago besitzt gerade so viele Amerikaner, als Cincinnati Einwohner hat, nahezu so viele Deutsche wie Hamburg, so viele Irländer als Dublin u. s. w., und zu diesem merk= würdigen Gemisch kommen noch 2000 Chinesen, 14000 Neger, je 100 Malayen, Polynesier und Indianer; ferner 15000 Canadier, 800 Belgier, ebensoviele Griechen, 300 Spanier, dann Portugiesen, Südamerikaner u. s. w., so daß wohl wenige Rassen oder Nationen in Chicago nicht vertreten sein dürften. Bei der jüngsten Präsidentenwahl erließ die „Illinois Staatsztg." einen Wahlaufruf in 46 verschiedenen Sprachen, für die sie mit Leichtigkeit Uebersetzer fand.

Nach der Schulstatistik dieses Jahres besteht die Ein= wohnerschaft Chicagos in runden Zahlen aus:

302000 Amerikanern,	14000 Italienern,
472000 Deutschen,	7000 Holländern,
222000 Irländern,	6000 Ungarn,
59000 Böhmen,	4000 Schweizern,
57000 Polen,	8000 Rumänen,
49000 Schweden,	15000 Canadiern,
47000 Norwegern,	14000 Negern,
43000 Engländern,	2000 Chinesen
17000 Franzosen,	und etwa
16000 Schotten,	10000 Angehörigen
13000 Russen,	anderer Nationalitäten.
11000 Dänen,	

Und trotz dieses Völkergemisches ist der ganze gesellschaftliche Charakter, das Aussehen, Handel und Wandel in Chicago, wie gesagt, durchaus amerikanisch=englisch, wenigstens in den= jenigen Stadtteilen, die der Fremde gewöhnlich zu sehen be= kommt. In Europa würde man bei einem so lebhaften Fremdenverkehr, wie jenem Chicagos, an den Glasscheiben

vieler Geschäfte die Worte anbringen: „Ici on parle français"
oder „Aqui se habla español". Das fällt dem Chicagoer
gar nicht ein. Die Aufschriften, Firmentafeln, die Speisezettel
in den Restaurants, die Zeitungen, welche die Jungen an den
Straßenecken mit kräftigen Lungen feilbieten, sind englisch,
— alles in den Geschäftsbureaus, Kaufläden, Banken, Tele=
graphen= und Postbureaus ist englisch — wenn auch der
Kellner, der Zeitungsjunge, der Bankclerk, der Postbeamte
selbst anderen Nationen angehören sollte. Nur das Deutsche
kommt in manchen Geschäften, in den Bierlokalen, im Ver=
kehr der zahlreichen deutschen Geschäftsleute untereinander
zum Vorschein, aber auch dann scheint ein Teil der Deutschen
einen gewissen Stolz darin zu setzen, englisch zu sprechen,
selbst wenn man ihnen den Deutschen durch die elende Aus=
sprache und fehlerhafte Grammatik schon beim ersten Worte
heraushören kann.

Dieses englische Wesen ist jedoch nur in dem Geschäfts=
viertel und in den vornehmen Straßen der Südseite und
eines Teiles der Nordseite von Chicago vorherrschend. So=
bald man mittels der Kabelbahnen oder Pferdewagen aus
dem Geschäftsviertel nach Westen oder Nordwesten fährt,
verliert sich das englisch=amerikanische Wesen immer mehr,
und man gelangt in deutsche, böhmische, schwedische, polnische
Bezirke, nicht etwa scharf gesondert und abgegrenzt, sondern
mehr oder weniger ineinander verwoben. Hier gibt es
ganze Straßenviertel, wo vorherrschend deutsch gesprochen
wird, dort wieder andere, wo das polnische, noch weiter, wo
das norwegische oder irländische Element mehr in den Vorder=
grund tritt. In diesen Bezirken mehren sich auch Aufschriften,
Firmentafeln u. s. w. in den betreffenden Sprachen; in den
Tabakläden oder Buchhandlungen werden Chicagoer oder
europäische Zeitungen dieser Sprachen verkauft, man sieht

dort Schulen, in denen der Unterricht, Kirchen, in denen der
Gottesdienst deutsch, böhmisch, schwedisch u. s. w. abgehalten
wird; jede Nation in Chicago hat ihre Kirchen, Schulen,
Klubhäuser, Vereinslokale, Theater, Zeitungen, selbst großen=
teils eigene Hospitäler und Wohlthätigkeitsanstalten. Wie
groß die Fremdenkolonien Chicagos sind, geht am deutlichsten
aus der Presse hervor. In Chicago werden im ganzen gegen
600 Zeitungen veröffentlicht, darunter 24 Tagesblätter und
260 Wochenschriften. Von den Tagesblättern erscheint die
Hälfte in englischer Sprache, die andere Hälfte verteilt sich
auf deutsch, bömisch, polnisch, norwegisch, schwedisch. Unter
den Wochenblättern gibt es holländische, dänische, italienische,
französische, ja selbst ein hebräisches Blatt.

Die Deutschen leben besonders auf der sogenannten
„Westseite" Chicagos, dann auch in kleineren Bezirken der
Nordseite; in den nordwestlichen Stadtteilen wird man auf
polnische, dänische und norwegische Straßen stoßen; nördlich
des Chicagoflusses bis zu der Chicago Avenue wohnen haupt=
sächlich Irländer, in der letztgenannten Avenue und um diese
herum Schweden; in der State Street, südwestlich vom Ge=
schäftsviertel, wohnen hauptsächlich Neger, im südlichen Teile
der Clark Street, nahe dem Flusse, ist das Chinesenviertel,
westlich davon wohnen zahlreiche Italiener. Gegen den Holz=
hafen zu befinden sich böhmische und polnische Stadtviertel,
und südlich von dem eben genannten italienischen Bezirk liegt
das Judenviertel, das Ghetto von Chicago.

Aber so verschiedenartig die Bevölkerung in diesen das
Geschäftsviertel umgebenden Stadtteilen auch ist, so kommen
doch Reibereien oder nationale Streitigkeiten nur sehr selten
vor. Dem Chicagoer sind die Rassenkriege, wie sie im Reiche
des heiligen Wenzel oder an der Ostgrenze Preußens oder
an der rumänischen Grenze Ungarns vorkommen, einfach un=

verständlich), und spricht man davon, dann wird der Chicagoer lächeln, auf das Rassengemisch in seiner eigenen Stadt hin= weisen und seine Verwunderung ausdrücken, daß so viele Tausende gesunder, kräftiger Menschen in Europa ihre beste Zeit dem Nationalitätenhader opfern, statt sich gesicherte, be= hagliche Existenzen zu schaffen, wie es die Böhmen, Polen, Ungarn und Rumänen in Chicago thun.

All diese Nationen setzen auch dort im Westen Amerikas die ihnen in ihrer Heimat am besten zusagenden Berufsarten fort, und an Arbeit herrscht kein Mangel. Obschon Chicago in den letzten Jahren um 60= bis 100 000 Menschen jährlich zugenommen hat, fanden sie doch alle Arbeit. Es herrscht wohl Armut, aber kein Elend, und ist es doch sporadisch vorhanden, dann ist es gewiß keine Folge von Arbeitslosigkeit, sondern von Trägheit und Trunksucht. Chicago besitzt nicht weniger als 7000 Bierstuben und Schnapskneipen, in denen leider ein großer Teil des Wochenverdienstes durch die amerikanische Unsitte des „Trea= ting" versoffen wird. Haben die Arbeiter ihren Lohn aus= gezahlt bekommen, so gehen sie gruppenweise in die Kneipen, und jeder fühlt sich verpflichtet, der ganzen Gesellschaft a drink (einen Trunk) zu zahlen, ja selbst die zufällig an= wesenden Fremden, die er in seinem ganzen Leben nie ge= sehen hat und vielleicht nie wiedersehen wird, dazu einzu= laden. Nun ist der gewöhnliche Preis eines Trunkes 10 bis 15 Cents (40 bis 60 Pfennig), und daraus kann man sich die ungeheuren Einnahmen der Chicagoer Schnapsbuden leicht erklären. Ich fand in zwei „Blocks" (d. h. in zwei Häuser= gevierten) der ärmeren Stadtteile, zwischen Niggertown und Chinatown, nicht weniger als 60 Schnapskneipen. Nun muß der Inhaber jeder Kneipe für die Ausschankbewilligung der Stadt eine jährliche Steuer von 500 Dollars entrichten;

die Lokalmiete beträgt durchschnittlich ebensoviel, Löhne und Auslagen belaufen sich auf 1000 Dollars, und der Einkauf der Getränke erfordert 1500 Dollars. Jeder Schankwirt muß also jährlich 3500 Dollars oder 14000 Mark ein= nehmen, bevor er einen Pfennig verdient, und doch gibt es in der Niggertown, wie gesagt, auf einer Strecke von wenigen hundert Schritten 60 Kneipen. Die Stadt zieht an Steuern aus diesen Kneipen allein 14 Millionen Mark jährlich, doppelt so viel, als die jährlichen Gesamteinnahmen des Großherzogtums Oldenburg betragen.

Aber der weitaus größte Teil der fremden Zuwanderer weiß den Wert des Dollars wohl zu schätzen; nach einigen Jahren schon liegen ein paar hundert Dollars in den Spar= banken auf den Namen jedes einzelnen; die großen Bau= gesellschaften erleichtern den Arbeitern den Ankauf kleiner Häuschen mit hübschen Gärten draußen in den freundlichen, stillen Vorstädten Chicagos; und es gibt wohl wenige Städte, wo sich der Arbeiterstand eines verhältnismäßig größeren Wohlstandes erfreut als in der Metropole des Michigansees.

Die Verschiedenheit der Sprachen und Nationalitäten erhält sich hier in so ausgeprägter Weise nur durch den be= ständigen Zufluß europäischer Einwanderer. Würde dieser gänzlich unterbrochen werden, so gäbe es schon in der dritten Generation keine Rassen= und Sprachenunterschiede mehr, vielleicht das deutsche Element ausgenommen, das in Chicago so besonders zahlreich vertreten ist. Schon die Geschäfts=, Erwerbs= und Lebensverhältnisse in Chicago weisen die fremden Elemente notwendigerweise auf das Englische. Sind auch die Englisch=Amerikaner in der Minderzahl, so liegt doch Chicago im Herzen eines ungeheuren Gebietes mit vor= zugsweise englischsprechender Bevölkerung und mit einem so großartigen Fremdendurchzug, so ausgebreiteten Wechsel=

beziehungen mit den anderen Städten, daß ausländische Eigen-
arten sich hier unmöglich auf die Dauer erhalten können.
Läge das heutige Chicago abseits von der Weltverkehrslinie,
etwa in Kentucky oder Wisconsin, so würden die Rassen-
unterschiede länger fortdauern und ausgeprägter bleiben,
wie es ja thatsächlich in dem nur gegen 100 englische
Meilen weiter nördlich gelegenen Milwaukee der Fall ist.
Was aber von den Fremden in Chicago bleiben will, weiß,
daß seinen Kindeskindern, ja vielleicht schon seinen eigenen
Kindern die Muttersprache nicht mehr geläufig sein wird.

In dieser Hinsicht hat sich die Legislatur des Staates
Illinois im Jahre 1889 eine Maßregel erlaubt, die mit den
persönlichen Freiheiten der Einwanderer im Widerspruche steht
und auch in den Fremdenkolonien auf heftigen Widerstand
und Unwillen stieß. Es wurde ein Gesetz erlassen, das alle
Eltern und Vormünder verpflichtet, alle Kinder zwischen
7 und 14 Jahren während mindestens sechzehn Wochen im
Jahre in die Schule zu schicken. Damit war aber die Erklärung verknüpft, daß keine Schule als solche anzusehen sei,
in der nicht die englische Sprache als Unterrichtssprache eingeführt wäre. Es mußte also seither auch in den deutschen,
schwedischen, polnischen und anderen Schulen englisch unterrichtet werden, und damit gewinnt auch in den Fremdenkolonien die englische Sprache vollständig den Boden. Thatsächlich befanden sich unter den Einwohnern Chicagos zwischen
dem 12. und 21. Jahre, die sich auf mehrere Hunderttausend
beliefen, nur 2600, die nicht englisch lesen und schreiben
konnten! Welch glänzendes Ergebnis bei einer Bevölkerung,
unter der sich über 100 000 Böhmen und Polen befinden!
Dafür ist aber in den öffentlichen städtischen Schulen die
deutsche Sprache unter die Unterrichtsfächer aufgenommen
worden, und von den etwa 200 000 Schulkindern Chicagos

genießen augenblicklich gegen 40 000 freiwillig Unterricht im Deutschen. Der Stadtverwaltung kostet die Einführung dieser deutschen Unterrichtskurse gegen 200 000 Dollars jährlich, allerdings sehr wenig im Vergleich zu den Gesamtausgaben der Stadt für Unterrichtszwecke — nicht weniger als 24 Millionen Mark im Jahre 1892!

Der Zuwachs der Bevölkerung Chigacos seit den ersten Anfängen der Stadt ist geradezu beispiellos: noch vor 55 Jahren, 1837, betrug die gesamte Einwohnerschaft nur 4170 Seelen. Zehn Jahre später, 1847, hatte sie sich vervierfacht und belief sich auf 16 859 Seelen; innerhalb weiterer acht Jahre vervierfachte sie sich abermals und betrug 1855 nicht weniger als 80 000 Seelen. Zehn Jahre später hatte sie sich wieder verdoppelt, und 1870 war sie auf 306 605 Seelen gestiegen. 1880 betrug sie gegen 500 000, 1890 schon gegen 1 250 000 Seelen, und heute dürfte sie von 1½ Millionen nicht weit entfernt sein. Die große Bevölkerungszunahme zwischen 1880 und 1890 hat teilweise ihren Grund in der Einverleibung verschiedener Vororte Chicagos mit nicht weniger als 220 000 Menschen in das Stadtgebiet.

12.

Theater und Vergnügungen.

Die wenigsten Städte der Welt sind mit Theatern so reich gesegnet wie Chicago. In Amerika wird die Weltstadt am Michigansee nur von New York übertroffen, in Europa nur von London und Paris, während Wien und Berlin in Bezug auf Zahl und Fassungsraum der Theater weit hinter Chicago zurückbleiben. Man denke nur: Chicago besitzt über zwei Dutzend Theater, die zusammen über 40000 Sitzplätze enthalten; Berlin hat deren 18 mit etwas über 20000 Sitzplätzen, Wien nur 7 mit etwa 15000 Sitzplätzen. Dabei ist die Bevölkerung Chicagos beiläufig dieselbe wie jene der beiden mitteleuropäischen Hauptstädte. Unter den Theatern Chicagos gibt es eines mit über 4000 Sitzplätzen, sieben andere haben mehr als je 2000, 5 mehr als je 1500 und weitere 5 Theater mehr als je tausend Sitzplätze.

In allen diesen Theatern wird Jahr aus Jahr ein gespielt, gesungen, getanzt, die heißen Sommermonate ausgenommen, und der Besuch ist während der ganzen Spielzeit geradezu ausgezeichnet. In Chicago dürften in jedem Jahre gegen 10 Millionen Dollars oder 40 Millionen Mark für das Theater ausgegeben werden, und die Stadt genießt auch deshalb bei den Jüngern Thaliens den Ruf,

die beste Theaterstadt Amerikas zu sein. Sänger wie Schau=
spieler kommen gerne nach Chicago, denn sie wissen, sie
werden dort vor vollen Häusern und dankbarem Publikum
spielen, und haben alle Aussicht, die recht häufig von andern
Städten her rückständigen Gagen ausbezahlt zu bekommen.
Der fremde Besucher Chicagos kommt in Chicago in Bezug
auf die Verwendung seiner Abende nicht in Verlegenheit.
In den großen Tageszeitungen sind ganze Spalten mit
Theateranzeigen gefüllt, Opern, Dramen, Lustspiele, Possen,
Ballette, kurz alles, was er sich nur wünschen mag; und
will er sich Billette besorgen, so kann er dies thun, ohne
das Hotel zu verlassen, denn in der Mehrzahl der großen
Karawanseraien Chicagos verkauft der Zeitungs= oder der
Cigarrenhändler auch Theaterbillette zu denselben Preisen wie
an der Theaterkasse. Unsere Litfaßsäulen mit den kleinen
Theaterzetteln sind in Chicago unbekannt; sie würden auch
den dortigen Verhältnissen gar nicht entsprechen. Unsere
europäischen Theater haben ihre ständigen Truppen und ihr
bestimmtes Repertoire. Man weiß genau, daß man im
Opernhause nur Opern, in einem andern Theater nur
Dramen, in einem dritten nur Lokalpossen oder Volksstücke
zu sehen bekommt. In Chicago kann man jedoch im „Opera
House" während einer Woche Opern, während einer zweiten
Possen und einer dritten Shakespearesche Dramen zu hören
bekommen, während das „Dramatictheater" möglicherweise
monatelang nur Operetten zur Aufführung bringt. Bei dem
großartigen Verkehr in den Straßen, bei dem furchtbaren
Hasten und Jagen, der geschäftlichen Eile, dem Drängen
und Stoßen auf den dichtgefüllten Trottoirs wären unsere
Litfaßsäulen auch gänzlich zwecklos, ja ein Verkehrshindernis,
und würden sie an einem Tag wirklich aufgestellt werden,
so läge am folgenden Tage wohl eine Anzahl umgestürzt

durch den rasenden Wagenverkehr auf dem Boden. In Chi=
cago bedarf es ganz anderer Mittel, um die Aufmerksamkeit
der Bevölkerung, dieser wilden Dollarjäger, auf eine neue
Operngesellschaft oder auf irgend einen berühmten „Stern"
zu lenken. Wo immer ein Neubau mit Bretterwänden um=
geben wird, wo sich in den langen Häuserreihen eine Lücke
zeigt, eine fensterlose Mauer vorhanden ist, werden kolossale
Plakate, mitunter zwanzig bis dreißig Schritte lang, auf=
geklebt, auf welchen der Name des betreffenden Sternes oder
der Theatergesellschaft in 2 bis 3 Meter langen Buch=
staben zu lesen ist; lithographierte Porträts, farbenreiche Dar=
stellungen einzelner Scenen aus dem Stücke, womöglich
Raub=, Schieß= und Stechaffairen, Kostümbilder von kolossaler
Größe vervollständigen diese Anzeigen, und oft werden von
einer einzigen Theatergesellschaft für eine zweiwöchentliche
Saison in Chicago 1 bis 2000 Dollars für die Reklame
allein bezahlt. Die Chicagoer sind eben daran gewöhnt, und
die „Managers" haben herausgefunden, daß die Einnahmen
desto größer sind, je mehr sie für Reklame verausgaben.
    In Chicago werden eben die Theater nicht etwa wie
in Deutschland geleitet, wo der Direktor des Theaters gleich=
zeitig Direktor seiner Truppe ist. Die Chicagoer Theater
sind im Grunde genommen nichts anderes als Hotels, und
ihre Besitzer sind Theaterhoteliers, welche die fremden Theater=
gäste für eine bestimmte Miete ein bis zwei Wochen oder
auch länger beherbergen. Ständige Theatergesellschaften gibt
es in Chicago nicht, ja in ganz Amerika dürfte es deren
kaum mehr geben, als man an den Fingern einer Hand
abzählen kann. All die Hunderte von Opern=, Operetten=
und Schauspieltruppen Amerikas sind ausschließlich Wander=
truppen, die während der ganzen Spielzeit von Stadt zu
Stadt, von Ort zu Ort ziehen und in jedem Orte gewöhn=

lich ein bis zwei Wochen bleiben; ja die große Mehrzahl dieser Truppen wechselt in jeder Woche die Städte zwei-, drei- bis sechsmal. Nur die ersten und vornehmsten Gesellschaften, ausschließlich für die Großstädte bestimmt, spielen in jeder derselben ein bis zwei Wochen. Chicago gehört nun mit Boston und New York zu den „two week towns", das heißt zu den Zweiwochenstädten, während in Philadelphia, Cincinnati, St. Louis und andern Großstädten derlei Gesellschaften nur während einer einzigen Woche hinreichend Publikum finden, um ihre Auslagen zu decken. Die Besitzer oder „Managers" der Chicagoer Theater liefern diesen Wandertruppen, die alle zwei Wochen bei ihnen einziehen, das Theater wohlgeheizt und erleuchtet, die Billeteure, Coulissenschieber und ständige Theaterorchester, aus vierzehn bis zwanzig Musikern (zumeist Deutschen) bestehend. Jede Bühne besitzt außerdem eine Anzahl Coulissen der gebräuchlichsten Art und die stereotype Bühneneinrichtung. Die Wandertruppe, welche für ihre Schaustücke oder Opern besonderer Coulissen, Scenen und Einrichtungsstücke bedarf, führt dieselben mit sich von Ort zu Ort, und manche Truppen besitzen mehrere Waggonladungen mit derlei Objekten. Man darf aber nicht etwa glauben, daß diese Truppen aufs Geratewohl durch das Land ziehen. Schon mehrere Monate, ja bei großen Gesellschaften ein bis zwei Jahre vorher werden die gewünschten Theater in Chicago und in andern Städten für die bestimmte Zeit von ein bis zwei Wochen gemietet in Anschluß aneinander, so daß die Gesellschaften nach Beendigung der Chicagoer Saison keine zu weite Reise nach der nächsten Stadt zurückzulegen haben. Chicago ist nun für die guten Truppen eine derartige Goldmine, daß die Theater lange vor Eröffnung der Winterspielzeit — gewöhnlich anfangs September — für das ganze Jahr ver-

mietet sind. „Mieten“ ist nicht gerade das rechte Wort,
denn die „Theaterhoteliers“ schließen mit den Gesellschaften
ein Abkommen, dem zufolge die ersteren von den Einnahmen
jedes Abends 20 bis 50 Prozent — je nach der Güte der
Truppe — behalten und den Rest der letzteren auszahlen.
Bei dem Abschluß dieser Verträge nehmen die Theater
darauf Rücksicht, den Spielplan ihrer Saison so verschieden=
artig als möglich zu gestalten. Selten würde ein Chicagoer
Theater zwei Operntruppen nacheinander annehmen, denn
wo es immer angeht, wird jedes Theater von Woche zu
Woche mit dem Repertoire wechseln — Oper in der einen,
Schauspiel in der nächsten, Operette in der dritten, Posse
oder „Minstrels“ in der vierten Woche u. s. w. Jedes
Theater besitzt nämlich eine mehr oder minder große Anzahl
von Stammgästen, welche gerade dieses Theater vorziehen,
weil es möglicherweise eben „fashionable“ ist, oder weil es
örtlich für sie günstig gelegen ist. Diesen Stammgästen
muß Abwechslung geboten werden, womöglich in jeder Woche
einmal. Operntruppen wechseln mit ihrem Repertoire ge=
wöhnlich täglich, außer bei besonders zugkräftigen Novitäten;
Operettengesellschaften reisen mitunter mit zwei bis drei, ge=
wöhnlich aber nur mit einer einzigen Operette, welche dann
während der ganzen ein= bis zweiwöchentlichen Chicagoer
Saison täglich aufgeführt wird, an Samstagen sogar zwei=
mal, denn in jedem Theater Chicagos finden Samstag nach=
mittags Matinees statt. Schauspieltruppen wechseln, wenn
sie „Star Companies“ sind, d. h. wenn sie einen Stern
ersten Ranges besitzen, in der Woche mehreremal mit ihren
Stücken, sonst aber reisen sie nur mit einem Stück, besonders
wenn sich dasselbe als zugkräftig bewährt hat.
　　Die Chicagoer Theaterbesucher machen ihr Theater=
repertoire für die Woche gewöhnlich an Sonntagen; denn

nicht allein, daß sie nur an Sonntagen hinlänglich Muße haben, sich mit dem Studium der ellenlangen Theateranzeigen der Zeitungen zu beschäftigen, auch der Wechsel der Truppen vollzieht sich Sonntags. Samstag nach der Abendvorstellung werden die Effekten der verschiedenen Truppen in Kisten und Koffer gepackt, zur Nachtzeit auf die Waggons verladen, und Sonntag morgens erfolgt gewöhnlich die Abreise nach dem nächsten „Stand", das heißt nach der nächsten Stadt, wo gespielt werden soll. Dafür kommen Sonntag abends in Chicago gewöhnlich zwölf bis fünfzehn andere Theatergesell= schaften von je 20, 30, 50, ja 100 bis 200 Mitgliedern an, die in verschiedenen Hotels Unterkunft suchen, um sich Montag morgens in dem für sie gewonnenen Theater zur Probe zu= sammenzufinden. Montag abends ist die erste Vorstellung. Der Sonntag ist in Amerika der gewöhnliche Reisetag der Theatertruppen, denn Sonntags darf nicht gespielt werden. Chicago macht darin freilich eine Ausnahme. Dem Wort= laut des Gesetzes nach sind Theatervorstellungen auch in Chicago an Sonntagen verboten, aber sogenannte „Sacred= konzerte", d. h. Konzerte mit Oratorien= und Kirchenmusik, sind gestattet. Nun scheinen sich die Theaterbesitzer mit den Polizeibehörden über die Dehnbarkeit des Begriffes „Sacred= konzert" wohl geeinigt zu haben, denn häufig genug ist, be= sonders in den deutschen Zeitungen Chicagos, zu lesen:

X. X. Theater.
Heute Sonntag großes Sacred=Konzert.
Madame Théo
in Offenbachs reizender Operette:
„Orpheus in der Unterwelt"

oder es segeln unter der Flagge des Kirchenkonzertes in den deutschen Theatern Chicagos Schillers „Räuber" oder „Der Herrgottschnitzer" oder Bizets „Carmen". Diese Sonntags=

vorstellungen haben gewöhnlich, hauptsächlich von seite der
Deutschen, den besten Besuch aufzuweisen, und die Polizei
schreitet nur in den seltensten Fällen ein. Um aber recht=
zeitig für eine Sonntagsvorstellung in Chicago einzutreffen,
müssen die Truppen schon Samstag nachts nach der Vor=
stellung in St. Louis oder Cincinnati ihre Siebensachen zu=
sammenpacken und die Nacht hindurch reisen, weshalb man
sich von der Güte dieser Vorstellungen keinen allzuhohen Be=
griff machen darf. Die Schauspieler sind während der acht=
bis neunmonatlichen Spielzeit Abend für Abend beschäftigt,
am Mittwoch und Samstag überdies in den Matinees, und
müssen nebenbei noch die anstrengenden Reisen von Ort zu
Ort machen. Schon deshalb kann an einen häufigen Re=
pertoirewechsel nicht gedacht werden.

Die Eintrittspreise in den acht bis zehn ersten Theatern
Chicagos sind die gleichen: 1½ Dollar (6 Mark) für den
Parkettsitz, 1 Dollar für den Balkonsitz und entsprechend
weniger, bis zu 25 Cents (1 Mark), für die höhergelegenen
Räume. Nur bei Operngesellschaften oder Sternen ersten
Ranges, wie etwa Adelina Patti, Sarah Bernhardt,
Minnie Hauk und anderen, werden die Preise auf 2 bis
3 Dollars für die besten Sitze erhöht. Während der alle drei
oder vier Jahre einmal stattfindenden Stagione der großen
italienischen Operntruppen im Auditoriumtheater erreichen
die Preise wohl auch 5 Dollars oder 20 Mark — das höchste,
was seit vielen Jahren in Amerika überhaupt für Sitze be=
zahlt wurde. Mit Ausnahme des großen, über 4000 Sitz=
plätze enthaltenden Auditoriumtheaters hat kein Chicagoer
Theater mehr als sechs bis zehn Logen, und auch diese dienen
mehr als Schmuck des Proscenums. Dafür sind die Par=
ketts und Parkettgalerien — in Chicago Parquet Circle ge=
nannt — sehr elegant eingerichtet, mit samtüberzogenen Klapp=

sitzen, bequemen Lehnen und weiten Durchgängen; unter den Sitzen sind Drahtrahmen für das Aufhängen der Hüte, und vor den Sitzen, an der Rückwand der Sitze der Vorder=reihen, Drahtrahmen zum Aufbewahren von Kleidungsstücken angebracht; dort befinden sich auch an etwa sechs Sitzen in jeder Reihe kleine Etuis mit je einem angeketteten Opern=glas. Wirft man ein zehn Centstück (40 Pfennig) in die kleine Oeffnung des Etuideckels, so springt derselbe auf, und das Opernglas steht zur Benutzung frei. Auch sonst ist die Ausstattung der Theater sehr reich, ja bei manchen geradezu verschwenderisch. Teppiche bedecken den Boden, große Spie=gel und seidene Vorhänge die Wände, und an mehreren Stellen stehen Behälter mit in Eis gekühltem, frischem Trinkwasser.

Die Mehrzahl der Chicagoer Theater liegt in dem Ge=schäftsmittelpunkte der Stadt, und merkwürdigerweise sind gerade diese Theater viel besser besucht als andere in den Wohnquartieren gelegene Theater, obschon die Besucher von ihren Wohnungen mitunter 8 bis 12 Kilometer zurückzulegen haben, um das Theater zu erreichen. Die vorzüglichen, raschen Verkehrsmittel, Eisen= und Kabelbahnen, gleichen jedoch diese Entfernungen aus. Neben dem Auditorium sind die vornehmsten Theater: das Chicago Opera House, das Grand Opera House und Mc Vickers Theater, zu denen in diesem Jahre auch ein deutsches Theater, das Schiller=Theater, hin=zukam, eines der interessantesten neuen Gebäude in Chicago, nicht gerade wegen der deutschen Schauspieltruppe, die es beherbergt, sondern wegen seiner merkwürdigen Bauart. Daß der neue Theaterbau fünfzehn Stockwerke hoch ist, kommt in einer Stadt mit so vielen noch höheren Gebäuden gar nicht besonders in Betracht, auch nicht, daß ein großer Teil des Baues für Hotelzwecke bestimmt ist. Das Auditoriumtheater

befindet sich ja auch im Innern eines ungeheuren Mammuts=
hotels von 19 Stockwerken, und das Chicago Opera House,
obschon mit einem Sitzraum für 2300 Personen eines der
größten Theater Chicagos, nimmt den Hofraum eines ge=
waltigen „Himmelkratzers", eines Geschäftspalastes von zehn
Stockwerken, ein*). Eingeschachtelt zwischen zwei sechsstöckigen
Gebäuden in der Randolphstraße, erhebt sich das Schiller=
Theater mit seinen 15 Stockwerken auf Turmeshöhe. Nichts
an seinem Aeußeren verrät seine eigentliche Bestimmung;
die Stockwerke sind gerade so hoch und vielfensterig wie
jene der Nebengebäude, zu ebener Erde befinden sich Kauf=
läden, und der Haupteingang ist geradeso eingerichtet wie
bei den Chicagoer Hotelbauten. Erst im zweiten Vestibül
befindet sich die Theaterkasse, und in der Nähe führen vier
Thüren zu ebensovielen Fahrstühlen, die bis ins 15. Stock=
werk laufen.

Hinter der Theaterkasse öffnen sich die Eingänge zu dem
Theater mit seiner hohen, geräumigen Bühne und einem für
1300 Personen berechneten Zuschauerraum, der sich neben
höchster Eleganz auch durch staunenswerte Leichtigkeit des
Aufbaues auszeichnet. Während in andern Theatern die
oberen Ränge durch Pfeiler und Säulen getragen werden,
sind dieselben hier trotz der Spannweite von über 20 Metern
ganz frei und nur auf den äußeren Mauern ruhend. Die
ganze Länge des Theaters, Auditorium und Bühne ein=
geschlossen, beträgt etwa 60 Meter, die Breite ungefähr über
20 Meter, und dieser ganze Raum wird von einem elegan=
ten Plafond ohne Stützen oder Zwischenträger überspannt.
Auf diesem Plafond ruht nun das siebenstöckige Hotel mit
130 Fremdenzimmern, gegen 40 Badezimmern, Vorrats=

---

*) Siehe das Kapitel „Himmelkratzer".

kammern, Salons und einem Riesenspeisesaal, der sich nebst
der Küche in einem der obersten Stockwerke befindet. Für
die fremden Besucher des Theaters dürfte der Gedanke, daß
der Plafond über ihnen mit einem siebenstöckigen Gebäude
belastet ist, kaum angenehm sein. Allein den Chicagoern
verursacht es keine besonderen Kopfschmerzen, denn sie wissen,
daß das ganze Gebäude aus ungeheuren Stahlschienen gebaut ist, fester als starke, dicke Mauern.

13.

Frauenleben und Frauenthätigkeit.

Wie in so vielen andern Dingen, so ist Chicago auch in Bezug auf seine Frauen eine Stadt der merkwürdigsten Paradoxe. In wenigen Städten der Neuen Welt sind die Frauen so selbständig, so unternehmend und unabhängig von dem stärkeren Geschlechte als in Chicago, und das erscheint um so merkwürdiger, als es in der großen „Queen City of the lakes" um 100000 Einwohner weiblichen Geschlechts weniger gibt als männlichen Geschlechts. Im Osten, in den Neuenglandstaaten, New York, Pennsylvanien u. s. w., ist das Zahlenverhältnis der Geschlechter ziemlich ausgeglichen, aber je weiter westlich man vorwärts schreitet, desto ungünstiger fällt das Zahlenverhältnis für die Frauen aus.

Wie merkwürdig das Frauenleben sich unseren Begriffen nach in Chicago gestaltet, werden einige Beispiele darlegen.

Es war in einer größeren Abendgesellschaft in Chicago. Beim Diner saß ich zur Linken einer reizenden kleinen Blondine, so nett, so naiv, so ungezwungen in ihrer Unterhaltung und dabei doch so viel Wissen verratend, daß ich mich den ganzen Abend über zu ihr hingezogen fühlte. Wir hatten uns erst bei Tische kennen gelernt. Nachher mochte sie wohl zufällig von meinen vielen Reisen erfahren haben, denn plötz-

lich trat sie auf mich zu und fragte mich mit der natürlich=
sten Miene der Welt: „Sagen Sie, gibt es von Wladiwostok
nach Kiachta im Winter Schlittenverbindung?" Ich fürchtete,
die Kleine wollte mich nur auf die Probe stellen oder mit
ihrer Kenntnis dieser entlegenen sibirischen Städte prangen,
und gab ihr deshalb meine Antwort, ohne irgendwelches Er=
staunen zu zeigen. Innerlich wunderte ich mich aber doch
ganz gehörig über diesen kleinen, etwa achtzehnjährigen
Balg, der so mir nichts dir nichts über ostsibirische Schlitten=
reisen sprach.

Etwa ein Jahr später, 1890, saß ich in einem Hotel
zu Frankfurt a. M. an der Table d'hote, im Gespräch mit
einem Londoner Klubkollegen, als ich plötzlich von meiner
Nachbarin zur Linken, die ich bisher kaum beachtet hatte,
angesprochen wurde: „You were right about Siberia", hörte
ich sie sagen, und als ich mich verwundert umwandte, er=
kannte ich zu meiner Ueberraschung meine Damenbekannt=
schaft aus Chicago, gerade so zart und reizend wie damals.
Sie bemerkte mein Erstaunen und fuhr fort: „Ich komme
gerade von dort. Kurz nachdem ich Sie getroffen, verließ
ich Chicago, brachte ein halbes Jahr in Japan zu und nahm
meine Rückreise nach Chicago über Sibirien."

Schockschwerenot, dachte ich mir, ist es denn glaublich,
daß die kleine Amerikanerin diese Weltreise wirklich ausgeführt
haben soll? „Sie reisten wohl in Gesellschaft?" fragte ich
sie. — „O ja," war die Antwort, „meine Gesellschafterin
hier begleitete mich." Ich musterte ihre Begleiterin flüchtig.
Eine ebenso junge, frische Erscheinung, ebenfalls Amerikanerin.
Während unserer nun folgenden, recht eifrigen Unterhaltung
gaben sie mir so viele Einzelheiten über diese Reisen, daß
ich nicht länger zweifeln konnte: Miß D. aus Chicago hatte
die Rundreise um unsern Globus thatsächlich ausgeführt.

Im Grunde genommen hätte ich mich gar nicht über diese Courage zu wundern brauchen. War ich doch in Texas und Kalifornien und Britisch-Kolumbien allein reisenden Amerikanerinnen begegnet. Auf meiner letzten Fahrt von New York nach Gibraltar mit dem Norddeutschen Lloyddampfer „Fulda" stellte mich der wackere Kapitän Thalenhorst einer zwanzigjährigen bildhübschen Dame vor, Tochter eines der reichsten und bekanntesten Millionäre Amerikas, der über mehrere Millionen Mark jährlicher Einkünfte verfügt. Ich sah sie immer allein. Als wir durch täglichen Verkehr näher bekannt wurden, gestattete ich mir die Frage, ob sie denn allein reise. Mit ihren großen Augen blickte sie mich ganz verwundert an. „Selbstverständlich! Glauben Sie denn, ich werde meine Unabhängigkeit aufgeben, um für irgend ein dummes Kammermädchen oder einen Diener zu sorgen, der kein Wort einer andern Sprache versteht und der mir nur eine Last wäre? Wozu? Ich kenne Spanien, Italien und die Mittelmeerküsten vom vergangenen Jahre, wo ich in Gesellschaft meiner Schwester ebenfalls ohne Dienerschaft reiste. Meine Schwester ist nun verheiratet und lebt in Rom. So reise ich denn allein. Ich will sie besuchen."

Auf derselben Reise machte ich die Bekanntschaft einer anderen jungen Dame, ebenfalls einer Chicagoerin, die ganz allein nach Paris wollte, um dort die Bildhauerei zu studieren. Sie erkundigte sich nach allen bekannten Ateliers, und es war ihr augenscheinlich vollster Ernst damit.

Gewiß werden unsere Touristen in der Schweiz, Italien, Aegypten u. s. w. schon derlei allein reisenden jungen Damen aus Amerika begegnet sein, zumeist ganz reizenden, hübschen Wesen, unbefangen, unabhängig, gute Kameraden, mit denen man sich prächtig unterhalten kann, ohne daß auch nur der Schatten einer Anzüglichkeit, eines Verdachtes über ihre guten Sitten sich uns aufdrängen würde. Manchmal reisen sie in Gesellschaften von sechs und mehr, manchmal zu zweien oder auch ganz allein. Sie haben alle ihren Appleton oder Harpers Guidebook oder den englischen Bädeker, wissen ganz genau Bescheid, unterhalten sich mit den Mitreisenden in ganz unbefangener Weise und sind vorzügliche Rechenmeister. In den Hotels erkundigen sie sich, bevor sie ihr Zimmer betreten, genau nach den Preisen, nach Licht und Bedienung, und bei der Table d'hote trinken sie gewöhnlich Wasser. Sie reisen mit wenig Gepäck, nehmen ihren „Strap" (Kleiderrolle) und ihr Satchel (Handtasche) mit in das Reisecoupé und kleiden sich mit einfacher Eleganz.

Sie unterscheiden sich in vorteilhaftester Weise von den Geldprotzen New Yorks, die mit massenhaftem Gepäck, mit Dienerschaft und Kurieren reisen und sich häufig durch ihr vorlautes, vornehmthuerisches Wesen bemerkbar machen. Was für ein glänzendes Geschäft würde man machen, könnte man dieses aufgeblasene Touristenvölkchen New Yorks nach seinem wahren Werte kaufen und zu jenem Werte wieder verkaufen, den es sich selbst in seinem Dünkel gibt!

So lernt der Europäer den Unterschied zwischen der Amerikanerin des Westens und jener New Yorks schon im Auslande kennen. Noch auffälliger aber ist der Unterschied zwischen beiden in ihrem eigenen Heimatlande. Nicht daß sich die Frauen von Chicago zu Hause durch besondere Weiblichkeit oder als Vorsteherinnen ihres Hauswesens, als Gattinnen und Mütter hervorthun würden!

Die Verhältnisse, Leben, Verkehr, Erwerb sind eben im amerikanischen Westen ganz verschieden vom Osten und noch mehr von Europa. In Chicago stehen die Frauen viel mehr auf eigenen Füßen, sie werden in viel größerer Zahl zu den verschiedenen Erwerbsquellen, Aemtern und Würden zugelassen

als anderswo. Während sie bei uns der großen Mehrzahl
nach nur in Fabriken als Arbeiterinnen beschäftigt werden
und höchstens untergeordnete Aemter erlangen, wie Kassierer-,
Telegraphistenstellen, dann in Kaufläden, Wirtschaften, Hotels
u. dgl. Verwendung finden, stehen sie im amerikanischen
Westen dank ihrem Bildungsgrade, ihrer Selbständigkeit und
Zuverlässigkeit mit den Männern auf ganz gleicher Stufe,
ja in vielen der verantwortlichsten Stellungen werden sie
Männern sogar vorgezogen.

Sie erhalten hierzu von ihrer frühesten Kindheit an
durch ihre Erziehung und Schulbildung die wünschenswerte
Befähigung. In Schulen und auf den Universitäten sind
sie in ihrer Stellung mit der männlichen Jugend vollständig
gleichberechtigt; sie sitzen auf der Schulbank neben und zwischen den letzteren, ja man scheint mit besonderer Absichtlich-
keit die Trennung der Geschlechter gerade durch eine möglichst weitgehende Vermischung zu ersetzen. So werden die
Mädchen schon von der Schulbank aus zu einer gewissen
männlichen Selbständigkeit erzogen, bilden sich zum „bon
camerade" ihrer männlichen Mitschüler aus und übertreffen
diese vielfach durch Lernbegierde und thatsächliches Wissen.
Dazu kommt, daß man die Jungen häufig nur den Ele-
mentarunterricht genießen läßt und sie dann sofort ins Leben,
in den Erwerb hinaussendet, während die Mädchen ihrer
geringeren physischen Entwickelung wegen noch mehrere Jahre
länger in den Schulen erhalten und zu Erwerb auf geistigem
Gebiete herangezogen werden. Ich habe selbst im jahre-
langen Verkehr überall die Bemerkung gemacht, daß die
Frauen des Westens in allgemeiner Bildung, in Geschichts-
und geographischen Kenntnissen, in Litteratur, Sprachen u. s. w.
weitaus die Männer übertreffen. Ich habe mich häufig genug mit Damen über Naturgeschichte, über Klassiker, Ethno-

graphie, Musik u. s. w. unterhalten, Dinge, von denen ihre
Brüder und männlichen Verwandten gar keine Ahnung be=
saßen. Diese letzteren wurden eben nur für ihren Beruf
ausgebildet, auf Kosten des allgemeinen Wissens. Und selbst
diese Berufsarten der Männer werden durch die selbständige
Entwickelung der Frauen immer mehr auf solche eingeschränkt,
welche mit physischer Anstrengung verbunden sind, während
die Frauen immer mehr die anderen, mit ruhiger Lebens=
weise verknüpften Berufsarten übernehmen.

Ich will nur ein Beispiel herausgreifen: das Unter=
richtswesen. In den Neuenglandstaaten ruht dasselbe so
sehr in den Händen der Frauen, daß auf je einen männ=
lichen acht bis zehn weibliche Schullehrer kommen. In den
Süd= und Weststaaten Amerikas gibt es etwa ebensoviele
oder nur wenig mehr weibliche als männliche Lehrer. In
Chicago sind bei einer Schülerzahl von 230000 nur 262 männ=
liche dafür aber 3000 weibliche Lehrer, das Verhältnis ist
also beiläufig wie 1 zu 12! In New York, wo die Lehrer=
zahl nur um weniges größer ist, kommen auf je einen männ=
lichen nur fünf weibliche Lehrer, ein sprechender Beweis für
meine obigen Ausführungen. Es würde zu weit gehen,
wollte man aus der Zahl der weiblichen Lehrer auch auf
den allgemeinen Wohlstand, die Entwickelung von Industrie
und Handel u. s. w. schließen, aber es ist jedenfalls auf=
fallend, daß die ersten Kulturstaaten Nordamerikas auch die
meisten weiblichen Lehrer besitzen. Eines aber geht gewiß
daraus hervor, nämlich die Thatsache, daß das Herbeiziehen
einer so großen Zahl weiblicher Arbeitskräfte die Erwerbs=
fähigkeit des Landes und damit seinen Wohlstand in beträcht=
licher Weise erhöht, ein Umstand, der auch uns Europäern
Stoff zum Nachdenken geben sollte, zumal bei uns ein so
großer Teil der männlichen Arbeit durch den Militärdienst

abgelenkt wird, und wir auch dadurch den Amerikanern gegen=
über im Nachteile sind.

Wie im Lehrfach, so nehmen die Frauen in Chicago
auch in vielen andern Zweigen der öffentlichen Thätigkeit
eine ganz hervorragende Stellung ein, und dies mit aner=
kennenswerten Erfolgen. Wohl ist man in Chicago nicht so
weit gekommen, daß, wie in manchen Städten von Kansas,
Frauen zu Bürgermeistern, Stadträten, ja zu Polizisten ge=
wählt wurden, immerhin aber ist die Zahl der Aerzte, Staats=
und Stadtbeamten, sogar Advokaten, Architekten, Zahnkünstler,
Angestellten in Geschäftsbureaus u. s. w. eine beträchtliche.
In den letzteren werden die Frauen sogar vielfach vorgezogen,
weil sie ihrem Beruf mit größerer Pflichttreue nachkommen.
Sie rauchen und trinken nicht, sie bringen ihre freie Zeit
zu Hause in ihren Familien zu, leben regelmäßiger und ein=
facher als ihre männlichen Kollegen, alles Eigenschaften, welche
in letzter Linie doch nur ihrem Berufe zugute kommen. Sie
werden deshalb mit Vorliebe zu Telegraphisten, Kassiererinnen
in Hotels und großen Geschäftshäusern, Verkäuferinnen u. s. w.
gewählt. Aber auch als Leiter selbständiger Geschäfte thun
sich die Damen Chicagos hervor, ja das „Type writing"
mit der Schreibmaschine, welches in Chicago zu großer Aus=
dehnung gelangt ist, wird ganz von ihnen beherrscht. Fast
in jedem der großen, zehn bis zwanzig Stockwerte hohen
und mehrere Hunderte von Bureaus enthaltenden Geschäfts=
paläste der Stadt befindet sich eine durchwegs von Damen
geleitete „Type writing office", und der Besucher Chicagos
wird diese auch in jedem größeren Hotel finden. Dort, in
den weiten, oft mit Hunderten von Männern gefüllten Ein=
gangshallen schlagen sie ihren Schreibtisch auf, und sie finden
in der Regel mehr Arbeit, als sie bewältigen können. Bei
dem nervösen Hasten und Jagen nach Geschäft und Erwerb,

das der Stadt Chicago so eigentümlich ist, nehmen sich zahl=
lose Menschen nicht die Zeit, ihre Briefe zu schreiben. Außer=
dem gibt es ja vielfach Dokumente abzuschreiben oder in
mehreren Exemplaren anzufertigen, Verträge, Manuskripte
u. dgl. druckfertig herzustellen. Der Kunde setzt sich dazu
ruhig neben den Type writer und diktiert der Dame seinen
Brief oder Vertrag, den sie in stenographischer Schrift nieder=
wirft. Dann zieht sie ihre Briefbogen in den Type writer
und beginnt mit großer Fingerfertigkeit darauf zu klimpern
wie auf einem Klavier. In erstaunlich kurzer Zeit folgen
die bedruckten Seiten aufeinander, während der Auftraggeber
die so gewonnene Zeit seinen Geschäften widmet und sich die
fertigen Briefschaften, die er nur mehr durchzulesen und zu
unterzeichnen hat, zu gelegener Stunde abholt.

Auch als Zeitungsredakteure und Reporter thun sich die
Chicagoer Damen besonders hervor. Jedes einzelne der
großen Tagesblätter zählt mehrere Damen zu Mitarbeitern.
Als Interviewers, Musik= und Theaterkritiker u. dgl. finden
sie sogar mit Vorliebe Verwendung.

Wenn dieses Umsichgreifen weiblicher Arbeit in dem=
selben Maße fortschreitet wie bisher, so wird man sich wahr=
haftig fragen müssen, was denn mit der Zeit aus den Män=
nern werden soll? Ich sah einmal im Pariser Théâtre des
Nouveautés ein ungemein komisches Stück, in welchem die
Frauen die Rollen der Männer, die letzteren jene der Frauen
übernommen hatten. Die Frauen bewarben sich um die
Männer, jagten, ritten bei Wettrennen, waren Offiziere,
Kutscher, Hausdiener. Die Männer aber kochten, strickten,
flickten Strümpfe, spielten Ammen und Kinderwärter. Es
war zum Totlachen. Als ich in Chicago die Stellungen sah,
welche Frauen im öffentlichen Leben einnehmen, kam mir
dieses Theaterstück wieder in den Sinn, aber es war mir

dabei nicht lächerlich zu Mute. Ich kam dort mit Familien
in Berührung, wo die Frau thatsächlich tagsüber in ihrem
Bureau weilte und dem Gatten den Gang zum Markte, das
Kochen und das Abwarten der Kinder überließ. In mehreren
Fällen waren die Männer gerade durch Frauen aus ihren
Stellungen gedrängt worden und machten sich dann auf
solche Weise in ihrem eigenen Hauswesen nützlich. Aber
auch sonst ist es ziemlich allgemein, daß der Mann einen Teil
der weiblichen Hausarbeiten auf sich nimmt.

Es sind im amerikanischen Westen gerade die besseren
Beschäftigungen, welche zum Nachteil der Männer allmählich
von Frauen erobert werden, während den Männern die schwerere
Arbeit überlassen wird. Wie in Europa, so sind auch in den
Oststaaten vielfach Mädchen als Kellnerinnen und „bar maids"
bedienstet — in Chicago kenne ich kein einziges größeres
Hotel und keine einzige „bar" (Trinkstube), wo Mädchen als
Kellnerinnen verwendet würden; sie überlassen diesen Beruf
ganz dem stärkeren Geschlecht. Dasselbe ist in den Hotel-
und Restaurantküchen der Fall, aber es ist nicht der „Chef",
welcher die Köchin verdrängt, sondern es ist die Köchin, welche
ihre Stelle dem Chef einfach überläßt. Andere Frauen-
arbeiten, wie sie z. B. massenhaft in unseren Fabriken vorkommen, wurden in Chicago durch Maschinen übernommen.
In Berlin beträgt die Zahl der in Fabriken und Industrien
verwendeten Arbeiterinnen etwa ein Drittel der Gesamt-
arbeiterzahl, in Chicago nur etwa ein Achtel. Von der 200 000
erreichenden Arbeiterarmee Chicagos sind nämlich nur 26 000
weiblichen Geschlechts, und auch von diesen entfallen die
Hälfte auf Kleider-, Moden-, Weißzeuggeschäfte, ein weiteres
Viertel auf ganz leichte Berufszweige. Ueberall zeigt sich
nicht nur das Bestreben, der Frau eigene, selbständige Erwerbsquellen zu erschließen, sondern• auch die ersteren von

der beschwerlichen, niedrigen Handarbeit zu befreien, sie höheren Berufsarten zuzuführen. Dadurch werden sie aber auch selbständig, unabhängig von dem Manne, und diese Selbständigkeit zeigt sich denn auch bei den Frauen Chicagos in ganz hervorragender Weise. Sie werden zu ihrer sprich=wörtlich gewordenen Emanzipation förmlich herangezogen. Sie sind freier, ungenierter in ihrem Verkehr mit den Männern, und die Eltern der mitunter recht jungen, sehr häufig auch schönen, reizvollen Damen wissen ganz genau, daß sie ihnen ohne irgendwelche Gefahr die weitestgehenden Freiheiten ge=statten können.

So sehen wir sie denn allein die Welt umsegeln und selbstverständlich auch zu Hause in ihrer Heimatsstadt Dinge unternehmen, über welche unsere europäischen Mamas die Hände entsetzt über dem Kopf zusammenschlagen würden. Keine Mutter hat dort etwas dagegen, wenn junge Herren=bekanntschaften die Töchter des Abends besuchen. Eine Vor=stellung, ein mehrmaliger Besuch genügt, um dem jungen Herrn die Berechtigung zu geben, die Tochter zu einer Spazier=fahrt oder des Abends zum Besuch von Theater, Konzert und Promenade einzuladen, ohne daß notwendigerweise eine dritte Person beigezogen werden müßte. Selbst in den höheren Gesellschaftsklassen herrscht eine ähnliche Ungezwungenheit der Bewegung.

Im vergangenen Jahre kam die Rede in einem der vor=nehmsten Häuser Chicagos zufällig auf Bilder. Ich äußerte den Wunsch, einige eben von einer mir unbekannten Dame erworbene Gemälde von Corot zu sehen. „Nichts leichter als das", fiel die etwa neunzehnjährige, bildhübsche Tochter des Hauses ein. „Ich habe morgen vormittag Singstunde. Holen Sie mich dort um elf Uhr ab, ich will Sie zu Mrs. W. führen." Als ich zur bestimmten Zeit bei der Musikschule erschien, trat meine Amazone eben heraus. Vor der Thür stand ein kleiner, eleganter Wagen mit zwei ungarischen Pferden bespannt. Miß X. schwang sich geschickt in den Sitz und ergriff die Zügel, mir den Platz neben sich anweisend. Der reich livrierte Diener sprang auf den Rücksitz. Ein leichtes Schnalzen mit der Zunge, und die zwei feurigen Jucker flogen dahin, von Miß X. mit sicherer Hand gelenkt. Wir hatten einige der belebtesten Geschäftsstraßen Chicagos zu passieren, und ich legte meinen Stock aus der Hand, um nötigenfalls sofort helfen zu können, denn man kann sich schwer eine Vorstellung machen von dem Verkehr, der in den Straßen Chicagos gerade in den Vormittagsstunden herrscht. Zu Hunderten jagen Tramway- und Kabelbahnwagen auf und nieder, Lastwagen, beladen mit Maschinen, Kisten und Warenballen; Omnibusse und andere Vehikel fallen ihnen an den Straßenkreuzungen in die Flanke, und alle Augenblicke fahren dort diese massenhaften Fuhrwerke zu einem scheinbar unentwirrbarem „jam" (Gedränge) ineinander. Dazu viele Tausende von eiligen Fußgängern, die durch schrille Glockenzeichen auf die dahersausenden Wagen aufmerksam gemacht werden, mit einem Worte ein Wirrwarr, wie er nur in den belebtesten Straßen von London und Paris seinesgleichen findet. Und mitten durch dieses Chaos lenkte Miß X. ihre Jucker so kühn und so gewandt, daß ich staunen mußte. Ich war froh, als wir endlich das Geschäftsviertel hinter uns hatten und auf dem prachtvollen Steinquai, der in neuester Zeit längs der Ufer des Michigansees entstanden ist, Lake Shore Drive genannt, den Privatresidenzen von Lake Side zurollten.

Vor einem der schönsten Paläste dieser vornehmen Vorstadt blieben wir stehen. Bevor ich herbeieilen und Miß X. herabhelfen konnte, war sie schon aus dem Wagen gesprungen. Einen Augenblick nachher befanden wir uns in einem großen

Salon, gefüllt mit etwa fünfzig der elegantesten jungen Damen Chicagos. Die älteste mochte nicht viel mehr als 25 Jahre zählen. Miß W., die schöne Tochter der Hausherrin, gab eben eine „matinée musicale" für ihre Freundinnen, und wie ich nachher erfuhr, befanden sich unter den Geladenen nur wenige verheiratete Damen. Ich selbst war der einzige Herr. Mit der reizendsten Unbefangenheit nahmen die jungen Damen meine Vorstellung entgegen, zogen mich in die Unterhaltung, sangen Schumann, Brahms, Mascagni um die Wette, sprachen von Aristoteles und Plato, zeigten mir die schönen, den Salon zierenden Daubignys, Rousseaus und endlich die drei großen Corotschen Land=schaften, welche gerade das Gespräch des ganzen fashionablen Chicago bildeten.

Ich war niemals zuvor solcher Unbefangenheit, flotter, heiterer Konversation und bei so jungen Damen solchem viel=seitigen Wissen begegnet. Jede schien ihr eigenes „hobby" (Steckenpferd) zu haben. Einige hatten Lieder und Sonaten komponiert, die gedruckt auf dem Klaviere lagen und von anderen aufgeführt wurden; andere waren Oel=, Aquarell= oder Porzellanmalerinnen; Miß A. besaß Rennpferde, Miß B. eine Rindviehzüchterei in Dakota, die sie selbst verwaltete; Miß C. hatte ein Buch über ihre Reisen in Südamerika ge=schrieben; Miß D. malte eben mit eigener Hand die Em=pfangsräume ihrer neuen Villa; Miß E. baute sich ein astro=nomisches Observatorium auf dem Landsitze ihres Vaters. Fast alle hatten ganz Europa bereist und sprachen über St. Petersburg, Karlsbad und Kairo wie über ihre eigene Heimat. Kaum hatte ich mit einer einige Worte gewechselt, so erhielt ich auch schon eine Einladung — Miß A. gab morgen abend eine „theatre party" im Chicago Opera House, Logen Nummer X. und Y. Ich möge doch kommen. Miß B.

besaß eine Sammlung alter Bücher, die sie mir zeigen wollte; bei Miß C. sollte ich mir orientalische Stickereien, bei Miß D. eine Kollektion südslawischer Frauenkostüme ansehen. Während unserer Unterhaltung reichten ein paar Lakaien Erfrischungen, Sandwiches und Champagner umher. Ich unterhielt mich auf das vorzüglichste, und als Miß X. und ich nach etwa anderthalb Stunden aufbrachen, schied ich von den jungen Damen wie von alten Freunden mit kräftigem Händedruck.

Es war Mittagszeit; aber statt nach Hause zu fahren, schlug Miß X., meine Führerin, zwei andern, gleichfalls aus dem Hause tretenden Damen, die ich schon von früher kannte, vor, nach dem Lincoln=Park zu fahren und dort mit uns zu dejeunieren. Freudige Annahme.

Während der Mahlzeit kam das Gespräch auf die Männer Chicagos, und ich fand nun meine Vermutung bestätigt, daß ich meinen freundlichen Empfang nur meinem bißchen allge= meiner Bildung und meiner bescheidenen Vertrautheit mit Reisen, Litteratur, Kunst, Musik u. s. w. zuzuschreiben hatte. „Sehen Sie," meinte eine der Damen, „unsere Männer hier in Chicago sind aber auch rein zu gar nichts zu gebrauchen. Des Morgens früh eilen sie in ihre Geschäfte, mittags lunchie= ren sie in der Stadt, denn sie haben keine Zeit, den weiten Weg nach Hause zurückzulegen, und wenn sie spät abends wirklich nach Hause kommen, sind sie zu müde. Sie ver= stehen ihr Geschäft, aber darüber hinaus nur wenig. Wie sollten sie etwas von den Dingen wissen, in welchen ihr Männer von Europa so sehr excelliert? Wir Mädchen und Frauen sind eben auf uns selbst angewiesen."

Daraus erklärte ich mir auch teilweise die Unabhängig= keit und Selbständigkeit dieser jungen, reizenden Wesen, die viel natürlicher und naiver ist als jene, welche die „Shoddy"= Aristokratie von New York zur Schau trägt. In den aufge=

blasenen Fifth Avenue-Kreisen New Yorks fragt man nur zweierlei: „Wieviel hat er, und vor allem wie heißt er?" Denn besitzt der Fremde einen hochtrabenden Grafen= oder Freiherrntitel, ist er mit irgend einer englischen Lords= oder Baronetsfamilie verwandt, so ist sein Glück gemacht, auch wenn er schließlich nicht allzuviel Geld hat; eine solche Jagd nach Wappen und Titeln und Kronen wie in gewissen Geld= protzenkreisen New Yorks ist mir in der That anderswo nicht vorgekommen.

In Chicago habe ich diese widerlichen Zustände nicht angetroffen. Bei all ihrer Naivetät sind die jungen Damen Chicagos doch ernst genug, auf den Grund der Dinge zu gehen und den Mann tiefer, gerechter, unbefangener zu be= urteilen. Man thäte unrecht, ihre Unabhängigkeit und ihren freien Verkehr mit den Männern auf Flatterhaftigkeit und den Hang nach „flirting" zurückzuführen.

Ihre Unabhängigkeit äußert sich auch bei ihren Ehe= schließungen, mehr aber noch bei den Ehescheidungen, die ja gewöhnlich gern hervorgezerrt werden, um unrichtige Schlüsse auf die sozialen Verhältnisse Chicagos zu ziehen. Die Zahl der Eheschließungen ist im Verhältnis gerade so hoch wie anderswo in Amerika. Im Jahre 1891 erreichte sie 15 400; die geringste Zahl entfiel auf die Monate Februar und März, die größte auf die Herbstmonate. In zwanzig Fällen betrug das Alter der Braut 14, das des Bräutigams 17 bis 20 Jahre, und während der Sommermonate be= warben sich nicht weniger als 300 Pärchen unter dem Heiratsalter um Ehebewilligung. Auffallend war in der zweiten Hälfte des Jahres 1891 die große, nahezu 100 er= reichende Zahl von Brautpaaren, bei denen die Braut 55, der Bräutigam 65 Jahre überschritten hatte. Im Jahre 1892 war die Zahl der Eheschließungen um 1600 gestiegen und

erreichte 17064. Unter den Männern befanden sich 400,
welche das 20. Lebensjahr, unter den Bräuten 750, welche
das 18. Lebensjahr noch nicht erreicht hatten.

Leider ist mir die Zahl der Ehescheidungen nicht bekannt,
aber sie ist jedenfalls größer als in anderen Städten, und
ihre Ursachen würden einen höchst interessanten Einblick in
die gesellschaftlichen Verhältnisse der Stadt gewähren. Die
Ehescheidungsgesetze sind im Staate Illinois laxer als in
anderen Staaten, und wenn einerseits zugegeben werden muß,
daß sie eine größere Zahl von Scheidungen unter eigenen
Bürgern zur Folge hatten, so entfiel doch ein großer Teil
der Gesamtzahl der Scheidungen auf Bürger anderer Staaten,
vornehmlich New Yorks, Pennsylvaniens und der Neuengland=
staaten, die nach Illinois kommen, um sich dort scheiden zu
lassen, teils weil, wie gesagt, die Gesetze dies erleichtern,
teils weil die Betreffenden dem Aufsehen und dem Gerede
in ihrer eigenen Heimat entgehen wollen. Die Sensations=
presse Chicagos bemächtigt sich mit Wonne derartiger Fälle,
und so entstand allmählich der durch den Neid der Schwester=
städte noch geförderte eigentümliche Ruf Chicagos in Bezug
auf die Ehescheidungen.

Allein, selbst wenn die letzteren sämtlich auf einheimische
Bürger entfielen, würde niemand, der die gesellschaftlichen
Verhältnisse, die Unabhängigkeit und Erwerbsfähigkeit der
Frauen und die Verschiedenheit der Anschauungen beider Ge=
schlechter kennt, aus der großen Zahl der Scheidungen un=
günstige Schlüsse auf die Ehen ziehen. Nichts ist begreiflicher,
als daß die unabhängigen, willensstarken und thatkräftigen
Frauen sich einem Ehejoche entziehen, das ihnen nicht mehr
behagt oder in welchem sie sich unglücklich fühlen. Die Rück=
sichten, welche bei uns herrschen, kennen sie nur in geringem
Grade, und statt zu dulden und zu leiden, machen sie der

unglücklichen Ehe durch die Scheidung ein Ende, um es allen=
falls mit einem anderen Manne „nochmals zu versuchen".
Die Gleichstellung mit dem Manne erringt sich immer
weitere Gebiete. Unter den nach Hunderten zählenden Klubs
und gesellschaftlichen Vereinigungen gibt es eine beträchtliche
Anzahl von Frauenklubs und auch solche, wo beide Geschlechter
gleich stark vertreten sind. Viele dieser Klubs haben ihre
eigenen, palastartigen Gebäude, bei anderen vereinigen sich
die Mitglieder an bestimmten Tagen jedes Monats in
dem Hause irgend eines Mitgliedes. Einer der bedeutendsten
ist der Sarazenenklub, aus 80 der angesehensten Aerzte,
Advokaten und Schriftsteller beiderlei Geschlechts bestehend.
Der Präsident desselben ist augenblicklich eine Dame, der
Vizepräsident eine Frau Dr. med. M. J. M., der Sekretär
ein Fräulein Redakteur Emma S. Bei diesem Klub sowohl
wie beim „Tuesday Reading-Club" und beim „Zwanzigsten
Jahrhundert=Klub" ist die Pflege guter Litteratur, geistiger
Unterhaltung der Hauptzweck.
Bei der Soiree des letztgenannten Klubs fand ich die
ersten gesellschaftlichen Größen Chicagos versammelt. Es
wurden Gedichte moderner englischer, deutscher und russischer
Poeten vorgelesen und die moderne Richtung der französischen
Litteratur mit viel Geist und treffendem Witz diskutiert,
ähnlich wie es die Pariser Gesellschaft in der Zeit Voltaires
zu thun pflegte.
Wie die Herren der Chicagoer Presse, so besitzen auch
die Damen derselben ihren eigenen Klub: „The Press
League". Die Mehrzahl der Chicagoer Korrespondenten
amerikanischer Blätter sind Damen, und jeder einzelne Staat
der Union ist durch einige Mitglieder vertreten. Außerdem
besteht aber auch noch eine „Illinois Women's Press association" (Preßvereinigung Illinoiser Frauen), deren Mit=

glieder sich aus solchen Damen rekrutieren, welche Hervor-
ragendes in litterarischer Hinsicht geleistet haben. Um ihre
Aufgabe zu erleichtern, besitzt diese Vereinigung ihre eigenen
Damenkomitees von Schriftstellern, Redakteuren, Reportern,
Korrespondenten und sogar Verlegern! Jedes Komitee tagt
neunmal im Jahre und bringt seine Beschlüsse vor die General-
versammlung.

Alles das zeigt die Frau in den Beschäftigungen der
Männer, aber nicht die Frau als Frau. Nun, die Damen
Chicagos sind möglicherweise weniger gute Mütter, Gattinnen,
Hausfrauen, aber sie beschränken sich eben nicht allein auf
ihren häuslichen Beruf, sondern gehen darüber hinaus und
verstehen es vortrefflich, auf eigenen Füßen zu stehen. Ihre
Bildung und Selbständigkeit erhöhen nur den Reiz ihrer
Weiblichkeit. Sie kleiden sich gut, ja geschmackvoller als ihre
östlichen Schwestern, und was die Geheimnisse der Toilette
betrifft, so verstehen sie diese ebenso ausgezeichnet wie bei
uns im alten Europa.

14.

Pullman, eine Arbeiterstadt auf Bestellung.

Schon nach den ersten Tagen meines jüngsten Auf=
enthalts in Chicago hatte ich von dem großartigen, lärmenden
Verkehr dieser Riesenstadt, von dem Hasten und Jagen und
Ringen den Kopf so voll, daß ich an einem schönen Nach=
mittage diesem Pandämonion für einige Stunden zu entfliehen
beschloß. Den Vormittag hatte ich in den Arbeiterquartieren
der „West Side" Chicagos zugebracht und gesehen, daß auch
hier, trotz der Neuheit der Stadt, der günstigen Gelegenheit,
gute, reinliche, sonnige Arbeiterquartiere zu schaffen, und trotz
dem vielen, was in der That zur Besserung der Verhält=
nisse des Arbeiterstandes geschehen war, Schmutz und Armut
groß sind, fast wie in den berüchtigten Tenementhäusern
(Mietskasernen) New Yorks. Es sind zum größten Teil die
ausländischen Arbeiter, Böhmen, Ungarn, Irländer u. s. w.,
die, von Jugend auf an ihre schmutzstarrenden Wohnungen
und elende Lebensweise gewöhnt, dieselben auch nach ihrer
neuen Heimat verpflanzt haben. Auf der Fahrt von dort
nach dem schönen, schattigen Jackson=Park, wo eben an der
Ausstellung gearbeitet wurde, konnte ich meine ernsten Ge=
danken über das Elend, das ich gesehen, nicht los werden.
Unwillkürlich trat mir Edward Bellamy mit seinem „Rück=

blick aus dem Jahre 2000“ ins Gedächtnis, in welchem er
all die schönen Dinge von der Behaglichkeit des Lebens, dem
Wohlstand und der Zufriedenheit aller Klassen der mensch=
lichen Gesellschaft erträumt. In diesem Traum des zwanzigsten
Jahrhunderts ist nichts mehr vorhanden von Soldateska, von
Anarchie, von Unzufriedenheit, Bedrückung, Revolution. In
Bellamys Stadt denkt man mit Entsetzen und Bedauern zurück
an die Zustände, wie sie heute in jeder Großstadt und nicht
zum mindesten auch in Chicago herrschen.

Wie schade, dachte ich mir, daß Bellamy nicht schon vor
drei Jahrzehnten sein Buch geschrieben hat! Chicago war
damals im Begriff, aus einer Provinzstadt des Westens zur
Großstadt zu werden, und hätte seine weisen Lehren bei der
sprungweisen Vergrößerung und Ausdehnung der Stadt wohl
beherzigen können. Wir hätten jetzt wenigstens das Erreich=
bare und Mögliche von Bellamys Traum hier am Michigansee
erreicht. Der Anfang wäre gemacht, und wenigstens in einer
Stadt der Welt gäbe es möglicherweise kein Arbeiterelend,
keine Sittenlosigkeit und Verderbtheit!

Ich war von meiner vormittägigen Wanderung an dem
heißen Spätherbsttage so ermüdet, daß ich während meiner
Fahrt über diesen Gedanken einschlief. — Als ich wieder
erwachte, fuhr mein Zug gerade in eine Station ein, deren
Aussehen mich überraschte. War ich denn in Amerika?
in Chicago?

Ein schönes neues, elegantes Gebäude im spätgotischen
Stil, umgeben von saftigen grünen Rasenflächen und Baum=
anlagen. Hinter dem Stationsgebäude breitete sich ein schöner
Park aus mit Statuen, Springbrunnen und einem kleinen,
künstlich angelegten See. Ueber die Baumkronen ragten
Türme und die Dächer großer neuer Gebäude hervor. Die
Straßen und Wege, die ich vom Waggonfenster aus sah,

waren vorzüglich gehalten und mit schattigen, dicht belaubten
Bäumen besetzt, unter denen wohlgekleidete Menschen spazieren
gingen. Alles zeigte soviel Ruhe, Reinlichkeit, Wohlstand,
daß ich beschloß, mir diese Stadt näher anzusehen. Ich sprang
aus dem Waggon, der Zug rollte weiter.

Gerade vor mir lockte mich der schöne Stadtpark zu=
nächst an. Er befand sich anscheinend in der Mitte der mir
unbekannten Stadt. Ein breiter Boulevard mit schönen
Fahrwegen und schattigen Alleen führte mitten durch sie, und
am Ende des Boulevards sah ich den Wasserspiegel eines
großen Sees schimmern, durchfurcht von kleinen, zierlichen
Segelbooten. Jenseits des Boulevards, dem Park gegen=
über, erhob sich die stattliche Front eines neuen Hotels, und
nahe dabei sah ich einen andern großen Bau in hübschem
Monumentalstil mit gebrochenen Fronten und aufgesetzten
Türmen. Durch hohe, weite Thore kamen und gingen fort=
während zahlreiche Menschen, zumeist wohlgekleidete Frauen,
mit Paketen und Körben und Täschchen in den Händen.

Als ich, ihnen folgend, zu dem Hauptthor kam, fand ich,
daß das ganze Gebäude von einer hohen Galerie durchzogen
wurde, die bis zum Dache reichte. Sie war in zwei Stock=
werke geteilt, und ein breiter Balkon zog sich längs des oberen
Stockwerkes auf beiden Seiten der ganzen Galerie entlang.
Im unteren Stockwerk reihten sich Kaufläden der verschiedensten
Art dicht aneinander — von eleganten Juwelen= und Mode=
handlungen bis zu den bescheidensten Schuhläden. Die Schau=
fenster waren mit viel Geschmack eingerichtet, nirgend waren
schreiende Anzeigen und Firmentafeln wahrnehmbar. In den
Galerien ging es wie in einem großen Bienenkorbe her.
Käufer gingen von Laden zu Laden, besahen sich die Kauf=
gegenstände und besorgten ihre Geschäfte. Auch oben auf
den Balkonen gingen viele Menschen aus und ein. Bequeme

Freitreppen führten zu ihnen hinauf. Ich schritt eine der Treppen empor und fand oben ebenfalls allerhand Geschäfte, Versicherungsämter, Banken, Bureaus aller Art. An einem Ende des Balkons befand sich eine Art Klub mit großen, bequem, um nicht zu sagen luxuriös eingerichteten Lesezimmern und einer großen Bibliothek, die wohl an 10000 Bände enthalten mochte. Auf den Tischen lagen allerhand Zeitschriften ausgebreitet, und an einem Pult befanden sich Angestellte, welche den Besuchern die gewünschten Bücher verabfolgten. Nahebei, immer noch in den Arkaden, sah ich den Eingang zu einem Theater. Schwache Klänge von Musik drangen aus dem Innern. Ich versuchte die Thür. Sie war offen. Auf der Bühne fand eben eine Probe statt, und das Theater war hinreichend erleuchtet, daß ich den Aufbau des Zuschauerraums wahrnehmen konnte. Ein wahres Hoftheater mit prächtig dekorierten, im maurischen Stil gehaltenen Logen, breiten, bequemen Sitzplätzen mit Samt überzogen und reich vergoldeten Brüstungen, einer der niedlichsten, elegantesten Räume, die man sich träumen kann.

Ich trat am jenseitigen Ende der Arkaden wieder ins Freie. Vor mir erhob sich eine stattliche Kirche mit hohem Turm und dahinter, inmitten eines freien, mit Anlagen geschmückten Platzes, ein großes, hübsches Gebäude im englischen Cottagestil, über dessen Hauptthor ich das Wort „Markthaus" las. Die breiten, eingedeckten Galerien, die das Gebäude durchzogen, waren ebenfalls mit Menschen, zumeist Frauen, gefüllt, welche ihre Einkäufe von Lebensmitteln besorgten, denn zu den Seiten der Galerien reihten sich Gemüse-, Fleisch-, Fisch- und andere Eßwarenhandlungen aneinander. Alles zeigte die größte Reinlichkeit. Der Boden war mit großen Steinplatten gepflastert und mit Spülvorrichtungen versehen, welche von einer Wasserleitung gespeist wurden.

In den Straßen, die ich durchwanderte, zeigte sich derselbe Wohlstand, dieselbe Reinlichkeit. Die Fahrwege waren sorgfältig mit Wasser besprengt, zu ihren Seiten spendeten Baumalleen den Fußwegen Schatten; vor allen Häusern breiteten sich schöne grüne Rasenplätze mit wohlgepflegten Blumenbeeten aus; die Häuser selbst alle so frisch und neu, als wären sie gestern erst aus dem Boden gewachsen. Straßen auf, Straßen ab nichts als solche neue Häuschen, durchweg einstöckig, mit blankgeputzten Scheiben und blühenden Topfpflanzen an den Fenstern; nirgend zeigte sich Staub, Schmutz, Unrat. Nicht der kleinste Papierfetzen auf der Straße, nicht das kleinste Fleckchen an den Häusern oder auf den weißgescheuerten Treppenstufen, die zu den Hausthüren emporführten.

Kaufläden, Gewerbe, Magazine, Wirtshäuser, Trinkstuben u. dgl. waren nirgend zu sehen. In allen Straßen der großen Stadt, sie mochte wohl 2000 Häuser zählen, scheinen die letzteren ausschließlich für Wohnungen bestimmt, und der Handel war auf die vorerwähnte Markthalle und die Arkaden beschränkt. Luft, Licht, Reinlichkeit, Stille überall.

Jenseit des großen Boulevards ragten mächtige Gebäude, überhöht von rauchenden Schornsteinen, empor. Dort mochte wohl die Stätte der Arbeit sein; hier, wo ich mich befand, jene des Friedens, der Behaglichkeit. War dies wirklich eine Stadt des neunzehnten Jahrhunderts? Wo waren denn die schmutzigen Straßen, die rauchgeschwärzten, überstaubten Häuser mit zerbrochenen Fensterscheiben, die Spelunken und Schnapsläden und die Einwohner, die dazu gehörten? Träumte ich? wachte ich?

*   *   *

Möglicherweise erwartet man, daß ich wirklich geträumt, ganz wie Bellamy, und daß ich, im Zuge schlafend, dieses

Bild einer Zukunftsſtadt des zwanzigſten Jahrhunderts nur im Schlafe vorgegaukelt bekam.

Mit nichten. Mein eigentliches Ziel, Hyde=Park=Station, hatte ich allerdings verſchlafen, war aber, in die nächſte Stadt einfahrend, erwacht und ausgeſtiegen.

Dieſe Stadt war Pullman City.

Pullman City liegt etwa 14 engliſche Meilen ſüdlich von Chicago an dem Weſtufer des etwa drei Meilen langen und halb ſo breiten Calumetſees, und dürfte bei dem Siebenmeilenſtiefel=Wachstum Chicagos binnen wenigen Jahren in dieſes aufgehen.

Vorderhand iſt es eine Stadt für ſich von etwa 14 000 Einwohnern — eine Stadt ohne Bürgermeiſter, ohne ſtädtiſche Behörden, ohne Gericht, Gefängnis, ohne irgend welche öffentliche Aemter, ja ſie beſitzt nicht einmal Polizei. Pullman unterſteht direkt den Grafſchaftsbehörden und iſt ſamt und ſonders eine Stadt im Privatbeſitz von Mr. George M. Pullman.

Der Fremde, der Pullman City beſucht, ſteigt in einem, Pullman gehörigen und von einem ſeiner Angeſtellten ver= walteten Hotel ab; er ſpeiſt auf Pullmanſchem Geſchirr, fährt nachmittags in einem Pullmanſchen Wagen nach der Pullman gehörigen Bank, um ſein Geld zu wechſeln; beſucht eine Schule, in welcher die Kinder Pullmanſcher Arbeiter von Pullmanſchen Lehrern unterrichtet werden; des Abends beſucht er ein Pullman gehöriges Theater und geht nachts in einem Pullmanſchen Bett ſchlafen. Er kann nirgend irgend welche Einkäufe beſorgen, außer bei Pullmanſchen Mietsleuten, er trinkt Waſſer aus der Pullmanſchen Waſſer= leitung und wird zur Nachtzeit von einer Feuerwehr behütet, in der jedes Mitglied vom Kommandanten bis zum letzten Pferdeknecht in Pullmanſchen Dienſten ſteht. Sonntags geht er in eine Kirche, die Eigentum Pullmans ist, beten, und mag er seine Spaziergänge auf Meilen in die Runde ausdehnen, er bleibt auf Pullmanschem Landbesitz.

Als ich, die Straßen der Stadt durchwandernd, bald nach dem Eigentümer dieser oder jener Fabrik, dieses oder jenes Hauses fragte, die Antwort war und blieb stets Mr. Pullman. Ich entsann mich an die hübsche Geschichte in Wackernagels Lesebuch, in welcher von einem Deutschen erzählt wird, der zum erstenmal Amsterdam besucht und auf seine wiederholten Fragen nach dem Besitzer verschiedener Gebäude und Anstalten regelmäßig zur Antwort bekommt: „kan nit verstaan." Er hält diesen Herrn Kan nit verstaan (kann nicht verstehen) für den reichsten Herrn Amsterdams, bis er schließlich einem pompösen Leichenzuge begegnet und auf seine Frage nach dem Verstorbenen wieder „Kan nit verstaan" zur Antwort erhält. Armer Kannitverstaan! Er hat in Mr. Pullman einen amerikanischen Doppelgänger, der aber wirklich lebt und ungezählte Millionen reich ist.

Mr. Pullman hat diese Millionen mit seinen auch in Europa zur Einführung gelangenden Schlafwagen, die seine Erfindung sind, erworben. Auf der Mehrzahl der in Amerika verkehrenden Schnellzüge findet man Pullmansche Salon- und Schlafwagen, und der Bedarf an solchen war in den achtziger Jahren infolge der stetigen Ausbreitung des Eisenbahnnetzes derart gestiegen, daß Mr. Pullman für eine Vergrößerung seiner Waggonbauanstalt besorgt sein mußte.

Chicago ist der Mittelpunkt des Eisenbahnverkehrs von Nordamerika, aber Grund und Boden sind dort zu fabelhaften Preisen gestiegen. Mr. Pullman sah sich deshalb nach billigeren Ländereien um, etwas weiter von Chicago ent-

fernt, und erwarb schließlich längs der Westufer des vor=
erwähnten Calumetsees eine sumpfige, anscheinend wertlose
Landstrecke von 3000 Morgen (nahezu 13 Quadratkilometer)
zu wahren Spottpreisen. Das ganze Land war vollständig
unbewohnt, und nur die Eisenbahnen durchschnitten es auf
hohen Dämmen.

Das war im Jahre 1880. Mr. Pullman dachte sich,
daß er eben so gut wie seine Fabrik auch Wohnungen für
seine 3000 Arbeiter mit ihren Familien hier bauen könnte.
Dann brauchten sie nicht täglich die 14 Meilen lange Strecke
von Chicago zu der Fabrik und wieder zurück zu reisen, und
da, wie gesagt, nichts vorhanden war als der kahle Boden,
so konnte er die zukünftige Stadt ganz nach seinen Ideen
schaffen. Kloaken und Abzugskanäle waren des tiefliegenden
Landes wegen nicht möglich. Deshalb ließ er zunächst in
der Mitte ein großes gemauertes Bassin zur Aufnahme des
Unrats anlegen und nahebei einen Brunnen graben, um den
Unrat mit Wasser verdünnen und dann auspumpen zu
können. Dann zog er die Linien der künftigen Straßen,
und bevor er dieselben gehörig aufschütten und pflastern
ließ, legten seine Arbeiter die Kloaken, Wasserleitung und
Gasröhren.

Während so die Straßen gebaut wurden, arbeitete ein
New Yorker Architekt an den Plänen der künftigen Stadt.
Beides wurde gleichzeitig fertig. Nun brachten Sonderzüge
täglich Hunderte von Arbeitern aus Chicago, um die Stadt
zu bauen. Vorderhand war weder Baumaterial noch
sonst irgend etwas vorhanden. Statt dasselbe aus dem
teuren Chicago per Bahn kommen zu lassen, ließ Herr
Pullman seine Arbeiter die sumpfigen Ufer des Calumetsees
vertiefen, und aus der so gegrabenen Erde wurden die zum
Bau der Stadt erforderlichen Millionen von Ziegeln gebrannt.

Aehnlich wurde die aus den Fundierungen ausgehobene Erde verbraucht. Schon nach wenigen Monaten waren die Mauern der 2000 Häuser aufgeführt, nebst den großen Pullmanschen Waggonfabriken an der Nordseite dieser merkwürdigen Stadt. Nun handelte es sich um die Eindachung und das Holzwerk der 2000 Häuser. Statt diese Arbeit Chicagoer Unternehmern zu übergeben, richtete Pullman in seiner neuen Stadt eigene Zimmerwerkstätten ein, wo das ganze Material auf seine eigene Rechnung angefertigt wurde. Die übrigen Arbeiten, wie Gitter, Schlösser, Fenster, Kücheneinrichtung u. dgl., bestellte er nach seinem Geschmack in Chicago, und da es sich hierbei gleich um 12= bis 15 000 Fenster, ebensoviel Thüren, Schlösser u. dgl. handelte, bekam er alles selbstverständlich zu spottbilligen Preisen, so daß ihm seine Stadt, die wohl unter gewöhnlichen Verhältnissen an 15 Millionen Dollars gekostet haben würde, nur lumpige 8 Millionen kostete. Die Rechnungen wurden in bar bezahlt.

Nun war es fraglich, ob die Fabriksarbeiter die Stadt beziehen würden, wenn sie nur aus langen Reihen nackter Häuser bestände. So war denn der Gründer sofort darauf bedacht, die Stadt zu verschönern und mit allen modernen Annehmlichkeiten zu versehen. Er legte Parks und Gärten an, baute das Theater, die Kirche, Hotel, Markthallen u. s. w., und am 2. April 1881 war seine Stadt, ein wahres Juwel, fix und fertig.

An diesem Tage — die Stadt besaß gerade vier Ein= wohner — wurden die großen neuen Waggonfabriken von Pullman in Betrieb gesetzt. Schon zehn Monate später, am 1. Februar 1882, besaß Pullman bereits 2084 Einwohner, im September 1884 die vierfache Zahl, nämlich 8203 Ein= wohner, und jetzt besitzt sie deren 14 000. Auch die Waggon= fabrik ging mit ähnlichen Schritten vorwärts; denn schon

1884 konnte sie 40 Eisenbahnwaggons an jedem Wochentage des
Jahres liefern. Ja am 18. August 1884 wurden in ihr
nicht weniger als 100 Frachtwaggons begonnen, fertiggestellt
und abgeliefert! Da auch vom Baue der Stadt die Ein=
richtungen für Zimmer= und Ziegelwerkstätten vorhanden
waren, so ließ Mr. Pullman auch diese bestehen und erzeugt
dort massenhaft Baumaterial, das er nach Chicago verkauft.
In den Ziegelwerken allein werden täglich eine Viertelmillion
Bauziegel hergestellt. Im Winter, wenn das Frieren des
Bodens diese Thätigkeit unterbricht, verwendet er die Arbeiter
auf dem Calumetsee zum Sägen und Aufstapeln des Eises,
durch dessen Verkauf im Sommer er abermals großen Ge=
winn erzielt.

Das beste Geschäft war aber die Stadt selbst. Nach den
Erkundigungen, die ich in verschiedenen Häusern einzog, be=
läuft sich der Mietzins für dieselben zwischen 14 und 25 Dollars
monatlich. Die größten Häuser werden mit 100 Dollars
bezahlt. Schon bei einem Durchschnitt von 30 Dollars
monatlicher Miete ergibt sich eine achtprozentige Verzinsung
des Anlagekapitals. Die Philanthropie des Herrn Pullman
macht sich also glänzend bezahlt, ja er macht selbst gar kein
Hehl daraus, daß er seine nach ihm benannte Stadt als
eine Geldspekulation gebaut hat. Alles, was mit dieser Stadt
zusammenhängt, ist auf Gelderwerb berechnet, selbst bis zu
den — Kloaken! Der Unrat sammelt sich, wie gesagt, in
einem großen Reservoir, wo er mit Wasser vermengt und
dann auf eine 170 Morgen große, selbstverständlich ebenfalls
Herrn Pullman gehörende Farm gepumpt und dort als
Dünger benutzt wird. Die Anlage der Kloaken der Stadt
hat gegen 300000 Dollars gekostet, aber der Dünger, den
er auf die gedachte Art gewinnt, hat dafür auf einem
sumpfigen, unbenutzbaren Boden eine fruchtbare, reichen

Gewinn bringende Farm möglich gemacht. Dieses Beispiel verdient Nachahmung! Das ganze Land, welches Pullman ursprünglich zu Spottpreisen erstand, ist durch die Erbauung einer Stadt darauf im Werte auf das Tausendfache gestiegen und dürfte im Laufe der Jahre den Besitzer zu einem der reichsten Krösusse Amerikas machen, nicht allein wegen der stets fortschreitenden Ausdehnung der Millionenstadt Chicago, innerhalb dessen Stadtgrenzen Pullman bereits liegt, sondern auch wegen der ausgezeichneten Lage Pullmans an den Ufern des Calumetsees. Dieses große Wasserbecken ist für die Anlage eines großen Hafens wie geschaffen; der Calumetfluß verbindet den See mit dem nur wenige Meilen entfernten Lake Michigan, und Mr. Pullman prophezeit, daß noch zu seinen Lebzeiten Schiffe von hier direkt nach Liverpool und Hamburg fahren werden, denn der Calumetsee wird mit der Zeit einen Teil des großartigen Schiffsverkehrs von Chicago übernehmen müssen, da es in Chicago an Werften mangelt. Mit Rücksicht darauf hat Pullman in seinem See jetzt schon 7 Werften erbauen lassen.

Die Stadt Pullman wird heute etwa in derselben Weise geleitet wie irgend ein Mammutshotel, nur daß die Hotel= gäste hier nicht Zimmer, sondern ganze Häuser mieten. Pullman ist wohl die einzige Stadt der Welt, in welcher es mit Ausnahme des Geschäftsmannes dieses Namens nicht einen einzigen Hausbesitzer gibt. Jedes Haus, jede städtische Einrichtung, jeder Stein ist sein Eigentum; die Einwohner sind durchweg seine Arbeiter und Beamten, und ebenso stehen alle Bank=, Hotel=, Markt= und sonstigen Beamten in seinem Sold. Er ist hier unumschränkter Herr und Gebieter, und fällt es ihm ein, so kann er in einer Woche die ganze Stadt dem Erdboden gleich machen, in einer Woche sämtlichen Ein= wohnern kündigen, denn in den Mietsverträgen, die ich zu sehen bekam, befindet sich der Vorbehalt, daß alle Mieter, selbst wenn sie ihren Zins im voraus entrichtet haben, der einwöchentlichen Kündigung unterworfen sind. Wegen aus= stehenden Mietzinses dürfte eine solche Kündigung kaum erfolgen können, denn da die Bewohner oder doch die Familien= väter durchweg in den Pullmanschen Fabriken und Kontoren beschäftigt sind und von ihm besoldet werden, wird ihnen der fällige Mietzins gleich von ihren Löhnen in Abzug gebracht.

Aber dieses Abhängigkeitsverhältnis von dem Allgewaltigen bezieht sich nicht allein auf die Wohnhäuser. Auch die Markt= hallen, das Theater, das Hotel, Bibliothek u. s. w. werden auf Rechnung Mr. Pullmans geleitet, ja für die Benutzung der — Kirche (!) wird ein jährlicher Mietzins von 2000 Dollars beansprucht. Nun ist aber keine Kongregation Pullmans groß und reich genug, um diesen Mietzins zu bezahlen. So bleibt denn die Kirche gesperrt, und die einzelnen Kongre= gationen halten ihren Gottesdienst in Hallen ab, deren Miete geringer ist und die sie bestreiten können.

Die Verwaltung der Stadt steht ausschließlich unter dem Besitzer. Die Einwohner haben in keiner Sache irgend ein Wörtchen mitzusprechen, und nur für die (ebenfalls gegen Mietzins zur Verfügung stehende) Schule besteht eine von den Einwohnern gewählte Schulkommission.

Es war mir von großem Interesse, von den Einwohnern zu vernehmen, wie sie sich in diese ganz ungewöhnlichen Verhältnisse fügen. Dem Anschein nach spielt sich alles glatt und ruhig ab, und wer die Stadt zum erstenmal besucht, durch ihre reinlichen, schönen Straßen wandelt und die vor= trefflichen Einrichtungen, die schmucken Häuser mit ihren Gärten, die stattlichen öffentlichen Gebäude und endlich auch die wohlgekleidete, anständige und ruhige Bevölkerung sieht, ist geneigt, hier das Ideal einer Stadt zu erblicken. In ganz Pullman befindet sich beispielsweise nicht eine Schenke oder ein Bierlokal. Geistige Getränke werden nur in einem Gebäude, in dem Hotel, verabreicht. Das Innere der Wohnhäuser erhöht noch den ungemein günstigen Eindruck, den die Straßen auf den Fremden machen. In jedem Hause befindet sich Gas- und Wasserleitung, und in der Mehrzahl der Häuser sind sogar Badestuben mit fließendem Wasser! Ueberall herrscht große Sauberkeit; zerbrochene Fensterscheiben, Schmutz oder Unrat werden von der Stadtverwaltung nicht geduldet und auf Kosten des Mieters entfernt. Ueber all das erhielt ich von den Einwohnern, mit denen ich sprach, alle gewünschte Auskunft. Als ich mich jedoch nach den sozialen Verhältnissen erkundigte, als ich fragte, wie sie denn mit dem Leben und den Einschränkungen ihrer bürgerlichen Freiheiten 2c. zufrieden wären, war es mir unmöglich, aufrichtigen Bescheid zu erhalten. Die Männer blieben vollständig zugeknöpft, ja ich konnte es ihren Blicken und ihrem Benehmen ansehen, daß sie in mir möglicherweise einen Kundschafter des allmächtigen Mr. Pullman vermuteten. Die Frauen waren weniger verschlossen — wo sind sie es denn nicht? Und aus diesen und jenen vielleicht unbedachten Aeußerungen wurde ich in meiner Ueberzeugung bestärkt, daß mit der Pullmanschen Stadt das soziale Problem der Arbeiter nichts weniger als gelöst wurde, ja daß in Pullman teilweise recht ungesunde Verhältnisse obwalten. Die Bevölkerung der Stadt besteht zum größten Teil aus Arbeitern, und Arbeiter suchen Beschäftigung. Mr. Pullman gibt ihnen diese in seinen Fabriken jahraus jahrein, er zahlt pünktlich, die Geschäfte gehen gut, und deshalb beißen die Arbeiter auch in den sauren Apfel, die Stadt Pullman, denn sie können unmöglich in Chicago wohnen und täglich den weiten und immerhin kostspieligen

Weg nach den Werkstätten in Pullman machen. Dazu sind die Wohnungsverhältnisse in der letztgenannten Stadt unendlich viel günstiger als in Chicago. Statt dort in elenden, finsteren, ungesunden Mietskasernen zu wohnen, haben sie hier für weniger Geld hübsche kleine Häuser, frische, gesunde Luft, ansprechende Gesellschaft, alle Vorteile eines Landaufenthalts gepaart mit den Vergnügungen und Annehmlichkeiten des städtischen Lebens. Ja, dank der Einrichtung der allen zugänglichen klubartigen Bibliothek, dank der billigen Theaterpreise u. s. w. werden sie hier aus dem Proletariat zu einer viel höheren gesellschaftlichen Sphäre emporgezogen, es werden ihnen Annehmlichkeiten zugänglich gemacht, welche in Großstädten das Privilegium wohlhabender Klassen bilden — aber alles das kann die gänzlich unamerikanische, unrepublikanische Lage nicht gutmachen, in der sie sich in dieser Stadt befinden. Sie sind freie Bürger der amerikanischen Republik, und doch können sie keines ihrer bürgerlichen Rechte ausüben. Sie bleiben in allem und jedem in einer höchst unbehaglichen Stellung der Abhängigkeit von Mr. Pullman oder seinen Beamten. Nicht einmal der freie Meinungsaustausch, die freie Kritik ist ihnen gestattet, denn sie müssen sich immer gewärtig sein, Stellung, Haus und Hof zu verlieren. In Chicago hat man mit glänzendem Erfolge den Anfang gemacht, billige Arbeiterhäuser mit allen modernen Einrichtungen zu bauen und dieselben gegen Ratenzahlungen Arbeitern zu verkaufen. Dort ist diesen also die Möglichkeit gegeben, sich ein eigenes Heim zu gründen und seßhaft zu werden. In Pullman leben die 14 000 Einwohner sozusagen wie in einem Hotel, von heute auf morgen. In der That fand ich unter den vielen, mit denen ich sprach, nicht einen, der länger als zwei Jahre in Pullman wohnte. Auf die Dauer ist das Abhängigkeitsverhältnis und das Muckertum, zu dem es führt, nicht erträglich, zumal sich innerhalb weniger Meilen eine Großstadt befindet, in welcher das freie Wort und die Freiheit selbst größer sind als irgendwo in den Vereinigten Staaten. Wer sie einmal gekostet hat, der kann sich ihr auf die Dauer nicht entziehen. Selbst mit dem Temperenzwesen, das in Pullman herrscht, ist es so eine Sache. Da die Einwohner in Pullman selbst keine Gelegenheit haben, sich ein Gläschen hinter die Binde zu gießen, so gehen sie einfach des Abends nach der nächsten Stadt: Kensington. Dort sind seit dem Bestande von Pullman, hart an dessen Stadtgrenzen, etwa zwei Dutzend Schnapskneipen entstanden, die vortreffliche Geschäfte machen. Das alte Sprichwort: „Es ist nicht alles Gold, was glänzt!" bewahrheitet sich also auch in Pullman, und ich war froh, nicht nur nach dem glänzenden Aussehen der jungen Stadt mein Urteil gebildet zu haben, sondern der Sache etwas näher auf den Grund gegangen zu sein. Der Allmächtige bewahre Amerika und damit auch unsern alten Kontinent vor solchen „auf Bestellung" gemachten Städten und dem städtischen Autokratentum. Pullman hat glänzende Vorzüge in sanitärer und anderer Hinsicht. Es macht den Arbeiter zum Menschen, aber nicht zum freien, selbständigen Mann.

Nicht daß Mr. Pullman Vorwürfe gemacht werden sollen. Im Gegenteile. Die Stadt, die er geschaffen, ist ja sein Eigentum, und es ist begreiflich, daß er Herr derselben bleiben will und auf seinem Grund und Boden keinen andern Herrn duldet. Er will nicht, daß seine Angestellten ihm über den Kopf wachsen und schließlich gar Gesetze diktieren. Zudem steht es ja jedem frei, zu kommen und zu gehen, ganz nach Belieben. Ein großes Verdienst hat Herr Pullman jedenfalls: nämlich seinen Arbeitern menschenwürdige, ja schöne Wohnungen und eine Unzahl von Annehmlichkeiten für billiges Geld zu bieten. Das ist aber noch keine Lösung des sozialen Problems; denn aus allem und jedem zieht doch nur er selbst den Gewinn. Je besser seine Arbeiter wohnen, desto mehr können sie leisten.

So entpuppte sich mein schöner Traum als eine sehr nüchterne Wirklichkeit, und es war mit sehr gemischten Gedanken über die Philanthropie der Chicagoer Herren, daß ich nach der Metropole des Michiganjees zurückkehrte.

15

Der Bosporus von Nordamerika.

Die großen canadischen Seen greifen mit ihren west= lichsten Enden bis in das Herz des amerikanischen Kontinents, denn von Duluth, dem westlichsten Hafen des Oberen Sees, ist es beiläufig gerade so weit nach Neu=Schottland wie nach Britisch=Kolumbien oder nach der Mitte des Golfes von Mexiko. Die Südspitze des Michigansees liegt im Herzen der reichsten und bevölkertsten Präriestaaten. An dieser Süd= spitze liegt Chicago. Schiffe können vom Atlantischen Ozean durch den St. Lorenzstrom und von dort über die großen Seen und durch deren Kanäle bis nach Chicago gelangen, 1000 englische Meilen weit vom Atlantischen Ozean entfernt. Der Eriekanal verbindet die großen Seen mit dem Hudson= strom und dadurch mit dem Hafen von New York. Der Frachtenverkehr zwischen Chicago und den Atlantischen Häfen auf diesen Wasserstraßen stellt sich um die Hälfte wohlfeiler als auf den Eisenbahnen. Dieser Umstand sowie die un= geahnte, großartige Entwicklung der Präriestaaten schufen auf den großen Seen eine Flotte von 1600 Dampfern und 2000 Segelschiffen mit zusammen gegen 1300000 Tonnen Gehalt. Was das heißt, wird erst durch den Vergleich mit der gesamten Handelsflotte des Deutschen Reiches klar. Diese zählt heute 941 Dampfer und 2700 Segelschiffe mit zusammen 1468000 Tonnen. Die Flotte der großen Seen und jene des Deutschen Reiches sind also, wie schon in einem früheren Kapitel erwähnt, nur wenig voneinander verschieden. Die beiden größten und „einsamsten" Seen der ganzen Kette, der Obere und der Huronsee, stehen durch eine in weiten Kreisen kaum dem Namen nach bekannte Wasserstraße, den Sault Ste. Marie, miteinander in Verbindung. Durch diesen Fluß passierten im vergangenen Jahre an 11000 Schiffe oder durchschnittlich etwa 50 an jedem der 220 Tage, an welchen die Schiffahrt durch das Zufrieren nicht unterbrochen war. Der Gesamttonnengehalt dieser Schiffe betrug ca. 10 Millionen Tonnen. Der Tonnengehalt der Schiffe, welche in den letzten fünf Jahren den Suezkanal passierten, betrug durchschnittlich gegen 7 Millionen Tonnen per Jahr. Durch den Sault Ste. Marie passierten also in 9 Monaten Schiffe mit 3 Millionen Tonnen mehr Gehalt als durch den Suezkanal im ganzen Jahr!

Noch gewaltiger ist der Schiffsverkehr der großen „einsamen" Seen im Detroitfluß, der den Huronsee mit dem Eriesee verbindet. London und Liverpool sind bekanntlich die größten und belebtesten Häfen der Erde mit einem Schiffsverkehr von ca. 20 Millionen Tonnen im Londoner und über 14 Millionen Tonnen im Liverpooler Hafen. Nun, der Schiffsverkehr durch den Detroitfluß erreichte im vergangenen Jahre nahezu 40 Millionen Tonnen, also mindestens um 5 Millionen Tonnen mehr, als London und Liverpool zusammengenommen!

Nordamerika besitzt das ausgebreitetste Eisenbahnnetz der Erde mit Schienenwegen von gegen 300000 Kilometer Länge im Vergleich zu den 225000 Kilometern Europas. Die canadischen Seen würden sich an Flächenausdehnung zum Kontinent von Nordamerika verhalten wie etwa das Groß-

herzogtum Oldenburg zum ganzen Deutschen Reich oder
wie 1 zu 73; und dennoch ist der Schiffsverkehr auf den
canadischen Seen im Vergleich zu dem gesamten Eisenbahn=
verkehr Nordamerikas wie 1 zu 4, d. h. der Schiffsverkehr
ist so groß wie ein Viertel des ganzen Eisenbahnverkehrs!
Diese Einleitung ist etwas lang, allein sie ist notwendig,
um die enorme Wichtigkeit der Wasserstraßen gegenüber den
festländischen Verkehrswegen darzulegen, sie ist auch nötig
zur Lösung des großen Rätsels, warum denn Chicago in
50 Jahren aus einem elenden Dorfe zu einer Weltstadt von
der Größe Berlins werden konnte. Chicago liegt an dem
einen Ende der großen Wasserstraßen des Kontinents, es zog
naturgemäß von dem ganzen Riesenverkehr derselben den
Löwenanteil an sich und entwickelte sich zu einem Binnen=
hafen, der mit 10 Millionen Tonnen Verkehr jährlich dem
Verkehr der größten kontinentalen Häfen Europas, also
Hamburg oder Antwerpen, gleichkommt. Dieser günstigen
Lage am Endpunkt der Seeschiffahrt hat Chicago seine Größe
und seinen Reichtum hauptsächlich zu danken. Obschon es
gleichzeitig der wichtigste Knotenpunkt des ungeheuren ame=
rikanischen Eisenbahnnetzes ist, von welch letzterem ein Fünftel,
also etwa 60000 Kilometer, direkt von Chicago abhängig
ist, so hätte es seine heutige geradezu beherrschende Stel=
lung im Handelsverkehr des Kontinents niemals ohne die
Seenkette erreichen können, wie es ja das Beispiel von
St. Louis beweist, das noch viel centraler gelegen ist und
als Eisenbahnmittelpunkt eine Zeit lang Chicago weit über=
troffen hat.

Nun rüsten sich die Chicagoer, noch einen ungemein
wichtigen Schritt weiter zu gehen, nämlich das große System
der canadischen Süßwassermeere mit dem Stromsystem des
Mississippi in Verbindung zu bringen und den Verbindungs=

kanal dieser beiden großartigsten Wasserstraßen des Kontinents durch das Herz ihrer Stadt, durch ihren Hafen, zu legen. Es ist schwer, sich eine Vorstellung von der ungeheuren Tragweite dieses Kanals zu machen, schwer, irgendwo auf dem Erdball ähnliche Verhältnisse zu finden, die sich mit den beiden Systemen der canadischen Seen und des Mississippi vergleichen ließen. Chicago ist von der Mündung des St. Lorenzstroms durch die Straße von Belle Isle in den Atlantischen Ozean gegen 3700 Kilometer entfernt, besitzt also für große Seeschiffe gegen Osten eine Wasserstraße von der Entfernung Berlins von Ostpersien; im Westen von Chicago befindet sich das ungeheure Stromnetz des Mississippi mit seinen großen schiffbaren Nebenflüssen, Wasserstraßen von vielen Tausenden Kilometern Länge. Die Entfernung Chicagos von der Mündung des Mississippi in den Golf von Mexiko beträgt über 3300 Kilometer; durch die Herstellung des Schiffahrtskanals zwischen dem Michigansee und dem Mississippi wird ein direkter Schiffsverkehr vom Golf von Mexiko sowohl wie aus den wichtigsten Baumwollstaaten des Südens und den Agrikulturstaaten des Westens nach dem Atlantischen Ozean, später, nach Erweiterung der Kanäle, sogar nach den europäischen Häfen stattfinden können, mit Umgehung New Yorks und anderer atlantischer Häfen. Chicago baut nun diesen Kanal, der in der That die Bedeutung eines amerikanischen Bosporus besitzt. Chicago wird aus demselben ungeheure Vorteile ziehen, und so groß die Stadt heute auch schon ist, als Verkehrscentrum und Handelsemporium sieht sie einer so großen Zukunft entgegen, daß man geradezu behaupten könnte, sie stecke heute noch in den Kinderschuhen. Man spricht allgemein davon, daß die Chicagoer durch ihre Energie und ihren Unternehmungsgeist die Riesenstadt am Michigansee geschaffen haben. Das gerade Gegen=

teil ist der Fall. Die Stadt hat ihre Bürger geschaffen. Die Grundbedingungen für den Reichtum der letzteren waren ja da; sie brauchten nur die Hand auszustrecken. Sonst wäre es gewiß nicht möglich gewesen, daß binnen drei Jahrzehnten in Chicago so ungeheure Vermögen erworben worden wären, unter welchen sich heute zweihundert befinden, die mehr als 1 Million Dollars belaufen, und mehrere, die 30 bis 40 Millionen Dollars erreichen! In den Händen von 200 Menschen vereinigt sich ein Gesamtvermögen von 2000 Millionen Mark! Zwei Chicagoer, Phil. Armour und Marshall Field, besitzen zusammen 250 Millionen Mark, obschon sie vor 25 Jahren arme junge Leute waren! Ein Dutzend anderer Bürger gebieten über Vermögen von je 30 bis 50 Millionen Mark.

Diese Verhältnisse klingen geradezu märchenhaft! Sie erinnern an die Wunderschätze Aladdins, ja all die erdichteten Reichtümer des Morgenlandes, von welchen uns die Erzählerin Harun al Raschids berichtet, verschwinden gegenüber dieser amerikanischen Wirklichkeit!

Was soll nun noch die Zukunft dieser Großstadt des Westens in den Schoß werfen, wenn einmal der Kanal hergestellt ist, zu dessen Erbauung der erste Spatenstich im Herbst 1892 unter allerlei Feierlichkeiten gemacht wurde?! Durch Menschenarbeit wird dadurch wieder ein Ausfluß geschaffen, der vor undenklichen Zeiten schon einmal vorhanden war. Die geologischen Verhältnisse des Stromgebietes der großen Seen zeigen nämlich, daß die letzteren in Urzeiten um ein beträchtliches größer waren, und daß der damalige Wasserspiegel um etwa 10 Meter höher lag als der jetzige. Der Hauptabfluß der großen Seen strömte jedoch nicht durch den St. Lorenzstrom dem Atlantischen Ozean zu, sondern von der Südspitze des Michigansees durch den Illinoisfluß

v. Hesse-Wartegg, Chicago.　　　　　　　　14

nach dem Mississippi. Gerade an der Stelle, wo das heutige
Chicago liegt, befand sich eine Zeit lang das Strombett
dieses Abflusses — ein merkwürdiges Zusammentreffen.
Im Laufe der Jahrtausende sank der Spiegel des Michi=
gansees immer tiefer (wie ja dieses Sinken auch noch heute
in ganz beträchtlichem Maße stattfindet); er legte weite
Strecken Seeboden längs seiner Ufer trocken und war end=
lich so weit zurückgegangen, daß der Abfluß nach dem Mis=
sissippi gänzlich aufhörte; eine kleine Erdwelle des einstigen
Seebodens zieht sich etwa 40 Kilometer südöstlich von Chicago
von Nord nach Süd, und diese Erdwelle, die vor Urzeiten
von dem See bedeckt wurde, bildet heute die Wasserscheide
zwischen den großen Seen und dem Mississippibecken, nicht
ganz 4 Meter über den Spiegel des Michigansees erhaben.
Das Bett des einstigen Seeabflusses kann von dieser Wasser=
scheide, Summit genannt, selbst von dem Laien leicht ver=
folgt werden, und noch heute fließt in diesem Bett, einem
weiten flachen Thale, der Desplainesfluß in westlicher Rich=
tung dem Illinoisfluß und damit dem Mississippi zu, während
auf dem östlichen Abfall der flachen Wasserscheide der Chicago=
fluß entspringt und in trägem Laufe dem Michigansee zufließt.
Chicago breitet sich nun längs der beiden Arme dieses
letzteren Flusses und rings um seine Mündung in den See
auf ebenem, ja großenteils sumpfigen Boden aus, und die
Kloaken der Stadt mündeten früher sämtlich in den Fluß,
der diese ungeheuren Massen Unrat in den See führte. Aus
diesem entnimmt aber Chicago sein Trinkwasser, und man
kann sich leicht vorstellen, welche unglücklichen sanitären Ver=
hältnisse, Krankheiten und Epidemien diese Zustände zur Folge
hatten. Die Chicagoer halfen diesem Elend dadurch ab, daß
sie den Fluß in der schon in einem früheren Kapitel geschil=
derten Weise umdrehten, d. h. stromaufwärts fließen ließen.

Allein bei heftigen Regengüssen oder starken Seestürmen fließt der Chicagofluß dennoch zuweilen in den See, und es blieb den Chicagoern nur ein radikales Mittel zur Abhilfe dieser ungemein schädlichen Verpestung ihres Trinkwassers übrig: die Durchstechung der Wasserscheide und die Herstellung eines offenen Kanals von dem See her durch den Chicago= fluß und den Desplainesfluß nach dem Illinois, also die Wiedereinrichtung des einstigen natürlichen Abflusses. Dann ist der Bösewicht, der Chicagofluß, vollständig von Chicago und dem See abgelenkt, reines, klares, gesundes Seewasser wird aus dem See durch die Stadt dem Kanal zuströmen, und die sanitären Uebelstände sind mit einem Schlage behoben.

Die Herstellungskosten des etwa 64 Kilometer langen Kanals, durch welchen sich Chicago endlich eine unbegrenzte Zufuhr frischen, guten Trinkwassers sichert, belaufen sich auf 22 Millionen Dollars, eine Kleinigkeit für diese Riesenstadt, die bisher für ihre Parks und öffentlichen Gärten allein 30 Millionen Dollars verausgabt hat! Die Wasserwerke Londons erforderten bisher gegen 200 Millionen Dollars, jene von Paris seit 1856 allein über 40 Millionen, jene New Yorks ebensoviel.

Was aber diesem neuen Kanal seine große Weltbedeutung verleiht, ist nicht die Wasserversorgung Chicagos, sondern, wie gesagt, die Herstellung einer Schiffahrtsstraße von den großen Seen zum Mississippi, indirekt vom Atlantischen Ozean zum Golf von Mexiko mitten durch das Herz des Kontinents. Schon auf dem bisherigen Illinois= . und Michigankanal langten trotz Schleusen und mangelhaftem Wasserstande jähr= lich in Chicago Waren von etwa einer Million Tonnen an; nun wird jedoch der neue Kanal eine untere Breite von 53 Metern und eine Tiefe von 6 Metern erhalten, und das Stromvolumen wird etwa eine halbe Million Kubikfuß per

Minute betragen. (Der Suezkanal besitzt eine untere Breite von 22 Metern, eine Tiefe von 8 Metern.) Diese Größenverhältnisse reichen für die großen Mississippidampfer, für die Seedampfer und für Ozeanschiffe mittlerer Größe vollständig aus, und Chicago erreicht also durch die Verausgabung von 22 Millionen Dollars nicht nur seine Wasserversorgung, sondern auch eine neue Weltverkehrslinie von der größten Wichtigkeit, deren Einfluß auf die Umwälzung des ganzen amerikanischen Verkehrs heute gar nicht abzusehen ist.

Mit diesem Kanal erhalten die großen Seen einen zweiten Abfluß. Der einzige bisherige Abfluß war der Niagara, aber seine Wassermassen werden durch den Chicagokanal nur um wenig verringert. Während der letztere in der Minute 5000 Kubikmeter Wasser den großen Seen entziehen und durch den Mississippi dem Golf von Mexiko zuführen wird, fließt durch den Niagarastrom in der Minute eine mehr als hundertfach größere Wassermasse dem St. Lorenzstrom zu, nämlich weit über eine halbe Million Kubikmeter, und es steht also nicht zu befürchten, daß die neuen großartigen Turbinenanlagen am Niagara, welche viele tausend Pferdekräfte durch elektrische Leitungen den amerikanischen Industrien zuwenden, an Wassermangel zu leiden haben werden. Wird doch die gesamte Kraft der Niagarafälle von den ersten Autoritäten auf fünf Millionen Pferdekräfte geschätzt!

Innerhalb vier Jahren soll der neue Chicagokanal vollendet sein, und jetzt schon ist man längs der ganzen Linie in vollster Thätigkeit. Ebensogut wie man die großen Seen als das Mittelländische Meer Nordamerikas bezeichnen kann, wird auch dieser neue Kanal als der Bosporus des Kontinents gelten können.

Anhang.

Ein Besuch des Weltausstellungsplatzes.

Den Besuchern der letzten Pariser Weltausstellung 1889 war es klar, daß dieselbe an Großartigkeit und Mannigfaltigkeit in absehbarer Zeit kaum übertroffen werden konnte. Amerika hat die Alte Welt aber schon häufig genug in Erstaunen gesetzt, es wird dies in Chicago in noch viel höherem Maße thun als je zuvor, und unwillkürlich mußte ich beim Durchwandern des Ausstellungsparkes an Bellamys Zukunftsträume denken. Alles ist thatsächlich im großartigsten Maßstab gehalten, selbst die Entfernungen. Was würde man beispielsweise in Berlin sagen, wollte man den Platz für die in der Reichshauptstadt geplante Ausstellung nach dem Grunewald oder der Jungfernheide verlegen? Nun, der Chicagoer Ausstellungspark befindet sich vom Mittelpunkte der Stadt gerade so weit entfernt wie der Grunewald oder die Jungfernheide vom königlichen Schloß. Die letzte Pariser Weltausstellung auf dem Marsfelde war etwa 4 Kilometer von dem Boulevard des Italiens entfernt. Wäre sie von den Parisern auf dieselbe Entfernung hinaus verlegt worden wie die Chicagoer, sie hätte in St.-Denis, St.-Cloud oder jenseit des Mont Valerien errichtet werden müssen. In Chicago aber erscheint dies die natürlichste Sache der

Welt. Die große Metropole am Michiganfee ist mit Recht stolz auf ihre vielen ausgedehnten Parks, allein der nächste darunter, der Lincoln-Park, ist vom Stadtmittelpunkte eben so weit entfernt wie etwa die Hafenheide vom Berliner Königsschloß. Es ist bezeichnend für die Expansionshoffnungen der Chicagoer, daß sie den zweitnächsten, 5 Kilometer vom Stadtmittelpunkte entfernten Park „Central-Park" getauft haben! Als der geeignetste Park für die Ausstellung wurde indessen ein dritter, der Jackson-Park, auserwählt, der sich volle anderthalb deutsche Meilen südlich des Stadtmittelpunktes längs der Gestade des gewaltigen Michiganfees ausdehnt' und etwa die doppelte Größe des Tiergartens oder die vierfache Größe des Boulogner Wäldchens besitzt. Als ich ihn zum erstenmal besuchte, lange ehe man noch an eine Weltausstellung dachte, erinnerte er mich in seiner Anlage lebhaft an das Bois de Boulogne. Der Michiganfee bildet hier einen tiefen, vielverzweigten Fjord mit zwei großen dichtbewaldeten Inseln, und es konnte somit kaum eine schönere Stelle für eine Parkanlage gefunden werden. Mit einem Kostenaufwand von 16 Millionen Mark wurden neue Wege, Stege und Brücken angelegt mit soviel Geschick und Geschmack, daß sich dieser Park schon längst mit dem schönsten seiner Art messen konnte. Aber er wurde wenig besucht, ja einer großen Zahl von Chicagoern war er ganz unbekannt. Nur an Sonntagen waren seine schönen Wege belebter. Hunderte von den charakteristischen amerikanischen Buggies, häufig von Damenhand geschickt gelenkt und mit flinken, leichten Trabern bespannt, rollten dann auf den Chausseen auf und nieder, miteinander um die Wette. Fußgänger gab es verhältnismäßig weniger, und an Wochentagen konnte ich lange auf den einsamen Wegen umherspazieren, ohne auch nur auf eine Menschenseele zu stoßen, denn wo fände der geschäftige, stets eilige, erwerbslustige Chicagoer Zeit, spazieren zu gehen?

Wie anders war das Bild, das sich mir 1892 darbot, als ich den Park wiedersah! Noch war vorläufig die Eisenbahn, welche vom Ende der Monroe Street, ganz nahe dem Palmer House, dem Seeufer entlang führt, die beste Route, den Park zu besuchen. Innerhab 20 Minuten hatte ich South Park-Station erreicht, und von da sind nur mehr wenige Schritte bis zum Parkeingang. Schon hier sah ich gewaltige Gerüste hoch über die höchsten Baumkronen emporragen, mir der erste Beweis, wie kräftig man in Chicago Hand angelegt hat, und wie weit man mit den Vorarbeiten zur Ausstellung vorgeschritten war. Ich hatte erwartet, im Innern des Parkes ein ähnliches Bild von großartigem Schaffen, von turmhohen Bretterwänden und Gerüsten, schweren Maschinen, Berge von Bausteinen und Balken zu finden wie auf dem Champs de Mars kurz vor der Eröffnung. Dort konnte ich mir nur mühsam den Weg bahnen durch das in unglaublichen Massen aufgehäufte und sich auf allen Zufahrten hochstauende Baumaterial. Im Ausstellungspark von Chicago schien es mir, als wäre man im Begriffe, Kartenhäuser aufzuführen. Die Gerüste und Pfeiler selbst der kolossalsten Bauten waren so leicht und geschmeidig, der Materialtransport ging so glatt und ruhig von statten, die Wege und Bauplätze waren trotz der Armee von viertausend Arbeitern, die hier Tag und Nacht beschäftigt sind, so frei von aller Ueberladung, daß ich aus dem Staunen nicht herauskam. Soll die Berliner Weltausstellung zu Ende dieses Jahrzehnts verwirklicht werden, fürwahr, man könnte nichts Besseres thun, als die Ingenieure und Architekten derselben jetzt schon nach Chicago zu senden, um sich die Art des Bauens im amerikanischen Westen anzusehen, denn dort, wo innerhalb der letzten fünfzig Jahre gegen ein Dutzend Städte von über 100 000 Einwohnern aus dem besten Prärieboden emporgezaubert wurden, wo in dem gewaltigen Chicago allein jährlich Bauten in einer Länge von durchschnittlich 20 Meilen errichtet werden, darunter solche von 20 und mehr Stockwerken und mit einer Bewohnerzahl bis zu 4000 Seelen, dort kann auch der beste europäische Baumeister lernen, nicht gerade in Bezug auf architektonische Schönheit, aber in Bezug auf die praktische Art des Bauens.

Wie man bei uns Amerika als das Land der Superlative betrachtet, so thut dies seinerseits wieder Amerika mit Chicago, und Chicago wieder mit seiner Ausstellung. Es genügt den Chicagoern nicht, eine solche nach der alten Schablone zu schaffen; gewaltig großer Lokalstolz und ihr ganzer Charakter lassen dies nicht zu. Excelsior ist ihre Parole, und ihr folgend ergingen sie sich in den kühnsten Entwürfen für die „Columbian Exhibition". Waren die Pariser Weltausstellungsbauten, der Eiffelturm, die Maschinenhalle u. s. w., die größten der bisher dagewesenen, so mußte Chicago nicht nur einen Schritt weiter gehen, sondern seine Paläste doppelt so groß machen. Waren die früheren Ausstellungen auf dem Festlande, so entwarf man für jene Chicagos ein kleines Venedig durch Verwandlung des vorgenannten Fjords in eine Reihe von Bassins und Kanälen. Zur Zeit meines letzten Besuchs war der größte Teil der Vorarbeiten für diese eigenartige Wasserstadt vollendet; breite Wasserstraßen umgeben fast alle Hauptgebäude, weite Bassins mit großartigen Fontänen breiten sich vor den Hauptfronten aus und werden der ganzen Anlage einen seltenen Reiz verleihen, besonders zur Nachtzeit, wenn elektrische Lichter in der ungeheuren Zahl von 140 000 den ganzen Platz taghell erleuchten, wenn die unter dem Wasser angebrachten Myriaden

von Glühlichtern alle Farben des Regenbogens verleihen,
wenn die fontaines lumineuses aus allen Bassins bunte
Wassergarben emporsenden und unzählige Gondeln — es
wurden davon allein aus Venedig 200 bestellt — die leuch=
tenden Wasserstraßen durchfurchen. Die kolossalen weißen
Palastfronten werden sich dann magisch aus diesen Bassins
wiederspiegeln, und ein orientalisches Märchen wird in dieser
occidentalen Hauptstadt zur Verwirklichung gebracht.

Während rings um diesen See überall kolossale Ge=
bäude aus dem Boden wachsen, träumt die in der Mitte
desselben liegende große bewaldete Insel noch von Indianer=
zeiten. Es war ein ungemein glücklicher Gedanke der Archi=
tekten, diese Insel — Wooded Island genannt — in ihrer
Ursprünglichkeit zu erhalten, um so den Ausstellungsbesuchern
inmitten des lärmenden, ermüdenden Völkerkarnevals ein
stilles Ruheplätzchen, ein buen retiro zu geben, unberührt
von Eisen und Stahl, von Dampf und Elektrizität, die hier
die Apotheose des sterbenden Jahrhunderts feiern werden.
Dennoch hörte ich, daß die Japaner, welche sich an der Aus=
stellung mehr hervorthun wollen als irgendwo bisher, auf
dieser Insel einen ihrer grotesken altertümlichen Tempel zu
errichten wünschen, welcher später als Geschenk des Mikado
der Stadt verbleiben und in ein japanisches Kunstmuseum
umgewandelt werden soll.

Hoch über die Baumkronen der Insel erhob sich vor
mir die ungeheure Masse des Industriepalastes, fast wie ein
eiserner Berg, noch eingeschlossen zwischen Holzgerüsten. Was
der Eiffelturm und die Maschinenhalle für die letzte Pariser
Ausstellung waren, das wird der Industriepalast für die
Chicagoer sein. Sie hatten ursprünglich die Absicht, einen
Turm von der doppelten Höhe des Eiffelturmes zu bauen,
aber die Chicagoer sind praktische Menschen. Sie thun nichts,

ohne zu fragen: „Wozu?" Und da beschlossen sie denn, die
Pariser Wunderwerke der technischen Kunst durch ihren In=
dustriepalast zu übertreffen und das Turmbauprojekt fallen
zu lassen. Wahrlich, ein großartigerer Tempel der Industrie
ist selbst von den kühnsten Architekten niemals geträumt
worden. Was sind die Pyramiden, die indischen Tempel=
bauten, ja selbst die vielgerühmte Pariser Maschinenhalle
gegen diesen Chicagoer Industriepalast! Wände in einer
Höhe von nahezu 80 Meter und einer Gesamtlänge von
über 1½ Kilometer erhoben sich vor meinen erstaunten
Augen. Hoch oben in dieser schwindelnden Höhe standen
Hunderte von Arbeitern wie Ameisen auf Gerüsten, die Spinn=
geweben glichen, und fügten eben die kolossalen Stahlmassen
der Deckrippen ein. Gewaltige Dampfhämmer fielen auf
die Nieten, allein von meinem Standort aus waren sie nur
schwach hörbar. Man denke nur: ein Palast, der 40 Morgen
Landes bedeckt, und in dessen Innern man die ganze Pariser
Maschinenhalle, das bisher größte Gebäude der Welt, spazieren
fahren könnte! Die seinerzeit so berühmte Rotunde der
Wiener Weltausstellung ist im Vergleich zu diesem Titanen=
palast ein Lampenschirm! Die Längswände des Palastes er=
strecken sich auf 565 Meter, die Stirnwände auf 266 Meter
Länge, und die Spannweite des Riesendomes, welcher den
Palast überhöhen wird, ist gegen 130 Meter, also um 15 Meter
mehr als die Spannweite der Pariser Maschinenhalle! Die
Spannweite der drei Bahnsteige des Frankfurter Bahnhofes
beträgt nur 56, jene des mittleren Bahnsteigs des neuen
Kölner Bahnhofs nur 63 Meter. Das sind die größten be=
kannten Spannweiten bei deutschen Bauten! Der Kölner Dom,
eines der größten Gotteshäuser der Erde, könnte etwa achtzehn=
mal im Innern des Palastes aufgestellt werden. Die Decken=
höhe des Kölner Domes beträgt 48 Meter, jene des In=

dustriepalastes 76 Meter! Diese unendlich scheinenden Wände
und Pfeiler und Bogen entlang blickend, wird das Auge förmlich verwirrt und kann sich an die großartigen Dimensionen,
an die Kühnheit des Baues gar nicht recht gewöhnen! Dabei ist der architektonische Schmuck sehr ansprechend, und
nähert man sich dem Baue, so ist man überrascht von der
Eleganz, um nicht zu sagen Zierlichkeit, und wundert sich,
wie es möglich war, mit so einfachen Mitteln, ohne Anwendung besonderer Zieraten oder Skulpturen aller Art
ein bei aller Massenhaftigkeit doch graziöses Werk aufzuführen.
Das Baumaterial für die Wände ist an jenen Stellen, wo
sie die Rippen des Daches zu tragen haben, Stahl, dazwischen
Holz, und die Verkleidung besteht aus leicht gelblichem Stucco,
etwa von der Farbe des Meerschaums, die den märchenhaften
Eindruck dieser Paläste noch erhöht.

Die Eigentümlichkeit des amerikanischen Konstruktions-
wesens zeigt sich deutlich an dem Industriepalaste. Obschon
derselbe die doppelte Größe und Höhe der Pariser Maschinenhalle besitzt, beträgt das Gesamtgewicht der zur Erbauung
verwendeten Stahl- und Eisenmasse doch nicht viel mehr als
die Hälfte jener der Pariser Maschinenhalle, nämlich nicht
ganz 6 Millionen Kilogramm. Die ganzen Herstellungskosten
des Industriepalastes hingegen belaufen sich auf genau soviel,
nämlich $7\frac{1}{2}$ Millionen Franken. Mit demselben Aufwand
an Geld und demselben Aufwand an Eisenkonstruktion errichten die Amerikaner ein allerdings leichteres, aber doppelt
so großes Gebäude als die Pariser. Immerhin ist die Eisenmasse um 2000 Tonnen größer als jene, welche die große
New York-Brooklynbrücke, und um 250 Tonnen größer als
jene, welche die berühmte Mississippibrücke bei St. Louis zum
Bau erforderte.

Wie sich der Bau nach der Herstellung als architektonisches

Ganzes darstellen wird, kann man bei der augenblicklichen Un=
fertigkeit noch nicht sagen. Die Pläne befriedigen jedoch auch
in dieser Hinsicht.

Ein großes Wasserbassin trennt die südliche Stirnseite
des Industriepalastes von den zwei nächstgrößten, neben=
einander liegenden Gebäuden, der Agrikultur und dem Ma=
schinenwesen gewidmet. Eine imposante Säulenkolonnade,
ähnlich jener des Wiesbadener Kurhauses, nur entsprechend
größer und höher, verbindet diese beiden Paläste, welche eben=
falls schon bis zum Dache vorgeschritten sind. Sie besitzen
zusammen eine Länge von ³/₄ Kilometern und eine Breite von
je 170 Metern (die Pariser Maschinenhalle besitzt 115 Meter
Breite), gehören also ebenfalls zu den größten Gebäuden,
welche je errichtet wurden. Die Chicagoer Maschinenhalle,
in ihrer Anordnung und Architektur etwa dem neuen Frank=
furter Centralbahnhof entsprechend, dürfte auch nach dem
Schluß der Ausstellung als Bahnhof für drei hier einmündende
Eisenbahnlinien verwendet werden. Westlich vom Industrie=
palaste und ganz von dem mit raffiniertem Geschmack an=
gelegten Netz von Bassins und Kanälen umgeben liegen die
Paläste für Minenwesen und für Elektrizität, der letztere für
einen in Amerika zur höchsten Blüte gelangten Industrie=
zweig bestimmt, der sich vielleicht der ganzen Ausstellung
ebenso aufprägen wird, wie sich etwa die Kunstindustrie der
Wiener Weltausstellung aufgeprägt hat. Gas soll in Chicago
überhaupt nicht zur Verwendung gelangen. Die Ausstellung
wird auch des Abends geöffnet sein, und die Beleuchtung
des Parks, der einzelnen Gebäude, Bassins, Springbrunnen,
ja des Sees wird ausschließlich durch Elektrizität erfolgen.
Jetzt schon wird gelegentlich der Vorarbeiten im Ausstellungs=
park die Nacht in Tag verwandelt, und es kann keinen eigen=
tümlicheren Anblick geben, als die Erbauung dieser Stadt

von Paläſten durch ein kleines Arbeiterheer zur Nachtzeit, wenn gewaltige, blendende Lichtmaſſen auf die turmhohen, meilenlangen Gerüſte geworfen werden und die tiefen Schatten ſowie die Finſternis der Umgebung die erleuchteten Stellen magiſch hervortreten laſſen. Häuſer wurden ſchon zahlreich zur Nachtzeit bei elektriſchem Licht erbaut, eine ganze Stadt von ca. 400 Gebäuden noch niemals!

Das ſechſte der großen Hauptgebäude iſt den ſchönen Künſten gewidmet, und dieſe beſitzen für europäiſche Ausſteller verhältnismäßig größere Wichtigkeit als andere Zweige des menſchlichen Schaffens, denn darin ſind die Amerikaner als Produzenten noch ſehr zurück, während ſie andrerſeits an Kunſtprodukten mehr erwerben und dafür mehr ausgeben als irgend eine andere Nation. Es ſcheint auch, daß man dies in Europa wohl beachtet hat, denn der geforderte Raum war ſo groß, daß man zu dem architektoniſch ſchönſten Kunſt= palaſte, am Nordende des Jackſon=Parks gelegen, noch zwei Annexe erbauen mußte. Auch dieſe Gebäude ſchreiten der Vollendung entgegen. Nicht weniger als 5 Millionen Bau= ſteine wurden für die Mauern des Hauptgebäudes verbraucht, ein Zeugnis für ſeine Ausdehnung.

Rings um den Kunſtpalaſt wird an hundert kleineren Gebäuden der verſchiedenſten Stile gebaut und gehämmert, daß dem Beſucher in dieſem Pandämonion Hören und Sehen vergehen. Es ſind die Gebäude, welche die einzelnen Staaten, Territorien, ja ſogar Städte der Union, im Ausſtellungs= park mit bedeutendem Koſtenaufwand erbauen laſſen. Jeder Staat hat Summen von 25 000 bis zu 800 000 Dollars für Ausſtellungszwecke gewidmet, ja in Indiana, das 75 000 Dol= lars bewilligte, wurden noch weitere 10 000 Dollars von Schulkindern geſammelt. So groß iſt in den ganzen Ver= einigten Staaten das Intereſſe, um nicht zu ſagen, die Be=

geisterung für die Ausstellung. Nur New York schmollte in der ersten Zeit, voll Gram, daß ihm die Ausstellung nicht wie so viele andere Glücksgüter, deren es sich ganz ohne sein Zuthun erfreut, in den Schoß gefallen; voll Eifersucht auch auf Chicago, denn es ist sich bewußt, daß Chicago, dieses Enkelkind New Yorks, das letztere zu Anfang des kommenden Jahrhunderts überflügelt, und ihm das Zepter der Metropole Nordamerikas entrissen haben wird. Aber die Eifersucht wurde schließlich doch verdrängt von den geschäftlichen Interessen, denn was steht dem New Yorker höher als diese? So hat sich denn auch der erste Staat der Union mit saurer Miene entschlossen, mitzuthun, und dazu etwa eine halbe Million Dollars bewilligt.

Alle anderen Staaten der Neuen Welt leisten den ihnen mit dem Zaunpfahl gemachten Einladungen Folge. Nach jedem dieser Staaten wurden von der Unionsregierung Kommissäre, zumeist Offiziere der Armee, entsendet, die mit gehörigem Nachdruck auftreten und selbst den ärmsten Staaten sehr achtbare Summen für Ausstellungszwecke abforderten. Aus freundnachbarlicher Liebe beteiligt sich Südamerika gewiß nicht an der Ausstellung, denn keine Nation ist dort verhaßter als der Yankee. Sogar Chile hat trotz seines jüngsten Streites mit der Union 100 000 Dollars für seine Beteiligung an der Ausstellung votiert, während Mexiko 750 000 Dollars beisteuert. Der alte Aztekenstaat beabsichtigte ursprünglich, die Reproduktion eines Aztekentempels in Chicago zu erbauen, ähnlich jenem der Pariser Ausstellung. Aber seit der Yankee=Invasion in Mexiko ist auch dieser Staat praktischer geworden und wird eine Miniaturhacienda errichten, welche gleichzeitig eine Ausstellung der Bodenprodukte Mexikos enthalten wird. Guatemala wird die Reproduktion einer der großen Palastruinen von Antigua ausstellen; Kolumbien eine

Reproduktion seines Kapitols zu Bogotá, Ecuador eine solche des Sonnentempels der Inkas ⁊c. Alle diese Gebäude sind schon im Bau begriffen, manche sogar unter Dach und Fach. An der Westseite der großen Lagune, der Waldinsel gegenüber, erheben sich drei weitere große Paläste, welche der Vollendung entgegenschreiten: sie sind dem Transport= wesen, der Hortikultur und last not least — der Frauen= arbeit gewidmet — eine Neuerung, die zum erstenmal auf einer Weltausstellung in den Vordergrund tritt. In Amerika darf man nicht ohne die Frauen rechnen. Sie haben sich schon Sitz und Stimme in manchen Legislaturen erobert, sie sind Bürgermeister, Post= und Telegraphendirektoren, Beamte der Vereinigten Staaten, sie verlangen auch auf der Welt= ausstellung gehört und gesehen zu werden, als ob dies nicht doch ohne ihr Zuthun geschehen würde. Und sobald in Amerika die Frau etwas verlangt, setzt sie es auch durch. So wird denn dieser Junotempel auf der Ausstellung alles das enthalten, was die amerikanischen Frauen bisher geleistet haben in Industrie, im Erziehungswesen, in litterarischer und politischer Hinsicht. Jedenfalls wird diese Abteilung von den Europäern erhöhtes Interesse beanspruchen, denn sie wird gewiß dazu beitragen, auch in Europa eines der wichtigsten modernen Probleme zu lösen.

Mit den bisher angeführten Gebäuden ist deren Liste, was die Beteiligung Amerikas an der „columbischen Aus= stellung" betrifft — das ist ihr offizieller Name —, noch lange nicht erschöpft. Hunderte anderer Bauten sind in der Errichtung begriffen, darunter nicht weniger als 150 Re= staurants und Cafés! Der findige Yankeegeist hat Dinge geplant, von der sich unser gewöhnlicher Europäerverstand nie etwas träumen ließ; die unzähligsten Panoramas, Cyklo= ramas, Schaubuden, Rutschbahnen, Bäder, Privatausstellungen und Gott weiß, was alles; ja ein Yankee verfiel sogar auf die Idee, ein Monstre-Autographenbuch herzustellen, in Gold und Silber gefaßt, und 350 Kilo schwer, in welches jeder Ausstellungsbesucher für den Betrag von 25 Cents seinen Namen eintragen kann. Das Buch soll nach dem Aus= stellungsschluß der Stadtbibliothek überreicht werden. Aber das ist keinenfalls der Zweck. Zeichnet sich wirklich eine Million (Stultorum) in das Buch ein, so hat der Eigentümer 25000 Dollars verdient!

Die Gesamtkosten der offiziellen Ausstellungsgebäude werden auf ca. 8 Millionen Dollars veranschlagt, allein das ist nur der kleinere Teil der Gesamtkosten. Obschon, wie ge= sagt, noch bevor das Weltausstellungsprojekt gereift war, 4 Millionen Dollars für die Verschönerung des Jackson-Parks ausgegeben wurden, erfordert die Umwandlung desselben für Ausstellungszwecke eine weitere Million, die Wasserwerke, Werften, Quais 2c. ebenfalls eine Million, die elektrischen Ein= richtungen 1 1/2 Millionen, im ganzen 10 1/2 Millionen Dollars. Zusammen erforderten die offiziellen Anlagen der Weltaus= stellung 18 1/2 Millionen Dollars oder 72 Millionen Mark, an denen die Stadt Chicago 5 Millionen Dollars, die Aktio= näre 5 1/2 Millionen Dollars beisteuern. Weitere 2 1/2 Millionen werden vom Vereinigten Staaten-Schatzamt bewilligt und der Rest durch Anleihen aufgebracht, die aus den Eintrittsgeldern (der Eintrittspreis ist auf 1/2 Dollar = 2 Mark festgesetzt) zu= rückbezahlt werden. Diese 18 1/2 Millionen bilden die Kapitals= anlage der Ausstellung, oder, mit andern Worten, 18 1/2 Mil= lionen Dollars kostet der Rahmen, die äußere Hülle der Aus= stellung. Außerdem verwendet die Vereinigte Staatenregierung anderthalb Millionen, die einzelnen Staatenregierungen haben ca. 5 Millionen votiert, und auswärtige Staaten, d. h. jene der andern Weltteile, ebenfalls 5 Millionen, so daß das offi=

zielle, zur Verwendung gelangende Gesamtkapital die enorme Summe von 30 Millionen Dollars oder 120 Millionen Mark erreicht! Keine der bisherigen Ausstellungen hat auch nur eine annähernd so hohe Summe erfordert. Die Beteiligung der außeramerikanischen Staaten über= trifft, so weit man jetzt schon weiß, selbst die kühnsten Erwartungen der Amerikaner. An der ersten amerikanischen Weltausstellung in Philadelphia 1876 beteiligten sich nur wenige fremde Staaten offiziell, der größte Teil der Beteiligung war privates Unternehmen, denn mit dieser Ausstellung feierten die Nord= amerikaner das hundertjährige Jubiläum ihrer Unabhängig= keit als Republik, ähnlich wie man in Paris 1889 den Sturz des Königtums mit einer Weltausstellung feierte. Diese politischen Hindernisse einer offiziellen Beteiligung der Monarchien fallen in Chicago fort, wo man mit der Aus= stellung das vierhundertjährige Jubiläum der Entdeckung Amerikas feiert — ein zivilisatorisches Ereignis der größten Wichtigkeit. So nahmen denn auch sämtliche fremdländische Staaten, ohne eine nennenswerte Ausnahme, die Einladung zur Beteiligung an, alle beteiligen sich in ganz hervorragender Weise, und es kann hier nicht genug Nachdruck auf diesen Umstand gelegt werden. Für Deutschland, seine Industrie, Kunst und Wissenschaft ist es ungemein wichtig, sich vor Augen zu halten, daß die Chicagoer Ausstellung keine spe= zifisch amerikanische, sondern im vollsten Sinne des Wortes eine internationale Weltausstellung ist, welche die ersten Industriestaaten, der enormen Wichtigkeit des amerikanischen Marktes wohl bewußt, in der ausgiebigsten Weise beschicken. Soviel bekannt, wird auch Deutschland keineswegs zurück= bleiben. Der von Deutschland beanspruchte Raum ist etwa ebenso groß wie jener Englands und Frankreichs, aber damit ist noch nicht genug geschehen. Das alte Wort „Qualität, nicht Quantität" sei nochmals hervorgeholt, nochmals den Industrien und Künsten eingeschärft, wobei hervorgehoben werden muß, daß Deutschland in Amerika eine tiefe Scharte auszuwetzen hat. Es ist unangenehm, an die Philadelphiaer Ausstellung zu erinnern, und an die verhältnismäßig traurige Rolle, welche die deutsche Abteilung gegenüber der englischen und französischen dort spielte. Das Reuleaur[s]che Wort von „billig und schlecht" stammt von damals. Gestützt auf meine langjährige Kenntnis der amerikanischen und speziell der Chicagoer Verhältnisse möchte ich dem ein anderes geflügeltes Wort entgegenstellen: „Gut und preiswürdig" — um nicht zu sagen „gut und teuer!" Es zählt in Amerika mehr. Die Amerikaner sind an das Beste, Schönste, Solideste gewöhnt, und finden sie es, so bezahlen sie es auch zu entsprechenden Preisen. Mögen die Aussteller in Chicago dies beherzigen!

Nach all dem zu schließen, kann man der kolumbianischen Ausstellung mit den größten Erwartungen entgegensehen. Aussteller sowohl wie Besucher können dies thun, denn wohl kaum irgendwo wurde dem letzteren so viel Lehrreiches und Mannigfaltiges geboten, wie es in Chicago im kommenden Sommer der Fall sein wird.

Schon jetzt sind die Anmeldungen nicht nur für die offiziellen Ausstellungsabteilungen, sondern für andere Unternehmungen so zahlreich, daß selbst der 640 Morgen große Jacksonpark dafür nicht ausreicht, und man einen der Chicago eigentümlichen breiten Boulevards, den Midway Plaisance, zu dem Ausstellungsraum mit einbeziehen mußte. Dieser Boulevard von etwa 200 Meter Breite und 1½ Kilometer Länge ist eigentlich ein schmaler, von einem offenen Kanal mit klarem Seewasser durchzogener Parkstreifen, welcher den Jacksonpark mit seinem etwa halb so großen westlichen Nach= bar, dem Washingtonpark, verbindet, und der auch seinerseits nur ein Glied der herrlichen Ketten anderer Parks und Boule= vards ist, welche ganz Chicago in einem weiten Kreise von etwa 17 Kilometer Durchmesser umgeben. Platz ist also genug vorhanden, die Ausstellungsgrenzen nötigenfalls noch weiter hinaus zu verlegen. Vorderhand sind so viele, be= deutenden Raum erfordernde Separatausstellungen angemeldet, daß nichts mehr hinzukommen kann, ohne nochmals eine Er= weiterung mit sich zu bringen. Da ist zunächst eine „Straße in Kairo" zu nennen, wie sie 1889 in Paris zu sehen war und einen der interessantesten Teile der Ausstellung bildete. Nach dem, was ich davon in Chicago sah, dürften es sogar dieselben Gebäude und dieselben Weltausstellungs=Aegypter sein, welche ermutigt durch das glänzende Pariser Geschäft, ihr Stückchen Vaterstadt nun nach den Ufern des Michiganjees verlegen. — Die „Straße von Konstantinopel", der „Bazar aller Nationen" u. s. w. sind ähnliche Unternehmungen. Interessanter dürfte das „deutsche Dorf" werden, welches unter gediegener, bewährter Leitung von deutschen Kapitalisten in den Midway Plaisance gebaut wird, ferner ein Maori= dorf, ein Stamm südamerikanischer Indianer, ein Eskimo= dorf mit einem halben hundert Einwohnern, endlich eine von dem Vereinigten Staaten Indianerbureau geleitete Niederlassung nordamerikanischer Rothäute, mit Repräsen= tanten aller hervorragenden Stämme; diese Niederlassung allein nimmt 2 Morgen Raum in Anspruch, und den interes= santesten Teil derselben dürfte wohl die Nachbildung einer Pyramidenburg der Zuni Pueblos, dieser rätselhaften Felsen= bewohner Neumexikos und Arizonas, bilden.

Auch auf der östlichen, d. h. der Seeseite wird die Ausstellung über die beabsichtigten Grenzen vergrößert. Eben ist man im Begriffe, weit im See draußen ein Kasino zu bauen, ähnlich dem Pier in Brighton oder der Jetée=

promenade in Nizza. Dieser in seiner Art feenhafte Palast
wird durch einen breiten Pier mit der Ausstellung verbunden
werden. Nördlich von diesem wird sich die Marineausstel=
lung befinden.

So geschieht in der That alles Erdenkliche, um die
Ausstellung zu der größten und mannigfachsten der bisher
dagewesenen zu machen. Jedenfalls darf man schon jetzt
sagen, daß sie von großem Erfolg begleitet sein wird, und
ebenso darf man jetzt schon die Ueberzeugung aussprechen,
daß sich ein Besuch der Ausstellung im reichsten Maße lohnen
wird, denn der Besucher bekommt dabei nicht nur eine ihm
fremde neue Welt, einen neuen Kontinent zu sehen, sondern
auch in Chicago selbst das wichtigste Objekt der ganzen Aus=
stellung, das größte Wunder des neunzehnten Jahrhunderts,
die Millionenstadt am Michigansee, innerhalb fünfzig Jahren
aus dem öden Prärieboden emporgezaubert.

Ob die Ausstellung als spekulatives Unternehmen ein
Erfolg sein wird, kann jetzt noch nicht gesagt werden. Den
ca. 20 Millionen Dollars betragenden Kosten stellen die
Unternehmer 24 Millionen voraussichtliche Einnahmen ent=
gegen, wobei sie auf 20 Millionen zahlende Besucher rechnen.
Aus Chicago selbst und dem umliegenden Land dürfte sich
kaum die Hälfte dieser Zahl rekrutieren, aber die Chicagoer
rechnen auf einen mächtigen Faktor, der mit ihnen im Bunde
ist: auf die Eisenbahnen. Diese sind an der Ausstellung
vielleicht mehr interessiert als irgend ein anderer Faktor, und
mit ihrer Hilfe kann diese Besucherzahl, die eine tägliche
Menge von hunderttausend Seelen voraussetzt, noch weit
übertroffen werden.